BORN A CRIME
STORIES FROM A SOUTH AFRICAN CHILDHOOD

トレバー・ノア
生まれたことが犯罪!?

トレバー・ノア
Trevor Noah
齋藤慎子 訳

英治出版

僕の最初のファンである、かあさんに捧げます。
一人前にしてくれてありがとう。

BORN A CRIME
Stories from a South African Childhood
by Trevor Noah

背徳法
(1927年)

欧州人と現地人のあいだにおける
性行為およびその他の関連行為を禁止する法律。

英国王陛下、南アフリカ連邦上院および下院は次のように制定する。

1　現地女性と性行為を持つ欧州男性、また、欧州女性と性行為を持つ現地男性は、違法行為の罪で、5年を上限とする禁固刑に処する。

2　欧州男性に性行為を許す現地女性、また、現地男性に性行為を許す欧州女性は、違法行為の罪で、4年を上限とする禁固刑に処する。

トレバー・ノア 生まれたことが犯罪!? 目次

第1部

第2部

第3部

第1部

アパルトヘイトが巧妙だったのは、圧倒的多数の黒人同士を、反目しあうよう仕向けていたことだ。英語の「分離《アパート》」「憎悪《ヘイト》」とたまたま音が同じだけど、まさにそのとおりだった。とにかく、グループに分け、憎みあわせておけば、管理しやすいってわけだ。

当時、南アフリカの黒人の数は白人の5倍近かったけど、部族も言語もさまざまに分かれていた。ズールー、コサ、ツワナ、ソト、ベンダ、ンデベレ、ツォンガ、ペディといった部族は、アパルトヘイトが導入されるずっと前から、対立したり争ったりしていた。白人は、そうした反目をうまく利用して、分割統治をおこなったのだ。すべての非白人をグループ分けし、黒人はさらに細かいグループに分けた。そして、仲違いさせておくために、グループによって異なる権利や特権を与えていた。

なかでも一番対立していたのが、主要部族のズールーとコサだ。ズールー族は好戦的なことで知られている。誇り高く、死に物狂いで戦う。イギリス植民地軍が攻めてきたとき、ズールー族は槍と盾とで、銃を持つ相手に挑んだのだ。数千人が殺されても、決してあきらめなかった。一方、コサ族は、頭を使う部族という自負がある。僕の母がコサだ。ネルソン・マンデラもコサ。コサ族も白人としばらく戦っていたけど、自分たちより優れた武器を持つ相手と戦ってもムダとわかると、頭脳戦に持ち込んだ。「この白人たちは、こっちが好もうが好むまいがここにいる。だったら、相手のもので、こちらにも役に立ちそうなものがないか調べてみよう。英語に抵抗するんじゃなく、英語を学んでみようじゃないか。白人の言っていることをこちらが理解できるようになれば、相手を話し合いに応じさせることもできるはずだ」

ズールーは力の勝負、コサは頭の勝負を、白人としていたわけだ。長年どちらもこれといった成果をあげられず、どちらが引き起こしたわけでもない問題を互いのせいにし、非難しあっていた。敵対心は深まる一方だった。こうした感情が、共通の敵によって抑え込まれていたのだ。やがてアパルトヘイトが崩壊し、マンデラが釈放されると、今度は黒人同士の戦いに突入した。

1 走れ

ハリウッド映画でよくある、派手なカーチェースシーン。猛スピードの車から飛び降りたり放り出されたりして、地面に叩きつけられて転がっていく。と思うと、次の瞬間にはもう止まって、さっと立ち上がり、ほこりを払ったりしている。どうってことない、って顔して。そんなシーンを見るたびに思う。――ありえない。走っている車から放り出されたら、あんなもんじゃ済まない――。

僕は9歳のときに、走っている車から、かあさんに放り出されたことがある。あれは日曜日だった。なぜ日曜日だと覚えているかというと、教会で礼拝を終えて家に帰る途中のできごとだったから。子供の頃、日曜日といえば教会に行く日だった。行かなかったことは一度もない。かあさんはとても信心深かった。いまでもそうだ。筋金入りのクリスチャンなのだ。世界各地の先住民と同じで、南アフリカに住んでいた黒人も、入植者である白人が信じているキリスト教を取り入れた。「取り入れた」っていうのは、要するに、押しつけられたってことだけど。入植してきた白人は、もともと住んでいた黒人にやたらえらそうな態度をとっていた。「おまえたち、救世主イエスに祈るのだ。必ず救ってくださるぞ」そう言う白人に、黒人は「そりゃあ、救ってもらわないと困る、ほかならぬあんたたちから。でもまあ、それはとりあえず置いておいて、そのイエスとやらを試してみようか」と応じたわけだ。

うちの一族はみんな信心深いけど、かあさんがイエス様ひと筋の熱狂的サポーターなら、おばあちゃんは、キリスト教も、子供の頃から身近だったコサ族の伝統的信仰も、どちらも信じていて、先祖の霊にも祈っていた。僕はずっと不思議に思っていた。伝統的信仰を捨ててキリスト教に鞍替えする黒人が多いのはどうしてなのか。だけど、教会へ通い、礼拝に出席しているうちに、キリスト教がどういうものか、だんだんとわかるようになった。ネイティブアメリカンが狼に祈るのは野蛮、アフリカ人が先祖に祈るのは原始的。だけど、水をぶどう酒に変えた若い男に白人が祈るのは、そりゃあもう常識でしょ、の世界なのだ。

子供の頃は、教会あるいは教会もどきに、週に少なくとも4日は通っていた。火曜の晩が祈祷集会、水曜の晩が聖書勉強会、木曜の晩が青少年教会で、金土はお休み（罰当たりなことをする日だ！）。そして日曜日が教会で、正確に言うと、3つの教会に通っていた。なぜ3つも通うのかというと、かあさんによれば、それぞれで得られるものが違うから、ということだった。ひとつめの教会には主を讃える喜びがあるし、ふたつめの教会では聖書の内容を掘り下げて説明してもらえる。かあさんは聖書が大好きなのだ。みっつめの教会では情熱とカタルシスが得られて、精霊の存在を自分の中にしっかりと感じられる、と言っていた。この3つの教会を行き来しているうちに、僕はある面白いことに気づいた。来ている人の人種がそれぞれ違うのだ。歓喜の教会は人種混在、聖書の教会は白人、情熱とカタルシスの教会は黒人だった。

人種混在の教会はレーマ聖書教会というところで、バカでかくて超現代的な建物の、いわゆる郊外型メガ・チャーチだった。当時の牧師、レイ・マコーリーは、元ボディビルダー。にかっとした笑顔を浮かべながら、神様を熱烈に支持していた。レイ牧師は1974年のミスター・ユニバース大会に出場し、3位に入賞している。このとき優勝したのが、あのアーノルド・シュワルツェネッガーだ。レイ牧師は毎週舞台に立ち、イエス様がいかにイケてるか、それは熱心に説いていた。座席はアリーナ式で、ロックバンドが最新のキリスト教コンテンポラリー・ポップスをがんがん演奏し、それに合わせてみんなで歌う。歌詞を知らなくたって大丈夫。巨大ディスプレイにちゃんと映し出されているから。まさに、クリスチャンカラオケだ。この教会ではいつも、楽しいひとときを過ごした。

白人の教会はローズバンクユニオン教会。ヨハネスブルグでも白人富裕層の多いサントン地区にあった。ここは僕のお気に入りだった。礼拝にでなくて済むからだ。かあさんが礼拝にでているあいだ、僕はここの日曜学校に出席していた。日曜学校ではすごいお話がたくさん読めるのだ。ノアの方舟の話はもちろんお気に入り。なにしろ僕と同じ名字の「ノア」の話なんだから。ほかにも、モーセが紅海を割る話、ダビデがゴリアテをやっつける話、イエスがエルサレムの神殿で両替商を鞭で追い出す話も大好きだった。

家ではポップカルチャーに触れる機会がほとんどなかった。ボーイズⅡメンなんて、家では聴かせてもらえない。女の子とひと晩中やっている歌なんて、とんでもない。そんなのタブーだ。学校でほかの子たちが「エンド・オブ・ザ・ロード」をよく歌っていたけど、僕にはなんのことかさっぱりわからなかった。ボーイズⅡメンという名前を聞いたことはあっても、どういう人たちなのかは知らなかった。僕が知っていたのは、教会で聴く音楽だけだ。イエス様を讃えて気分を高揚させる歌ばかり。映画もそうだ。かあさんは、セックスや暴力のシーンがある映画は僕の精神を堕落させる、と考えていた。だから、聖書が僕にとってのアクション映画だった。怪力サムソンが僕のスーパーヒーローだ。ロバのあご骨で1000人も殴り殺すなんて、すごくない？　パウロがエペソ人に手紙を書くあたりになってくると、話がこんがらがってくるけど、旧約聖書や福音書の面白さといったら。僕は、このあたりならどの章、どの節でも引用できる。白人教会では、聖書の内容に関するゲームやクイズが毎週あったけど、僕は誰にも負けなかった。

さて、黒人の教会だ。黒人の礼拝はいつもどこかでおこなわれていたから、僕たちはかたっぱしから行ってみていた。黒人居住区《タウンシップ》ならたいてい、野外テントでの伝道集会だ。僕たちがよく行くのは、うちのおばあちゃんが通っていたメソジスト派の集会だった。500人ほどの黒人のおばあちゃんたちが、青と白のブラウス姿で、聖書を抱え、アフリカの容赦ない太陽に灼かれながらじっとしている。黒人の教会はきつかった。めちゃくちゃきつかった。エアコンはない。歌詞を映す巨大ディスプレイもない。おまけにいつまでたっても終わらない。少なくとも3、4時間はつづく。不思議でしょうがなかった。だって、白人の教会はせいぜい1時間ほどで、入ったと思ったらもう出てきて、じゃあまた、って感じだったから。なのに黒人の教会では、永遠かと思えるほどずっとそこでじっとしている。どうして時間がたつのがこんなに遅いんだろうということばかり考えていた。——ひょっとすると、時間って実際に止まるのかな。だとしたら、どうして白人の教会では止まらないのに、黒人の教会では止まるのか——。

僕の結論は、黒人のほうが苦しんでいるから、イエス様との時間がたくさん必要なのだ、というものだった。「ここで1週間分のご加護をいただくの」とかあさんもよく言っていた。教会で過ごす時間が長いほど神様のご加護も増える、というわけだ。スターバックスの特典カードじゃないんだから。

そんな黒人教会にも救いがひとつあった。3、4時間という長丁場をなんとか乗り切ると、牧師による悪魔払いが見物できたのだ。悪魔に取り憑かれた人が通路をあっちこっちへと狂ったように走り出し、わけのわからないことを叫んでいる。教会の案内係が数人がかりで、クラブの用心棒さながらにタックルし、悪魔憑きを押さえ込む。牧師が近づいてきて、悪魔憑きの頭をつかむと、前後に激しく揺さぶりながら大声で言う。「イエスの名において、この悪魔を追い払ってやる！」なかにはもっと手荒な牧師もいるけど、どの牧師にも共通して言えるのは、悪魔が出ていって、相手がぐったりとその場に倒れてしまうまでは、決して儀式をやめないことだった。相手が倒れ込まないとダメなのだ。倒れ込まないのは、その人に憑いている悪魔の力が強いということだから、牧師は一層激しく立ち向かわなくちゃいけない。相手がアメフトのラインバッカーであっても、関係ない。牧師は必ず相手がダウンするまでやめない。いやはや、楽しい見ものだった。

クリスチャンカラオケ、すごいアクション物語、猛烈まじない祈祷師。教会はもうホント楽しかった。楽しくなかったのは、そこへたどり着くまでの移動だ。それはそれは、つらくて長い道のりだった。当時住んでいたのは、エデンパークという、ヨハネスブルグからうんと離れた小さな郊外の町だ。そこから白人教会まで車で1時間、さらに人種混在の教会まで45分、そのあとまた45分かけて黒人居住区《タウンシップ》ソウェトの黒人教会へ向かう。これだけでも、もううんざりなのに、そのあとまた白人教会へ引き返して、夕方の特別礼拝に出席することもあった。夜ようやく家に帰り着くと、すぐベッドに倒れ込んだものだ。

走っている車から放り出されたあの日曜日も、いつもと同じ朝だった。かあさんが僕を起こし、朝食のおかゆを用意する。僕が歯を磨いたりしているあいだに、かあさんが弟の着替えを済ませる。弟のアンドリューはこのとき、まだ9カ月の赤ん坊だった。車に乗り込み、全員シートベルトを締めて、さあ出発、という段になって、車が動いてくれない。この旧式、おんぼろ、ド派手オレンジ色のフォルクスワーゲン・ビートルは、かあさんがただ同然で手に入れたものだ。ただ同然だけあって、しょっちゅう故障していた。僕はいまでも中古車が嫌いだ。人生でうまくいかなかったことは、必ずと言っていいほど、中古車に原因がある。遅刻した罰で放課後に居残りさせられたのも中古車のせい。ヒッチハイクする羽目になったのも中古車のせい。かあさんが結婚したのだって、もとはと言えば、中古車のせいだ。こんな、ろくに動きもしないぽんこつフォルクスワーゲンにさえ乗っていなければ、あの修理工のところへ行くこともなかったし、そうすれば、そいつがかあさんと結婚することも、僕の継父になることも、僕たちを長年苦しませることも、かあさんの後頭部に銃弾をぶち込むこともなかった。だから僕は、車を買うときは、ちゃんと保証の付いた新車、と決めている。

教会がいくら楽しくたって、白人の教会、人種混在の教会、黒人の教会と行き、そのあとまた白人教会へとって返す9時間にも及ぶ強行軍を思っただけで、うんざりした。車での移動でも大変なのに、乗り合いバスとなると、かかる時間も大変さも倍になる。このぽんこつフォルクスワーゲンがどうやっても動かないとわかると、僕は心のなかで祈った。——どうか、今日はもう家にいましょう、って言って。お願い、家にいましょう、って言って——。それからかあさんのほうをちらっと見ると、毅然とした表情が目に入る。腹を決めた顔だ。ああ、これから長い長い1日が待っている。

「さあ、ミニバスに乗りますよ」

かあさんは、信心深さも筋金入りなら、頑固さも筋金入りだ。一度腹を決めたら、もうおしまい。というか、車の故障のように、普通なら計画変更となりそうな障害があるとむしろ、こうなったらなにがなんでも行く、と頑なになるばかり。

「悪魔のしわざよ」

かあさんは、車のエンジンがかからないとそう言った。

「悪魔が、教会へ行かせまいとしてるのよ。こうなったらミニバスに乗らなくちゃ」

僕はかあさんの頑固さを目の当たりにするたびに、その信仰心にはできるだけ敬意を払いつつも、逆の見方で反論を試みるのだった。

「そうじゃなくて、今日は教会へ行かないほうがいい、と神様がお考えなのかもしれないよ。だから、どうやっても車が動かないようにされたんだ。家で家族そろって安息日を過ごせるように。神様だって休んだ日なんだから」

「それこそ悪魔の思うつぼよ」

「そんなことないよ。だってすべてはイエス様の思し召しなんでしょ。だったら、僕たちはイエス様にお祈りしているんだから、車くらい動かしてくれたっていいじゃん。なのにそうしてくれない、ってことは……」

「違います！　イエス様はね、障害を与えておいて、わたしたちが乗り越えられるかどうか、試されるときがあるの。ヨブがそうだったでしょ。これもきっと試されているのよ」

「ああ、そうか、なるほど！　でも、試されているのは、こうなったことを素直に受け入れて家にいて、イエス様のお考えを褒めたたえられるかどうか、ってことかもしれないよ」

「いいえ。それも悪魔の入れ知恵。さあ、行きますよ」

「でも……」

「トレバー！　スンケーラ！」

「スンケーラ」という言葉にはいろんな意味合いがある。「つべこべ言うな」「図に乗るな」「まだ言うか」といったあたりだ。命令であり、同時に脅しでもある。コサ族の親が子供に向かってよく使う言葉だ。これを言われたら、話はこれで終わり、ということ。まだなにか言おうものなら、ひっぱたかれる。つまり、お仕置きとしてお尻を叩かれるのだ。

当時の僕は、メリベールカレッジという、カトリック系私学の初等部に通っていた。学校の運動会では毎年必ず優勝していたけど、かあさんも、親の部門で必ず優勝していた。理由は簡単、僕をひっぱたこうとして、しょっちゅう追いかけ回していたし、僕は僕で、ひっぱたかれないように、いつも逃げ回っていたからだ。僕とかあさんほど走った人間はほかにいないと思う。かあさんは「お仕置きするからこっちへ来なさい」というタイプじゃない。こっちへ無料配達で食らわせてくる。投げて寄越すことも多かった。手元にあるもの、なんでもかんでも投げ飛ばしてくる。それが割れモノなら、受け止めてそっと置かなくちゃいけない。もし割れてしまったら、それまで僕のせいにされて、もっとお仕置きされてしまう。花びんでも投げつけられた日には、受け止めて、下に置き、それから走ることになる。一瞬の判断が求められるのだ。――高価なものか、そうだ。割れモノか、そうだ。受け止めた、下に置いた、さあ走れ！――

まるでトムとジェリーの追いかけっこだ。しつけに厳しい母親と、とんでもなくやんちゃな息子。スーパーへおつかいに行っても、まっすぐ家に帰ることはまずなかった。お釣りで、スーパーのゲームセンターで遊んでいたからだ。僕はビデオゲームに目がなくて、「ストリートファイター」は得意中の得意。シングルプレイで何時間でも遊んでいられた。お金を入れたら最後、時間がたつのはあっという間だ。ふと我に返ると、ベルトを持った女の人がすぐ後ろに立っている。さあ、追いかけっこだ。近くのドアから飛び出すと、エデンパークのほこりっぽい通りを駆け抜け、塀をよじ登り、よその家の庭をこっそり走り抜けていく。このあたりじゃ日常茶飯事、みんなが知っていた。あのやんちゃ坊主がまた猛スピードで走っていって、そのあとすぐ母親が追いかけていったよ。かあさんはハイヒールでも全力疾走できるけど、本気で懲らしめようっていうときは、全速力で走りながら、履いている靴を脱ぎ飛ばす芸当までやってのける。足首がちょっと変な動きを見せたかと思うと、もう、ハイヒールが宙を舞っている。しかもスピードを落とすことがない。こうなると僕も覚悟を決めてかかる。――きたな、ターボモード――。

小さい頃はいつも追いつかれていたけど、大きくなるにつれて僕のほうが足が速くなると、足では勝てなくなったかあさんが、頭を使うようになった。僕が走って逃げようとすると、大声で叫ぶのだ。「止まれ！　泥棒！」実の息子に向かってよく言えたもんだ。南アフリカでは、誰も人のことには口出ししない。ただし、リンチとなると話は別で、みんな寄ってくる。「泥棒！」と叫べば、とっちめてやろうとして、近所中の人たちが出てくるのがわかっているのだ。こうなると僕は、捕まえて取り押さえようとする知らない人たちのあいだを、かがんだり、潜ったりして、身をかわすはめになる。「泥棒なんかじゃない！　息子だってば！」と叫びながら。

あの日曜の朝、混みあうミニバスに乗るなんてまっぴらだった。息子だってば！」と叫びながら。

「スンケーラ」と言われた瞬間に、僕の運命は決まったのだ。かあさんがアンドリューを抱き上げ、僕たちはおんぼろフォルクスワーゲンから降りると、ミニバスに乗るために歩きだした。

ネルソン・マンデラが獄中から釈放されたのは、僕がもうすぐ6歳になる頃だった。その様子をテレビで見たことも、みんなが喜んでいたことも覚えている。なぜなのかはわからなかったけど、とにかくみんなうれしそうだった。アパルトヘイトというものがあり、それがもう終わるということ、それがすごいことだという認識は、僕にもあったけど、その込み入った事情まではわからなかった。

はっきりと覚えているのは、そのあとに起きた暴動だ。それは、アパルトヘイトを乗り越えた、この民主主義の勝利は、「無血革命」と呼ばれることもある。それは、白人の血がほとんど流れなかったからで、黒人の血はいたるところで流れたのだ。

アパルトヘイト体制が崩壊すると、黒人による統治がはじまることは、みんなわかっていた。問題は、どの黒人が統治するかだ。インカタ自由党とアフリカ民族会議（ANC）のあいだで権力を争う暴力事件が次々と起こった。このふたつの政党間の政治的駆け引きはかなり複雑だけど、簡単に言うと、ズールー族とコサ族の代理戦争のようなものだ。インカタ自由党はメンバーの圧倒的多数がズールー族で、とても好戦的かつ民族主義的だ。ANCは多くの部族を抱える連立政党だったけど、当時の指導部のほとんどがコサ族だった。両政党は平和のために協力するどころか、非難しあってばかりで、信じられないくらい野蛮なことをいろいろした。激しい暴動があちこちで起こり、大勢の人が亡くなった。ネックレスと呼ばれるリンチは日常茶飯事だった。押さえ込んだ相手の首に掛けたゴムタイヤを押し下げて両腕の自由を奪い、ガソリンをかけて火を放ち、生きながら焼き殺すのだ。こういうリンチを、ANCもインカタも互いにおこなっていた。登校中に、黒焦げの死体を道端で見かけたこともある。僕とかあさんは毎晩、うちの小さな白黒テレビでそんなニュースばかり見ていた。十数名が死亡。50名が死亡。100名が死亡。

僕たちが住んでいたエデンパークからそう遠くないところには、トコザやカトルホングといった、イーストランド地域の黒人居住地《タウンシップ》が無秩序に広がっていた。どちらも、インカタとANCの衝突がもっとも激しかったところだ。少なくとも月に1度、車で家に帰る途中、このあたりで火の手が上がっているのを目にした。何百人もの暴徒が集まっているなか、かあさんは車をゆっくり進めながら、タイヤを積んで燃やしたバリケードをよけて通ったものだった。タイヤほどよく燃えるものはない。信じられない勢いで燃え広がる。燃えさかるバリケードの横を通り過ぎるときは、まるでオーブンの中にでもいるようだ。僕はかあさんによくこう言った。「悪魔が地獄でタイヤを燃やしているみたいだね」

こうした暴動が起きるたびに、近所の人たちはみんなしばらく家に閉じこもっていたけど、かあさんは違った。堂々と出かけていき、バリケードのそばをじわじわと通り抜けながら、暴徒たちにこんな目を向けていた。――通して。わたしにはこんなくだらない騒ぎ関係ないんだから――。危険が目の前にあっても毅然としているのには、いつも驚かされた。目と鼻の先で争いが起きていてもお構いなし。かあさんにはやるべきことがあり、行くべき場所があった。車が故障しようが、教会へ行こうとするあの頑固さと同じだ。500人もの暴徒がいて、燃えさかるタイヤでエデンパークの道路が封鎖されていたって、かあさんならこう言うに決まっている。「さあ着替えなさい。わたしは仕事、あんたは学校へ行かなくちゃ」

「怖くないの？　かあさんはひとりきりで、相手はたくさんいるんだよ」

「ひとりじゃないよ。天使がみんなついていてくれているから」

「そりゃあ、天使の姿が相手にもちゃんと見えていればいいけどさ。天使がついているなんて、あの人たちにはわからないと思うよ」

かあさんは心配するなと言い、モットーにしているお決まりのセリフを口にした。

「神様がついていてくださるなら、最強でしょ」

かあさんは決して恐れなかった。そうすべきだったときでさえ。


車が動かなかったあの日曜日も、いつもどおりの教会巡りをし、最後は白人のローズバンクユニオン教会だった。外へ出るともう暗くなっていて、僕たちのほかには誰もいない。ミニバスで、人種混在の教会、黒人の教会、白人の教会と移動して回る、とてつもなく長い1日が終わり、僕はくたくただった。少なくとも9時はまわっていた。暴力沙汰や暴動がいたるところで起こっていたあの当時、夜のそんな時間に外にいるもんじゃない。僕たちは、ジェリコアベニューとオックスフォードロードの角に立っていた。ヨハネスブルグ郊外の、裕福な白人居住区のど真ん中だから、ミニバスなんて1台も走っていない。どの通りもがらがらだ。

「ほらね。だから、神様の言うことを聞いて、家にいればよかったのに」そう言ってやりたくてたまらなかったけど、かあさんの表情をひと目見るなり、言わないほうがいいと思った。かあさんに毒づいても平気なときもあるけど、このときはそうじゃなかった。

待てど暮らせど、ミニバスは1台も通らない。アパルトヘイト時代、黒人が利用できる公共の交通機関はなにもなかった。だけど白人は、床にモップをかけたりトイレを掃除したりする黒人には来てもらわないと困るわけだ。必要は発明の母だから、独自の交通機関として、黒人は非公式のミニバス路線網をつくった。非公式な団体による、完全な違法行為だ。誰かが統制しているわけじゃなくて、組織犯罪のようなものだった。各団体が勝手にバス路線を決め、ルート争いでよくもめていた。賄賂や不正はあとを絶たず、暴力事件も頻繁にあり、みかじめ料としてかなりの金額が動いていた。暗黙の了解はひとつだけ。ライバルの縄張りでこっそり営業してはいけない。そんなことをすれば運転手が殺される。統制していないということは、まったく当てにならないということでもある。来るときは来るし、来ないときは来ない。

ローズバンクユニオン教会を出たところで、僕は文字通り、立ち寝していた。ミニバスは1台も来そうにない。とうとうかあさんが言った。「ヒッチハイクするよ」歩いて歩いて歩いて、果てしない時間がたったように思えた頃、ようやく車が1台近づいてきて停まった。乗せてくれると言うので乗り込み、発進したと思ったその瞬間、突然ミニバスが目の前に現れて、行く手をさえぎる。

バスを運転していたズールー族の男が「イウィサ」を手に出てきた。イウィサはズールー族の伝統的武器で、要は長い棍棒だ。やつらはこれで相手の頭蓋骨を叩き割る。もうひとり、やはりズールー族の男が助手席から出てきた。ふたりは僕たちを乗せてくれた男性を運転席から引きずり降ろすと、目の前に棍棒を突きつけた。「俺たちの客を盗るとはどういうつもりだ。なぜ乗せたんだ?」

殺してしまいそうな剣幕だ。そういうことが実際にあるのは僕も知っていた。かあさんが声を張り上げる。「ねえ、ちょっと、その人は助けようとしてくれただけなんです。乱暴しないでください。バスに乗りますから。もともとそのつもりだったんですから」こうして僕たちは、いま乗せてもらったばかりの車を降りて、ミニバスに乗り換えた。

乗っているのは僕たちだけだ。南アフリカのミニバス運転手は、たいてい荒っぽいギャングで、運転中に乗客に向かって文句を言ったり、延々と説教したりすることでも悪名高い。この運転手は特に怒りっぽいタイプで、バスを運転しながら、かあさんに説教しはじめた。夫でもない男の車に乗るなんて、というのだ。知らない人に説教されて黙っているようなかあさんじゃない。運転に集中するように言った。ついコサ語が口をついて出たものだから、運転手の怒りが爆発した。ズールー族とコサ族の女性に関する固定観念には、根深いものがある。ズールー族の女性は行儀がよくて従順、コサ族の女性はふしだらな尻軽、と見られていた。いまここにいるかあさんは、運転手の宿敵であるコサ族で、しかも女ひとりでふたりの幼子を抱えている。おまけにひとりは混血児ときた。ただの売女じゃなく、白人の男と寝るような売女だ。「そうか、おまえはコサか。どおりでな。知らない男の車でも平気で乗り込むわけだ。まったく吐き気がする女だ」

かあさんはずっと言い返していたけど、運転手もひたすら罵倒し、怒鳴りつける。バックミラー越しに指をふりまわしたりして、どんどん高圧的になっていき、ついにこう言い放った。

「これだからコサの女は厄介なんだ。おまえらみんな売女だ。今夜は懲らしめてやるからな」

運転手は速度を上げた。猛スピードのまま走りつづけ、まったく止まろうとしない。交差点も、確認のためにほんの少し速度を落とすだけで、スピードを出したまま突っ走る。当時は誰もが死と隣りあわせだった。あのとき、かあさんはレイプされていたかもしれなかったし、僕たちみんな殺されていたかもしれなかった。どちらも十分ありえた。ところが、僕はそんな危険な状態だとはわかっていなかった。くたくたで、とにかく眠たかった。それに、かあさんはいたって落ち着いていた。かあさんがうろたえていないのに、僕がうろたえようがない。かあさんは運転手をとにかくなだめようとしていた。

「気に障ったならすみません、兄弟《ブティ》。このあたりで降ろしてもらえれば結構ですから——」

「ダメだ」

「本当に結構ですから。歩けますから——」

「いかん」

運転手がずっと飛ばしているオックスフォードロードは、どの車線もがらがらで、ほかに走っている車は1台もない。僕はスライディングドアに一番近いところに座っていた。かあさんは僕のとなりに座り、アンドリューを抱いている。窓の外を見てから、僕に顔を近づけてきて小声で言った。「次の交差点でスピードが落ちたら、そのドアを開けるから。そしたら飛び降りるよ」

かあさんの言っていることなんて、なにひとつ聞いていなかった。そのときはもう、すっかりうとうとしていたからだ。次の信号が近づいてくると、運転手は少しだけアクセルをゆるめ、道路を見回して確認した。かあさんが手を伸ばしてスライディングドアを開け、僕をつかんでできるだけ遠くへ放り投げる。かあさんもそのあとすぐ、アンドリューを抱えて体を丸めると、僕につづいて飛び降りた。

夢うつつでいたところ、突然の痛みで目が覚める。「ドスン！」と、思い切り車道に叩きつけられたからだ。かあさんも僕のすぐ横に落ちてきた。ふたりして転がる転がる、ごろごろごろごろ。もうすっかり目が覚めた。うとうと状態からいきなり、――なにごとだ!?――の状態だ。ようやく止まり、立ち上がったけど、頭はすっかり混乱していた。見回すと、かあさんも立ち上がっている。こっちを向いて僕を見るなり、叫んだ。

「走れええ！」

僕が走り、かあさんも走る。こんなに走るのは僕とかあさんくらいだ。

おかしな話だけど、自分のすべきことはわかっていた。動物的本能だ。暴力が常に潜み、いつなにが起こってもおかしくないような世界で自然と身についたのだ。タウンシップで、警官隊が暴動鎮圧用装備やら、装甲車やら、機甲ヘリやらでやってきたら、「走って避難、走って隠れろ」ということくらい、5歳のときから知っている。もし、もっと違う人生を送っていたら、猛スピードのミニバスから放り出されて、おろおろしていたかもしれない。バカみたいに突っ立って、こう言っていただろう。「いったいなにがあったの？　どうして脚がこんなに痛いの？」でもそうじゃなかった。「走れ」と言われたから走った。ライオンから逃げるガゼルのごとく、ひたすら走った。

男たちはミニバスから降りてきて追いかけようとしたけど、とても追いつけそうになかった。僕たちの圧勝だ。あぜんとしていたと思う。ちらっと振り返ったとき、まったく解せない、という表情であきらめムードだったのを、いまでも覚えている。――なんなんだ、いまのは。小さい子をふたりも抱えた女が、まったくなんて足の速さだ――。あのふたりが知るはずがない。こっちはメリベール校の運動会で優勝した親子なのだ。僕たちはひたすら走りつづけ、やっとのことで24時間営業のガソリンスタンドにたどり着くと、警察に通報した。その頃には、あのふたりはとっくにいなくなっていた。

僕はまだ事態がまったく飲み込めていなかった。走っていたときは無我夢中だったけど、走るのをやめたとたん、ものすごい痛みを感じた。見ると両腕の皮膚が擦りむけている。体中傷だらけで血が出ている。かあさんも同じだ。それでも、信じられないことに、弟は無事だった。かあさんがしっかりと抱きかかえていたおかげで、かすり傷ひとつせずに済んだのだ。僕は呆然としたままかあさんに向き直った。

「なんなんだよ、いまのは!?　なんで走らなくちゃいけないんだよ!?」

「なに寝ぼけたこと言ってるの。殺されるところだったのよ」

「そんなのぜんぜん聞いてないよ！　いきなり僕を放り出して！」

「ちゃんと言ったでしょ。なんで飛び降りなかったの？」

「飛び降りる!?　僕、寝てたのに！」

「じゃあ、見殺しにすればよかったのね？」

「あの人たちだって起こしてはくれたはずだよ、殺す前にさ」

　らちがあかなかった。ミニバスから放り出されたことに、混乱して腹も立っていた僕は、この重大さに気づいていなかった。かあさんは命を救ってくれたのだ。

　ひと息つき、家まで送り届けてくれるはずの警察が来るのを待っていると、かあさんが言った。「とにかく、無事でなによりだった。神様のおかげね」

いや、9歳の僕も、そこで納得するほどばかじゃない。今度という今度は黙っちゃいられない。

「違うよ、かあさん！　神様のおかげなんかじゃないよ！　なんで神様の言う通りにしなかったんだよ。車がびくともしなかったのは、家にいるように、っていう神様のお告げだったのに。悪魔が僕たちをおびき出したに決まってるんだから」

「違いますよ！　悪魔はそんなやり方はしません。これは神様のお計らいだから、こうなったのもなにか理由があるのよ……」

そうやっていつまでも堂々めぐりで、神様の思し召しについて言い争っていた。最後に僕が言った。

「ねえ、かあさんがイエス様を慕っているのはわかるけど、次の日曜日はうちへ来てもらえませんか、ってお願いしてみたら？　だって今晩のことは笑いごとじゃないんだから」

かあさんはにっと顔をほころばせたかと思うと、笑い出した。僕もつられて笑い出す。腕も脚も血とほこりまみれで、夜更けに佇む母と子。痛みをこらえながらゲラゲラ笑うふたりを、ガソリンスタンドの灯りだけが照らしていた。

アパルトヘイトは、人種差別政策としては完璧だった。なにしろ、何世紀もかけて練り上げられたものなのだ。もともとは1652年、オランダ東インド会社が喜望峰に上陸し、貿易拠点として、カープスタットという植民地をつくった頃までさかのぼる。ヨーロッパとインドのあいだを行き来する船の寄港地で、のちにケープタウンと呼ばれるようになる。ここに入植したオランダ人は、白人支配を押しつけようとして現地人と争い、やがて、現地人を征服し、奴隷とする一連の法律を編み出していった。このケープ植民地を英国が支配するようになると、最初の入植者であるオランダ人の子孫たちは、内陸部へ集団移住し、独自の言語・文化・習慣を発達させ、やがてアフリカーナーと呼ばれるようになった。アフリカの白人住民だ。

英国は、表向きには奴隷制度を廃止したけれど、実際にはつづけていた。なぜかというと、1800年代なかばに(その頃にはもう、この植民地は、極東への航路中継地としての価値がほとんどなくなっていた)、運のいいひとにぎりの事業家が、金やダイヤモンドの鉱脈をたまたま発見し、それが世界有数の埋蔵量だったからだ。鉱山からありったけ掘り出すのに、使い捨て人夫がいくらでも必要だったのだ。

大英帝国が衰えてくると、南アフリカは自分たちのもの、と主張してアフリカーナーが立ち上がる。大多数である黒人からの絶え間ない抵抗も高まるなか、植民地政府は権力を維持するために、これまでにない、より強力な手段が必要だと考えた。公式に委員会を設置し、外国の人種差別制度を調査させるべく各国に派遣した。委員会が向かったのは、オーストラリア、オランダ、アメリカだった。うまくいっている制度も、そうでない制度もあった。委員会が帰国して報告書にまとめると、政府はそれをもとに、かつてない先進的な人種差別体制をつくりあげたのだ。

アパルトヘイトはいわば警察国家の政策であり、黒人を完全に管理しておくための監視システム、法体系だった。そうした一連の法律は、紙にして3000枚を超え、重さは5キロほどにもなる。でもその要点は、アメリカ人なら誰でもすぐに理解できるはずだ。アメリカでは、特別保留地への先住民強制移住と、奴隷制度が並行しておこなわれ、そのあとに、人種隔離政策があった。この3つすべてが、同じ集団に対して同時におこなわれたのが、アパルトヘイトなのだ。

2 生まれたことが犯罪

僕が生まれたのはアパルトヘイト体制下の南アフリカで、これは厄介なことだった。というのも、僕が混血児だったからだ。かあさんのパトリシア・ノンブイセロ・ノアが黒人、父のロバートが白人。正確に言うと、ドイツ系スイスの生まれだ。ドイツ系スイスってのは、とにかく正確だから、正確に言っておこう。アパルトヘイト時代、異なる人種のあいだで性的関係を持つのは、非常にやばい犯罪行為だった。いうまでもなく、両親はその罪を犯したことになる。

人種差別が制度化されている社会で、混血の存在は、制度に疑問を投げかけているどころじゃない。制度そのものが、筋の通らない、つづくはずのないものだと、もろに示している。人種が異なっていても交わることができるし、多くの場合望んでそうしていることの証だ。存在そのものが制度の不合理さをついているわけだから、反逆罪よりタチの悪い罪、ということになる。

人が存在するかぎり、セックスがあるわけで、禁止法をつくったところで止められるものじゃない。オランダ船がはじめてテーブルベイに着いた9カ月後には、もう混血児が生まれていた。アメリカと同じで、ここでも入植者は先住民の女性をしたいようにした。入植者というのはだいたいそうだ。違っていたのは、アメリカでは、黒人の血が少しでも入っていれば黒人、とされたのに対して、南アフリカの混血は、この国独特のグループに分類されたことだ。黒人でも白人でもない「カラード」とされた。カラード、黒人、白人、インド人での人種登録を義務づけられていた。この分類に基づいて、何百万という人々が、住んでいた土地を追われ、強制移住させられた。インド人居住地はカラード居住地から隔離、カラード居住地は黒人居住地から隔離、このいずれも白人居住地から隔離され、それぞれが、なんにもない緩衝地帯で隔てられていた。ヨーロッパ人と現地人のセックスを禁じるさまざまな法律が可決され、その後の修正で、白人と非白人のセックスが禁じられた。

政府は正気の沙汰とは思えないやり方で、この新たな法律を施行しようとした。違反すれば5年の禁固刑だ。窓からのぞき見して回る専任の警察部隊まであった。もちろん、品行方正な取締警官にのみ与えられる任務だ。人種の異なる男女が見つかったらエライ目にあう。ドアを蹴破られ、引きずり出され、ボコボコに殴られて逮捕される。少なくとも黒人の場合はそうだった。白人の場合は、「まあ、酔っ払っていたことにしておきますから、もうしないように。いいですね？　では」って感じだ。白人男性と黒人女性の場合はこれで済んだけど、黒人男性が白人女性とセックス中に取り押さえられた場合、強姦罪で訴えられなければラッキーなほうだった。

アパルトヘイトのもとで混血児を生んだらどういうことになるか、ちょっとは考えてみたのか、とかあさんに尋ねたところで、答えはノーに決まっている。単にしたいことがあって、その方法を見つけ、実行に移したのだ。普通だったら相当の覚悟がいることも、さらりとやってのけるような、怖いもの知らずなところがある人だった。どういうことになるかなんて、立ち止まって考えていたら、なんにもできなくなってしまう。そうはいっても、やっぱり正気の沙汰じゃない。無謀だった。数え切れないほど多くのことがうまくいったからこそ、僕たちは、この制度をなんとかかいくぐってやってこれたのだ。

アパルトヘイト時代、黒人は、男性なら農場か工場、でなければ鉱山で働いた。女性は工場か、メイドとして働いた。選択肢がそれしかなかったのだ。かあさんは工場で働くのは嫌だった。かといって、料理は下手だし、白人女性に1日中指図されるなんて耐えられそうになかった。そこで、かあさんらしく、選択肢にないものを見つけてきた。秘書養成講座でタイピングのクラスを受講したのだ。当時、黒人女性がタイピングを習うなんて、目の見えない人が車の運転を習うようなものだった。努力は見上げたものだけど、まず雇ってもらえない。事務職や技能職は白人の仕事、と法律で決められていたからだ。オフィスで働く黒人なんていなかった。

でもかあさんは反骨精神の人だったし、幸い、それがタイミングよく功を奏したのだ。

1980年代はじめ、南アフリカ政府はちょっとした改革に着手しはじめていた。アパルトヘイトの残虐さや人権侵害に対する、国際社会からの抗議を和らげようとしたのだ。タイピスト職のような下級事務職に黒人をわずかばかり雇い入れるのも、その一環だった。かあさんは、人材紹介会社を通じて秘書として雇われた。ヨハネスブルグ郊外のブラームフォンテインにある、ICIという多国籍製薬会社だった。

働きはじめた頃、かあさんはまだおばあちゃんといっしょにソウェトで暮らしていた。僕の一族は数十年前からこの黒人居住区《タウンシップ》に移住させられていた。この家にいたくなかったかあさんは、22歳のときに家出し、ヨハネスブルグの街中で暮らすようになる。ひとつだけ問題があった。そこに黒人が住むのは違法だったのだ。

アパルトヘイトの究極の目的は、南アフリカを白人だけの国にすることだった。黒人はひとり残らず市民権を剥奪され、部族ごとにそれぞれのホームランド（故国という意味）、別名バントゥースタンへ移住させられた。名目上は、黒人の半自治区ということだったけど、その実態は、白人政府による傀儡《かいらい》国家だ。ところが、いくら白人の国といったって、富を生産するには黒人の労働力なしに立ち行かない。となると、白人地域の近くに黒人が住むことを認めざるをえない。タウンシップは、黒人労働者用に政府が計画した強制居住地で、ソウェトもそのひとつだった。居住地といっても、労働者の身分があってはじめて居住が許される。理由を問わず、その身分を失えば、いつホームランドへ強制送還されてもおかしくなかった。

仕事のためでも、ほかのどんな理由でも、タウンシップから出て都市部へ入るには、IDナンバー入りの身分証を常に持ち歩かなければならなかった。持っていないと逮捕されることもあった。外出禁止時間帯というのもあって、一定の時刻までにタウンシップへ戻らずに、都市部に残っていたら逮捕される恐れがあった。でも、かあさんはそんなのおかまいなしだった。家には二度と戻るまいと心に決めていたから、公衆トイレに隠れて寝泊まりしながらとどまっていた。そのうちに、うまく立ち回る方法を教えてくれたのが、ほかの黒人女性たちだった。街中でなんとか暮らしてきた売春婦たちだ。

売春婦の多くはコサ族だった。かあさんは、自分と同じ言葉を話す女性たちからサバイバル術を教わったのだ。たとえば、上から下までメイドの格好をしていれば、街中を歩き回っても怪しまれない。アパートを貸してくれる白人男性も紹介してもらった。たいてい、南アフリカの法律なんてどうでもいい、と考えているドイツ人やポルトガル人で、住むところと働くところを売春婦に提供する見返りに、一定のお楽しみにあずかれればよし、とする人たちだ。かあさんはそういう契約にはまったく興味がなかったけど、仕事があったから、家賃を払うお金はあった。売春婦の友だちからあるドイツ人男性を紹介され、その人の名義でアパートを借りられることになった。アパートに引っ越したかあさんは、メイド用の服をいっぱい買い込んだ。それでも、逮捕されたことも少なくない。仕事から帰るときに身分証を持っていなかったり、決められた時間外に白人地域にいたりしたからだ。身分証の携行を義務付けるパス法に違反すると、30日の禁固刑か、50ランドの罰金だ。50ランドは、かあさんの月給の半分に相当する金額だった。かあさんはなんとか金をかき集めて罰金を払い、すぐに自分のすべきことに戻っていった。

かあさんが隠れ住んでいたアパートは、ヒルブロウという地区にあった。203号室に住んでいた。同じ階に、背の高い、褐色の髪と瞳のドイツ系スイス人がいた。ロバートという名で、206号室に住んでいた。南アフリカはかつて貿易の拠点となる植民地だったから、海外からの移住者が昔からたくさんいる。そういう人たちがこの地区にたどり着いていた。ドイツ人やオランダ人が山ほどいた。当時のヒルブロウはまさに、ニューヨークのグリニッジビレッジの南アフリカ版という感じで、活気にあふれ、国際色豊かで、進歩的なところだった。アートギャラリーやアングラ劇場で芸術家やパフォーマーが声をあげて、南アフリカ政府を批判していた。観客には黒人も白人もいた。レストランやナイトクラブには外国人オーナーも多く、そういうところの常連客には、現状が嫌でたまらない黒人もいれば、バカバカしいと考えている白人もいた。こうした人たちがよく密かに集まっていたのだ。たいてい、誰かのアパートの一室か、空いていた地下をクラブに改装したようなところだった。人種が融合しているなんていうと政治活動みたいだけど、集まり自体は、政治とは無関係だった。ただたむろして、楽しく過ごしていたのだ。

かあさんもそういうところへ顔を出していた。いつもどこかのクラブやパーティーに出かけて、踊ったり、人と知り合ったりしていた。よく通ったのがヒルブロウタワーで、ここは当時アフリカで1、2を争う高層ビルだった。その最上階に、回転式ダンスフロアのあるナイトクラブがあった。刺激的な場所だったけど、危険もあった。当時はレストランやクラブが営業停止に追い込まれることもあったし、その場にいたパフォーマーや常連客が逮捕されることだってあった。いつだって一か八かだ。かあさんが信用できる人はまわりに誰もいなかった。いつ誰に警察へ突き出されてもおかしくない。近所の人が通報しあうのが日常茶飯事だったのだ。同じ建物に住んでいる白人と付き合っている白人女性が、ここで暮らしている黒人女性（当然、売春婦）を通報することだって十分ありえた。それに、政府に雇われている黒人もいたのだ。まわりの白人は、かあさんのことを、メイドのふりをした売春婦になりすまし、白人の違法行為を知らせるためにヒルブロウに送り込まれたスパイ、と思っていたかもしれない。それが警察国家のやり方だ。みんなが、ほかのみんなから監視されている、と思っているのだ。

都会にひとりで暮らし、誰にも信用もされず、誰も信用できなかったかあさんは、この人なら大丈夫、と思えるある人物と過ごすようになっていった。206号室に住む、例の背の高いスイス人だ。男性は46歳、かあさんは24歳。男性が物静かで控えめなのに対し、かあさんは自由奔放だった。その男性の部屋に立ち寄っておしゃべりしていくようになり、やがてふたりで地下の集まりへ行ったり、回転フロアのあるナイトクラブへ踊りに行ったりするようになった。

ピンとくるものがあった。

ふたりのあいだに、本当の絆や愛情のようなものがあったことは知っている。この目で見たからだ。でも、恋愛感情がどの程度だったのか、あくまで友人という間柄だったのか、そのあたりはわからない。そういうことは子供の尋ねることじゃない。僕が知っているのは、ある日かあさんが提案した、ということだけだ。

「子供が欲しい」

「私はいらない」

「家庭を持ちたいと言ってるんじゃないの。子供を産むことに協力してほしいの。精子だけ提供してくれたらいいから」

「私はカトリックだからね。そういうことはしないんだ」

「あのね、わたしがあなたと寝て姿をくらませば、あなたは自分に子供がいるかどうかなんて、一生わからないまま。だけどそんなことはしたくない。うんと言ってもらえたら、わたしも心穏やかに暮らせる。自分の子供が欲しいの。産むならあなたとの子がいい。会いたければいくらでも会ってくれたらいいけど、あなたには一切義務はない。話をする必要も、養育費を払う必要もない。子供をもうけさせてくれるだけでいいから」

かあさんにとって、この男性が家庭を持つことに気乗りしないことも、そうすることが法律で禁じられていることも、魅力的だった。欲しいのは子供であって、自分の人生にあれこれ指図してくる男じゃない。オヤジはしばらく断りつづけていたそうだけど、最終的にはうんと言った。なぜうんと言ったのかは、おそらく一生わからない。

うんと言われた9カ月後の1984年2月20日、かあさんは、予定していた帝王切開のためにヒルブロウ病院に入院した。家族とは疎遠だし、身ごもった相手の男性は人前でいっしょにいることが許されない。かあさんひとりきりだった。分娩室に移され、医師たちがお腹を開き、手を入れて取り上げたのは、白人と黒人の混血児。あまたの法律、法令、規則に違反した僕は、生まれたこと自体が、犯罪だった。


取り上げた医師たちは、気まずい雰囲気のなかでこう言った。「ほう、これはまたずいぶん色の浅い赤ん坊だ」ざっと見回したところ、父親らしき人物が見当たらない。

「この子の父親は?」

「スワジランド出身の人です」かあさんは、南アフリカの東にある、海のない小王国を口にした。

医師たちも嘘だと気づいただろうけど、そういうことにしておいた。なんらかの説明が必要だったからだ。アパルトヘイト時代、出生証明書には、人種、部族、国籍といった、ありとあらゆる分類を記入しなければならなかった。かあさんは、僕がカングワネ生まれということにした。カングワネは、南アフリカに住むスワジ族のホームランドだ。そんなわけで、出生証明書にはコサ族とは書かれていないけど、実際には僕はコサ族の人間だ。もちろんスイス人とも書かれていない。そんなこと政府が認めるはずがない。ただ外国生まれと書いてあるだけだ。

出生証明書にオヤジの名前はない。だから公的には、父親だったことは一度もない。かあさんは約束どおり、オヤジを巻き込まない準備を整えていた。ヒルブロウのすぐ隣にあるジュベールパークという地区にアパートを借りてあって、退院すると僕を連れてそこに住んだ。次の週、かあさんはひとりでオヤジを訪ねた。驚いたことに、「赤ん坊は?」と訊かれたという。「関わりたくないんじゃなかったの?」と、かあさん。オヤジは、たしかにそう言ったけど、生まれたからには、すぐ近くにいる自分の息子を知らんふりするわけにはいかない、と考えたようだ。こうして僕たち3人は、この奇妙な状況が許すかぎり、家族のようなものになった。僕はかあさんといっしょに暮らし、可能なときは、ふたりでこっそりとオヤジに会いに行った。

普通、子供というものは両親の愛の証だけど、僕の場合は両親の犯罪行為の証だった。オヤジといっしょにいられるのは家の中だけ。家を出たら、オヤジは僕たちとは通りの反対側を歩かなければならなかった。かあさんと僕はよくジュベール公園へ出かけた。ヨハネスブルグ版セントラルパークだ。見事な花壇、動物園。巨大なチェス盤もあって、等身大の駒でプレイできるようになっている。僕がよちよち歩きの頃、オヤジもいっしょに公園へ行ってみたことがあったらしい。公園ではかなり離れて歩くようにしていたんだけど、僕がオヤジのあとを追いかけながら、大声で呼びはじめたそうだ。「パパ! パパ! パパ!」みんなが注目する。パニックになって逃げるオヤジ。遊びだと思った僕は、オヤジをずっと追いかけていたらしい。

いっしょに歩けないのは、かあさんも同じだった。色の浅い子が黒人女性といっしょにいれば、どうしたっていろんな問題が生じる。生まれたばかりのときは、僕をくるんでしまえばどこへでも連れていけたけど、それもあっという間にできなくなった。やたらでかい赤ん坊だったからだ。異常に大きかった。1歳のときは2歳児、2歳のときは4歳児だと思われるくらいだった。とてもじゃないけど隠しきれない。

でも、そこはかあさんのこと。アパートを借りたときや、メイド服でカムフラージュしたときのように、法律の抜け穴を見つけた。混血(親の一方が黒人でもう一方が白人)は違法だったけど、カラード(両親ともにカラード)は違法じゃない。そこで、カラードの子として連れて回ったのだ。カラード居住区の託児所を見つけると、そこへ僕を預けて仕事に出かけた。同じアパートにクイーンという名のカラードの女性が住んでいて、公園へ出かけるときはよく誘っていた。クイーンが僕と並んで歩いて母親のようにふるまい、そのすぐ後ろをかあさんが歩いて、この女性のメイドのようにふるまうっていうわけだ。肌の色は似ていても、本当は母親じゃないこの女性と僕が散歩している写真が何十枚とある。その背景に紛れて写りこんでしまったように見える黒人女性が、かあさんだ。いっしょに外出してくれるカラードの女性がいないときは、危険を覚悟で僕を連れ歩かなければならなかった。手をつないだり抱っこしたりしていても、警官の姿を見ると、僕からぱっと手を離し、関係ないふりをしなきゃならない。まるでドラッグの入った袋だ。

僕が生まれたとき、かあさんは家族と3年は会っていなかったけど、僕に一族のことを、一族にも僕のことを知ってもらいたかったらしい。それでとうとうこの放蕩娘は久々に帰省した。僕たちはその後も住んでいたのは街中だったけど、学校休暇のとき数週間はたいていソウェトのおばあちゃんの家にいた。とてもたくさんの思い出がある場所だから、ここも自分の家だったように感じている。

ソウェトは、爆撃を想定してつくられたような地区だった。アパルトヘイトを考え出した人たちの先見の明、といったところだ。ここだけでひとつの都市、と言える規模で、100万人近くが住んでいた。にもかかわらず、出入りできる道路は2本だけ。僕たちを閉じ込めて、反乱が起きたらすぐ軍が鎮圧できるようにするためだ。サルどもがとち狂ってこの檻から逃げ出そうものなら、空からの爆撃で皆殺し、というわけだ。おばあちゃんの家が爆撃対象のど真ん中だったなんて、子供の頃はちっとも知らなかった。

街中にいるときは、いろいろ苦労はしながらも、なんとか動き回れていた。黒人も白人もカラードも、いろんな人が通勤で出歩いていたから、人混みに紛れることができたのだ。でも、ソウェトにいることが許されるのは黒人だけだ。僕みたいな外見のやつをかくまうのはずっと難しく、おまけに当局の監視の目も、こっちのほうがはるかに厳しかった。白人地域で警官を見かけることはめったにない。見かけても、襟つきシャツにビシッとしたパンツ姿の親切なお巡りさんだ。一方、ソウェトで見かける警官は、まるで進駐軍だった。身につけているのは襟

つきシャツなんかじゃない。暴動鎮圧用装備一式だ。軍隊みたいな格好だった。緊急出動隊という
チーム単位で行動する。いつも突然現れて暴徒を一掃するから、そう呼ばれていた。移動に使われる装甲兵員輸送車はバカでかいタイヤのついた戦車で、車体側面には細長い穴がいくつもあり、そこから発砲してくる。その図体から、僕らはカバと呼んでいた。カバがきたらもう歯が立たない。カバを見かけたら逃げろ。それは抗えない現実だった。ソウェトでは暴動がひっきりなしにあった。いつもどこかでなにかに抗議する行進や集会があって、鎮圧されていた。おばあちゃんの家で遊んでいると、発砲音や悲鳴、催涙ガスが群衆に向けて噴射されている音が聞こえたものだ。

カバや緊急出動隊を目にしたのは、5、6歳のときのことだ。アパルトヘイトがついに崩壊しはじめていた頃。それよりも前に、警官の姿を目にしたことはない。僕が警官の目に触れるような危険は、絶対に冒すわけにはいかなかったからだ。ソウェトにいるとき、おばあちゃんは絶対に外で遊ばせてくれなかった。「ダメ、ダメ。この子は家から出しちゃダメ」塀の内側の庭なら遊んでもよかったけど、表には出してもらえなかった。でも、ほかの子が遊んでいるのは表なのだ。いとこも近所の子もみんな、門から外へ出ていって、思う存分遊んで、夕暮れになってやっと帰ってくる。外に出たい、とおばあちゃんに何度もせがんだものだった。

「ねえ、お願い、外でいとこと遊んでもいい？」

「ダメ！　あいつらに捕まるよ！」

僕はずっと、ほかの子たちが僕をこっそり捕まえにくるのかと思っていたけど、おばあちゃんは警察のことを言っていたらしい。実際に子供が連れていかれることがあったのだ。その地区の人種ではない肌の色の子がいると、当局がやってきて親権を剥奪し、その子を孤児院へぶち込むなんてこともあった。タウンシップの監視をするうえで、当局が頼りにしていたのが「インピピス」のネットワークだ。インピピスとは、なにか不審な動きがあれば通報する匿名密告者のこと。「ブラックジャック」というのもいた。こちらは警察に雇われている黒人のことだ。おばあちゃんの家の近所にもブラックジャックがひとりいた。僕をこっそり家に出入りさせるときは、その人に見つからないように気をつけていた。

おばあちゃんがいまだに言うエピソードがある。3歳のときのことだ。家の中に閉じ込められているのにうんざりした僕は、門の下に穴を掘って、そこから抜け出してしまったそうだ。みんなもうパニックだ。一族総出で捜して、なんとか見つかったらしい。みんなをどれほどの危険にさらしていたか、当時の僕は知る由もなかった。一族全員がホームランドに強制送還されていたかもしれないし、おばあちゃんが逮捕されていたかもしれないし、かあさんが刑務所送りになっていたかもしれない。そして僕は、カラードの養護施設にでも入れられていたかもしれないのだ。

そういうわけで、ずっと外には出してもらえなかった。公園を散歩した数少ないときをのぞけば、幼い頃の記憶のほとんどは屋内だ。かあさんといっしょに小さなアパートにいた記憶、おばあちゃんの家にひとりでいた記憶。友だちなんていなかったし、いとこ以外に知っている子はひとりもいなかった。でもひとりぼっちで寂しいとは思わなかった。ひとり遊びが上手な子だったのだ。本を読んだり、おもちゃで遊んだり、空想の世界に浸ったりしていた。自分の想像の世界で遊んでいた。いまでもそうだ。ひとりで何時間も放っておかれても、しっかり楽しく過ごせる。たまには人といるように意識しなくちゃ。

アパルトヘイト時代に黒人と白人の親から生まれたのは、もちろん僕だけじゃない。世界中どこへ行っても、黒人と白人の混血の南アフリカ人に出会う。スタート地点はみんな同じだ。年もだいたい同じで、両親が出会ったのも、ヒルブロウかケープタウンのアングラパーティーといったあたり。住んでいたのも違法賃貸アパートだ。唯一違うのは、ほかの人たちはほぼ全員、南アフリカから出ていった点だ。白人の親の手引きで、レソトかボツワナ経由で密出国し、外国で育っている。イギリスとかドイツとかスイスが多い。アパルトヘイト制度下で人種の交ざった家族であるということは、それほど耐え難いことだったのだ。

マンデラが大統領に選ばれると、僕たち混血児もようやく自由に暮らせるようになった。国外に脱出していた子供たちも帰国しはじめた。僕が混血児にはじめて出会ったのは、17歳の頃だ。その子の話を聞いたときは本当にびっくりした。「ええっ？　ちょっと待って。出ていく、なんてことができたわけ？　そんな選択肢があったわけ？」飛行機から放り出されたとしよう。

地面に叩きつけられ、全身骨折で入院する。回復し、新たな生活がはじまり、事故のことはようやく忘れ去った。そんなある日、パラシュートというものがあると聞かされる。まさにそんな感じだ。どうして出ていかなかったのか。意味がわからない。家へ飛んで帰ってかあさんに尋ねた。

「なんで？　なんでさっさと出ていかなかったんだよ。スイスへ行けばよかったのに」

「わたしはスイス人じゃないもん」

いつもの頑固が出た。

「ここは私の国よ。なんで出ていかなくちゃいけないのよ」

南アフリカでは、古いものと新しいもの、伝統的なものと現代的なものが混ざりあっている。キリスト教信仰がいい例だ。入植者の宗教であるキリスト教を受け入れはしたけど、先祖伝来の信仰も、念のため、維持していた。この国では、キリスト教の三位一体への信仰と、敵対する相手に魔法や呪いをかける呪術信仰とが、なんの問題もなく共存しているのだ。

西洋医学の医者よりも、サンゴマス（昔ながらの祈祷師。まじない医者と揶揄されることもある）に診てもらおうとする人のほうが多い。呪術を使った容疑で逮捕され、裁判にかけられることもある。もちろん、ちゃんとした裁判所でだ。1700年代の話じゃない。つい5年前の話だ。人を雷で打って殺した容疑者の裁判があったことも、記憶に新しい。ホームランドには、高い建物はひとつもないし、高い木もほとんどない。空とのあいだを遮るものがないから、人が雷に打たれることはしょっちゅうある。それでも、雷に打たれて亡くなった人がいると、誰かが「母なる自然」を利用して打たせた、とみんな考える。だから、雷に打たれて亡くなった人に恨みがあった、なんて思われたら、人殺しだと訴えられて、警察沙汰になるわけだ。

「ノアさん、あなたは殺人罪で訴えられています。あなたは呪術を使い、デービッド・

キブーカを雷に打たせて殺しましたね」

「証拠はあるんですか？」

「デービッド・キブーカが雷に打たれたことが証拠です。雨も降っていなかったときにです」

　こうして裁判になる。法廷を取り仕切る判事がいて、事件番号があって、検察官がいる、れっきとした本物の裁判だ。被告弁護人は、動機がないことを証明し、犯罪現場の法医学的証拠として提示されたものに対し、ひとつひとつ反論しながら、弁護しなければならない。口が裂けても「呪術なんて存在しません」なんて言ってはいけない。ダメダメ、そんなことしたら敗訴確実だ。

3 トレバー、お祈りして

僕は、女性が切り盛りする世界で育った。オヤジは優しくて愛情深かったけど、会える場所もタイミングも、アパルトヘイトのためにごく限られていた。叔父のベリレ、つまりかあさんの弟がおばあちゃんの家に住んでいたけど、地元の酒場でけんかばかりしているような人だった。

そこそこ定期的に接していた唯一の男性となると、おじいちゃん、つまりかあさんの父親だ。強烈な人だった。おばあちゃんとは離婚していたから、もう家にはいなかったけど、近くにはいた。名前はテンペランス・ノアだったけど、節度《テンペラス》のかけらもなかったから、おかしな話だ。底抜けに陽気で派手な人だった。近所では「タット・シーサ」とあだ名されていた。「湯気が立つほどホットなじいさん」くらいの意味で、本当にそのとおり。大の女好きで、女性にもてた。午後、気が向くと、一張羅のスーツを着込んでソウェトのあちこちを散歩してまわり、誰かれとなく笑わせたり、道行くすべての女性たちに愛敬をふりまいたりしていた。まばゆいほどの笑みを満面に浮かべると、きらりと光る真っ白な歯。もちろん入れ歯だ。家で入れ歯をはずすときのおじいちゃんは、自分の顔を食べているみたいだった。

ずっとあとになってから、おじいちゃんは躁うつ病だったことがわかったけど、それまでは、単に風変わりなだけ、とみんな思っていた。あるとき、おじいちゃんがかあさんの車で食料品を買いに出かけたまま姿をくらまし、その晩遅くまで帰ってこなかったことがあった。食事の時間はとうに過ぎていた。事の顛末はこうだ。車でバス停の前を通りかかると、妙齢の女性が立っているのが見えた。女性がバスを待たなきゃいけないなんて、と思ったおじいちゃんは、家まで送ると申し出たのだ。それがなんと、片道3時間の道のりだった。かあさんはカンカンだった。満タンにしておいたガソリンを使い切ってしまったのだから、無理もない。かあさんと僕が職場と学校へ、2週間は通える量だったのだから。

躁状態のときは誰にも止められないおじいちゃんは、気分の揺れも激しかった。若い頃はボクサーだったものだから、ある日僕に向かって、「おまえは俺をなめてやがる。俺とボクシングしろ」と言ってきた。当時おじいちゃんは80代、僕は12歳。おじいちゃんが両こぶしを構えて僕のまわりをぐるぐる回りはじめる。「さあ、トレバー、かかってこい！　こぶしを構えて！　俺がまだ男だってところを見せてやる！　さあ！」殴るなんてムリだ。年長者を殴ろうとは思わない。それに、僕は誰ともけんかしたことがなかった。はじめてのけんか相手が80歳の老人なんていやだ。かあさんに助けを求めに行って、なんとか止めてもらった。このボクシング騒ぎのあと、おじいちゃんは1日中椅子に座っていた。身動きひとつせず、一言も口をきかなかった。

おじいちゃんは、2番めの家族といっしょに、メドウランズ地区に暮らしていた。僕たちがそこを訪ねたのは数えるほどだ。毒を盛られるんじゃないかと、かあさんがいつも心配していたから。実際にそういうことがあるのだ。最初の家族が相続人、と決められているから、2番めの家族から毒を盛られる可能性は十分にあった。テレビドラマ『ゲーム・オブ・スローンズ』の貧乏人版、といったところだ。その家に行ったときは、かあさんに注意されたものだ。

「トレバー、それ食べちゃダメよ」
「でもお腹ぺこぺこ」
「ダメ。毒が入っているかもしれないから」
「わかった。じゃあ、イエス様にお祈りして毒を取り除いてもらおうよ」
「トレバー！　スンケーラ！」

そんなわけで、おじいちゃんにもたまにしか会えなかったし、そのおじいちゃんもいなくなると、家はやっぱり女性が切り盛りしていた。

かあさんのほかには、シボンギレ伯母さんがいた。伯母さんと最初の夫ディンキーのあいだには子供がふたりいる。いとこのンルンギシとブレルワだ。伯母さんはとてもパワフルで、めちゃくちゃたくましい、肝っ玉かあさんだ。ディンキーはその名のとおり、ちっぽけ《ディンキー》な男だった。荒っぽいところはあったけど、たいしたことはなかった。どちらかというと、荒っぽい男であろうとするけど、いまいちうまくできない、といった感じだ。自分の思い描く夫、要するに、支配的な夫であろうとしていた。小さい頃、ディンキーに「自分の女を殴らないようじゃあ、愛していることにはならない」と言われたことがある。男が酒場や外でよく言うセリフだ。

　ディンキーは柄にもなく家長づらをし、よく伯母さんを叩いたり殴ったりしていた。伯母さんはひたすら我慢していたけど、いつも最後にはたまりかねてビシッと言い返し、ディンキーに身の程をわきまえさせていた。いつも「女房をちゃんと操縦できる男」という体でいたけど、みんなは「ディンキー、まず、操縦なんかできていない。それに、する必要もない。女房はお前に惚れているんだから」と思っていた。ある日、伯母さんがいい加減うんざりしてしまったことがあった。僕が庭で遊んでいると、ディンキーが大声でわめきながら家から飛び出してきた。すぐあとから伯母さんが追いかけてきて、煮え湯の入った鍋を手にディンキーを罵り、ぶっかけてやると息巻いている。ソウェトでは、男が煮え湯を浴びせられるのは珍しくもなんともない。煮え湯は女性にとって唯一ともいえる反撃の手段で、煮え湯ならまだましなほうだ。煮え油を浴びせる女性もいるんだから。夫を懲らしめたいなら、煮え湯、終わらせたいなら、煮え油だ。

　おばあちゃんのフランシス・ノアが、一族の家長だった。家を切り盛りし、子供たちの面倒を見て、料理をし、掃除をする。身長はせいぜい150センチほどで、おまけに長年の工場労働のせいで背中が丸くなっていたけど、とても丈夫だ。いまもとても元気でハツラツとしている。おじいちゃんは背が高くて陽気な人だったのに対して、おばあちゃんは穏やかで、そつがなく、すごく頭の切れる人だった。一族のことを尋ねると、1930年代までさかのぼり、いつどこでなぜそうなったのか、話してくれる。なんだって覚えているのだ。

ひいおばあちゃんもいっしょに暮らしていた。ひいおばあちゃんのことは、みんな、ココと呼んでいた。かなり高齢で、ゆうに90歳は超えていた。腰が曲がり、やせ細り、目はまったく見えない。白内障で白く濁った目をしていた。誰かに支えてもらわないと歩くこともできない。長いスカート、頭にスカーフ、肩に毛布というでたちで、台所の石炭ストーブの横にいつも座っていた。この石炭ストーブは1日中つけっぱなしで、料理、暖房のほか、体を洗うお湯を沸かすのに使っていた。ココをそこに座らせておいたのは、家の中で一番暖かいところだったからだ。毎朝誰かが起こして、台所へ連れてきて座らせる。夜になると、また誰かがベッドまで連れていく。それがココの日課だ。1日中、来る日も来る日も、ストーブの横にじっと座っていたけど、それで十分ご機嫌だった。目が見えないから動かなかっただけなのだ。

ココとおばあちゃんはよくふたりで話をしていたけど、5歳くらいだった僕には、ココが本物の人間とは思えなかった。体がぜんぜん動かないものだから、口のついた脳、って感じなのだ。ココとのやりとりは、パソコンのコマンド入力とリプライみたいだった。

「おはよう、ココ」

「おはよう、トレバー」

「ココ、ごはん食べた？」

「食べたよ、トレバー」

「ココ、出かけるからね」

「そう、気をつけて」

「行ってきます、ココ」

「行ってらっしゃい、トレバー」


女性が切り盛りする世界で育ったのは、単なる偶然じゃない。アパルトヘイトのせいでオヤジになかなか会えなかったのは、オヤジが白人だったからだけど、おばあちゃんの家の近所の子供たちもほとんどが、理由は違っても、やっぱりアパルトヘイトのせいで、父親とは離れて暮らしていた。どこかの鉱山で働いていてふだんは家にいなくて、帰ってこられるのは休暇のときだけとか、刑務所に入れられているとか、国外に亡命して理想のために闘っているとかだった。だから、女性が地域社会を担っていた。「ワチントアバファファージ、ワチンティンボコード！」これは自由を求める女性たちが叫んでいたスローガンで、「女を殴れば、岩を殴るのと同じくらい痛い目を見る」という意味だ。国内ではその気概を認められていた女性たちも、家庭内では黙って従うことを求められていた。

ソウェトで男たちの不在を埋めていたのが、信仰だった。よくかあさんに、女手ひとつで僕を育てて大変じゃなかったかと尋ねたけど、答えはいつも同じだ。「家に男がいないからって、夫がいないわけじゃないのよ。神様がわたしの夫」かあさんも、伯母さんも、おばあちゃんも、このあたりに住むほかの女性もみんな、信仰が暮らしの中心にあった。祈祷集会が、曜日ごとに各家庭持ち回りでおこなわれていた。参加するのは女子供ばかりだ。かあさんはベリレ叔父さんにも参加するよう、毎回声をかけていたけど、「男がいるなら参加してもいいけど、俺ひとりじゃいやだ」と断られていた。讃美歌やお祈りがはじまると、叔父さんは出ていった。

祈祷集会では、主催者の家の狭い居間にみんな押しあうようにして入って、輪になり、順番に祈りを捧げていく。近所のおばあちゃんたちはたいてい、最近あったことを話していた。「今日もありがとうございます。今週はいいことがありました。お給料が上がりました。イエス様に感謝し、讃えたいと思います」持ってきた聖書を手に「聖書がわたしに語りかけてきたんです。みなさんにも力になってくれるはずです」と言う人もいる。そのあと讃美歌を歌う。革でできたパッド状の「ビート」と呼ばれる打楽器の一種がある。誰かが手のひらにくくりつけて拍子をとり、それに合わせて、みんなで歌うのだ。「マサンゴ、ブレカニ、シンゲーネ、ジェルサレム。マサンゴ、ブレカニ、シンゲーネ、ジェルサレム」

毎回こんな調子だった。祈って歌って祈る。歌って祈って歌う。ひたすら歌う。ひたすら祈る。ときには何時間もつづく。最後は必ず「アーメン」で締めくくるけど、この「アーメン」を少なくとも5分間は言いつづけるのだ。「アーメン。アーアーアーメン。アーアーアーメン。アーーーーーアーーーーーアーーーーーメン。メンメンメン。メンメンメンメン。アーーーーーメーーーーーンーーーーー」それが終わるとようやく、別れを言って帰っていく。次の晩、持ち回りで家は変われど、することは同じだ。

毎週火曜の晩は、おばあちゃんの家が当番だった。僕はいつもワクワクしていた。理由はふたつ。ひとつは、讃美歌のときにビートで拍子をとるのが僕の役目だったから。もうひとつは、お祈りするのがうれしかったからだ。僕のお祈りはすごくいい、とおばあちゃんはいつも言ってくれていた。ほかの人のお祈りよりも説得力がある、と信じていた。僕が英語でお祈りするからだ。イエス様が白人で英語を話すことはみんな知っていた。聖書も英語だ。もちろん、聖書は英語で書かれたわけじゃないけど、南アフリカの聖書は英語だったから、僕たちにとっては、英語で書かれたもの、ということになる。だから僕のお祈りが一番、というわけだ。英語で祈れば真っ先に通じる。どうしてそう思うかって？　白人を見てのとおり。白人がしかるべき人と話が通じているのは明らかだ。それに、マタイの福音書19章14節で「幼子は我に来たれ」とイエス様もおっしゃっている。「天の王国は彼らのためにあるのだから」と。ってことは、幼い子が、英語で、白人のイエス様に祈りを捧げれば、まさに鬼に金棒なわけだ。僕がお祈りするたびに、おばあちゃんがよく言っていた。「そのお祈りはきっと叶えてもらえる。感じでわかるよ」

ソウェトの女性たちには、いつもなにかしら祈ることがあった。お金のこと、逮捕された息子のこと、病気の娘のこと、酔っ払い亭主のこと。おばあちゃんは、家で祈祷集会をするとき、僕のお祈りがすごくいいからと、いつもみんなのために祈らせたがった。おばあちゃんが「トレバー、お祈りして」と言うと、僕がお祈りする。すごくいい気分だった。おばあちゃんのおかげで、自分のお祈りは通じることを疑わなかったから、人助けしているんだと思っていた。

ソウェトにはどこか不思議なところがある。アパルトヘイト政策で意図的につくられた、黒人を閉じ込めておく牢獄みたいなところであることは確かだったけど、だからこそ、自分たちで決めて管理していこう、という意識も芽生えたのだ。ソウェトは僕たちのものだった。よそにはない、ある種の野心があった。アメリカではスラム街から抜け出すのが夢だけど、ソウェトを出ることは叶わないから、このスラム街を変えることが夢になる。

ソウェトには100万人も住んでいたにもかかわらず、商店も飲み屋もレストランも一軒もなかった。舗装された道路もなく、電気は最小限、下水設備も不十分。それでも、100万人もの人間が一箇所にぶちこまれたら、なんとか暮らしていく方法を見つけるものだ。闇市ができ、ありとあらゆる種類の商売が一般家庭で営まれていた。自動車修理、託児所、再生タイヤ販売などなど。

なかでも一番多かったのは「スパザ」と呼ばれる商店と、もぐり酒場だ。スパザは要するに、仮設の食料品店だ。家のガレージに簡易売店をこしらえて、まとめ買いしてきたパンや卵をばら売りする。ソウェトではみんな少しずつしか買わない。お金がないからだ。一度に1ダースの卵は買えないけど、2個なら買える。その日の朝食べる分さえあればいい。パン4分の1斤、砂糖コップ1杯、といった買い方ができた。もぐり酒場は、家の裏庭に椅子を出し、日よけを吊るして違法営業していた。男たちは、やれ仕事帰りだの、家で祈祷集会中だのと、なんだかんだ言って、1日のほとんどの時間をここで過ごしていた。

家を建てるのも、卵を買うときのように、一度に少しずつだ。どの家族も政府から土地を一区画割り当てられ、そこにまず掘っ建て小屋を建てる。ベニヤ板と波トタンの間に合わせ的なものだ。そのうちにお金が貯まればレンガで壁をつくる。壁が1面できる。それからまたお金を貯めてもう1面つくる。そしてまた数年後に3面め、最後に4面めをつくる。これでようやく1部屋完成だ。その部屋で家族みんなが寝起きし、食事をし、生活のすべてをおこなう。次に、屋根、それから窓をつくるためにお金を貯める。それからしっくいを塗る。そのうちに娘が結婚して所帯を持つようになる。住むところがない若いふたりが転がり込む。しかたがないから、レンガづくりの部屋の上にまた波トタンの掘っ建て小屋を建て、数年かけて少しずつ、その小屋もまたそれなりの部屋につくりかえてやる。これでこの家は2部屋になった。それからまた3部屋、4部屋と増やしていく。ゆっくりと、数世代かけて、家と呼べるものに近づけていくのだ。

おばあちゃんが住んでいたのはオーランド・イースト地区。家には2部屋あった。2寝室という意味じゃなく、部屋が全部で2つの家だ。寝室がひとつと、あとは居間兼台所兼その他なんでも用の部屋がひとつあるだけだった。仕切りなんてない。人によっては貧しい暮らし、と言うかもしれないけど、僕は「オープンプラン」と呼んでいる。かあさんと僕は、学校が休みのあいだは、たいていここで過ごした。伯母さんがディンキーと仲違いしているときは、伯母さんといとこたちもいた。みんないっしょに同じ部屋の床に寝る。かあさんと僕、伯母さんといとこふたり、叔父さん、おばあちゃん、ひいおばあちゃんだ。大人はそれぞれ自分のマットレスがあり、子供たちは大きいマットレスを部屋の真ん中に広げてその上で寝た。

裏庭には小屋がふたつあり、出稼ぎ労働者や季節労働者に貸していた。家の片側にはちょっとした畑があり、小さな桃の木も1本植わっていた。反対側は車を乗り入れるための道になっていた。なぜそんなものがあるのか、さっぱりわからなかった。おばあちゃんは車を持っていないし、運転もできない。これは近所のどの家にもあり、なかには鋳鉄の門までついた凝ったつくりのところもあった。でも、誰も車なんて持っていない。このあたりの家庭のほとんどは、将来車を持つ可能性なんてまったくなかった。1000人にひとりくらいしか車を持っていないのに、ほとんどの家にあるのだ。乗り入れ道をつくれば、車が降って湧いてくるとでも思っているみたいだった。ソウェトの物語はまさに、車の乗り入れ道の物語。ものすごく希望にあふれたところなのだ。

残念なことに、家にどれだけ手をかけたところで、改善しようのないことがひとつあった。トイレだ。家に水道はなく、屋外にある共同蛇口とトイレを、6、7家庭で共用していた。僕たちが使っていたのも波トタンでできた屋外共同便所だ。中に入ると、コンクリート板に穴がひとつあけてあり、その上にプラスチックの便座が置いてある。ある時期まではふたもあったけど、壊れてどこかへいってしまってから、もうずいぶんたっていた。トイレットペーパーを買う余裕なんてないから、便座の横の壁にハンガーを吊るし、そこにひっかけてある古新聞で拭く。拭き心地はよくなかったけど、用足し中に社会情勢を追うことはできた。

どうしても慣れなかったのは、ハエだ。ぼっとん便所の下のほうにたかっているのが、とにかく怖くてしかたなかった。お尻めがけて飛んで来るんじゃないかと思っていたのだ。

5歳くらいのときのこと。ある午後、おばあちゃんに用事ができて、ちょっとのあいだ、僕を置いて出かけていったことがあった。僕は寝室の床に寝転がって本を読んでいた。トイレに行きたくなったけど、あいにく外はどしゃ降りだ。用を足すために外へ出るのが嫌だった。走っても、たどりつくまでにびしょぬれになるし、雨漏りするから、新聞紙も濡れている。おまけにハエが下から襲ってくるのだ。ふと、いいアイデアが浮かんだ。わざわざ屋外便所まで行くことなんかない。床に新聞紙を敷いて用を足せばいいじゃないか。子犬にさせるみたいに。すばらしいアイデアだと思った。さっそく実行に移す。新聞紙を持ってきて台所の床に広げ、パンツを下ろす。しゃがんで、さっそくとりかかる。

うんちをするとき、つまり、まず腰を下ろした時点では、まだ完全に実行しているわけじゃない。うんち中とは言えない。うんちしそうな状態から、うんち中への移行期だ。スマホや新聞をチェックしている場合じゃない。最初のうんちを出してしまって、最高にいい気分になり、ほっとするまでに1分ほどかかる。そこではじめて、うまくいったと言える。

うんちをするのは、かなり強烈な体験なのだ。そこにはなにか神秘的なものがあり、深遠でさえある。思うに、人間がこんなふうにうんちするよう神様がお創りになったのは、そうやって大地に近づいて、謙虚な気持ちになるためだ。どんな偉いさんだって関係ない。みんな同じようにうんちする。ビヨンセも、ローマ教皇も、英国女王もうんちするのだ。そのときは、ふだんの気取りやつつしみも忘れてしまう。有名人だろうが、金持ちだろうが、関係ない。そんなことはどこかへいってしまう。

うんちしているときほど、本当の自分でいられるときはない。――これが自分だ、これこそ自分の真の姿だ――、そう気づく瞬間なのだ。おしっこは深く考えずにできるけど、うんちの場合はそうはいかない。うんちをしているときの赤ん坊の目をのぞき込んだことがあるだろうか。あれは完全に自己認識の瞬間だ。そうしたことを、屋外便所は台無しにしてしまう。雨やハエに、自己認識の大切な瞬間を奪われてしまうのだ。誰もこの瞬間を奪われるべきじゃない。

あの日、台所の床にしゃがんでうんちしているとき、こう感じた。――おお。ハエもいないし、ストレスもない。すごくいい。気に入った――。すばらしい選択をしたと思ったし、そんな自分がとても誇らしかった。ほっとして我に返り、なにげなく台所を見回して左のほうをちらっと見ると、1メートルも離れていない、あの石炭ストーブのすぐ隣に人影があった。ココだ。

まるで映画『ジュラシック・パーク』のワンシーンのようだった。子供たちが振り返ると、そこにはティーレックスが、というあのシーンだ。ココの白濁した目が大きく見開かれた状態で、台所中をきょろきょろ見回している。見えていないのはわかっている。でも、鼻にしわを寄せはじめたのは、なにか変だと気づいたからに違いない。

僕はうろたえた。まだうんちの途中なのだ。うんちの途中でできることは、うんちを済ませてしまうこと以外にない。唯一の選択肢は、なるべく静かに、かつ、ゆっくりと済ませることだ。だからそうすることにした。これ以上ないほど穏やかな「ぽとん」という音をたてて、幼い僕のうんちが新聞紙の上に落ちる。音のほうへ素早く顔を向けるココ。

「誰？　ねえ、ちょっと!?」

動くわけにはいかない。息を殺してじっとしている。

「誰なの？　ねえ!?」

音をたてずにしばらくじっとしてから、再開する。

「誰かいるの？　トレバー、おまえかい？　フランシスかい？　返事をしてちょうだい」

ココは一族全員の名前を呼びはじめた。「ノンブイセロ？　シボンギレ？　ンルンギシ？　ブレルワ？　誰？　いったいなにごと？」

ゲームでもしているみたいだった。気づかれないようにしようとする僕、音で突き止めようとする目の見えないココ。呼びかけられるたびに、僕はかたまった。物音ひとつさせなかったと思う。「誰がいるの？　ねえ!?」僕はいったん中断し、ココが椅子の背にゆったりもたれかかるのを待って、それからまた開始した。

果てしない時間がたったと思う頃、ようやく用を足し終えた。立ち上がって新聞紙（これがまたうるさい音をたてるんだ）を手にとると、そおぉぉぉっと畳む。カサカサと音がする。「誰なの？」僕はまた一時停止して待つ。それから新聞紙をもう2、3回畳み、ゴミ箱のところへ行って、その罰当たりなものを底へ押し込むと、ほかのゴミでしっかり覆い隠した。そのあと、別の部屋へこっそり戻ると、床に敷いたマットレスの上で体を丸めて眠っているふりをした。うんち終了、屋外便所は回避、ココは気づいていない。

任務完了だ。

1時間もすると雨がやんだ。おばあちゃんが帰ってきた。おばあちゃんが家に入るなり、ココが呼びかける。

「フランシス！　ああよかった、帰ってきてくれて。家の中になにかいるの」

「なに？」

「わからないけど、音がしたの。それににおいも」

おばあちゃんがにおいを嗅ぎはじめる。「まあ！　ほんと、たしかににおうわね。ドブネズミ？なにかの死骸？　間違いなく家の中ね」

そうやってかなり心配そうに、ああでもないこうでもないと言っていた。そのうちだんだん暗くなってきて、かあさんも仕事から帰ってきた。かあさんが家に入るなり、おばあちゃんが呼びかける。

「ああ、ノンブイセロ、ノンブイセロ！　家の中になにかいるんだよ！」

「なに!?　どういうこと？」

ココが事の次第をかあさんに話す。音がしたこと、においのこと。

すると、嗅覚の鋭いかあさんが、台所を回りながらにおいを嗅ぎはじめた。「ほんと、におうわ。どこだ……どこだ……」と言いながらゴミ箱のほうへ行く。「この中よ」と言って、中のゴミを出し、底から新聞紙を引っ張り出して開けてみると、僕のうんちがあった。かあさんがおばあちゃんに見せる。

「ほら！」

「なんなの!?　なんだってそんなところに!?」

ココはまだ状況が見えず、椅子に座ったたまま、なにが起きているのか知りたくてたまらず、じれったそうに声をあげた。

「どうしたの⁉　ねえ、いったいなにがあったの⁉　見つかったの⁉」

「うんこよ。うんこがゴミ箱の底にあったの」とかあさん。

「なんだってまた⁉」とココ。「誰もいなかったのに！」

「本当に誰もいなかった？」

「そうよ。みんなの名前を呼んでみたけど、誰も来なかったもの」

かあさんがはっと息を呑む。「呪いだわ！　悪魔の仕業よ！」

かあさんにしてみれば、それしか思い当たらなかった。呪術とはそういうものだからだ。相手や家に呪いをかける場合、呪いのタリスマンやトーテムといったものが必ずある。髪の束だったり、猫の頭だったりするけど、要するに、霊的なものが物質化して現れたもので、悪魔が存在する証拠なのだ。

かあさんがうんちを見つけたとたん、大騒ぎになった。これはおおごとだ。証拠をつかまれた。かあさんが部屋に入ってきた。

「トレバー！　トレバー！　起きて！」

「え？」僕は寝ぼけているふりをした。「どうしたの？」

「いいから来なさい！　悪魔がこの家にいるのよ！」

かあさんが僕の手をとって引っ張っていく。こういうときは全員一丸となって行動するものなのだ。まず、うんちを外で燃やさなければならない。呪いを解く唯一の方法は、その物質化したものを燃やしてしまうことなのだ。庭へ出ると、かあさんが僕のうんち入り新聞紙を車の乗り入れ道に置き、マッチを擦って火を放った。かあさんとおばあちゃんが、燃えているうんちのまわりで、祈ったり讃美歌を歌ったりしている。

騒ぎはこれだけで収まらなかった。悪魔が近くにいるときは、地域住民が一丸となって追い出さなくちゃいけないからだ。悪魔は僕たちの家から出ていっても、今度はよその家へ呪いに行くかもしれない。だから祈祷には地域のみんなに参加してもらう必要がある。緊急事態だ、と呼びかけがはじまった。小柄なおばあちゃんが表に出てあちこちで、よそのおばあちゃんたちに大声で呼びかけ、緊急祈祷集会を知らせて回っている。

「みんな集まって！　うちが呪われたの！」

僕はただ突っ立っていた。自分のうんちが車の乗り入れ道で燃えていて、年老いたおばあちゃんが慌てふためき、よろよろしながら町内を回っているというのに、どうしたらいいかわからなかった。悪魔の仕業じゃないことはわかっていたけど、とても白状なんてできない。どんなお仕置きが待っているか、考えただけでも恐ろしい。ああ神様。ことがお仕置きとなれば、正直は最善の策、なんて言ってられない。僕は黙っておくことにした。

しばらくすると、近所のおばあちゃんたちが聖書を手に続々と集まってきた。門を通って、車の乗り入れ道をぞろぞろ歩いてくる。少なくとも十数人は集まってきて、全員が家の中に入っていった。中はもう、ぎゅうぎゅうだ。うちでおこなわれた祈祷集会では、最多の人数だった。この家史上、最大のできごとだったのは間違いない。全員が輪になって座り、ひたすら祈った。強烈な祈りだった。おばあちゃんたちはなにか唱えたり、つぶやいたり、体を前後に揺らしたり、訳のわからないことを口にしたりしている。僕は身を潜めてなるべく関わらないようにしていた。するとおばあちゃんが手を伸ばしてきて僕をつかみ、輪の中に引き入れた。僕の目をじっと見て言う。

「トレバー、お祈りして」

「そうよ！」と、同調するかあさん。「みんなを助けて！　お祈りして、トレバー。神様にお祈りして悪魔をやっつけてもらって！」

僕はおびえていた。お祈りの力を信じていたからだ。僕のお祈りが通じるのはわかっていた。ということは、あのうんちの張本人をやっつけて、と神様にお祈りしたら、それはほかならぬこの僕だから、僕が神様にやっつけられることになる。僕はかたまった。どうすればいいのか。みんなが僕をじっと見て、祈るのを待っている。しかたないから祈った。なるべくつっかえつっかえ、祈った。

「神様、どうぞ僕たちをお守りください。えっと、その、こんなことをしたやつから。だけど、あのぉ、はっきりしたことはわかりません。だから、ものすごい勘違いかもしれなくて、だから、えっと、すべてがわかるまでは、早とちりしないほうがいい、かもしれなくて、そのぉ、つまり、父なる神様が一番よくご存じなのは、もちろんですけど、今回ばかりは、本当は悪魔じゃない、かもしれなくて、だって、誰にもはっきりしたことは、言えませんから、だから、誰であろうと、大目に見てもらえたら……」

最高の出来とは言えなかった。やがて、お祈りを終えた僕は、元いた場所に座った。お祈りはまだつづく。しばらくつづいていた。祈って歌って祈る。歌って祈って歌う。ひたすら歌い、ひたすら祈る。そうやってようやく、もう悪魔が立ち去ったからまたふだんの生活に戻れる、と全員が納得すると、例の長い「アーメン」を唱えてから、口々におやすみなさいと言って帰っていった。

その晩は最悪の気分だった。寝る前にそっと祈った。「神様、今日のことは本当にごめんなさい。いけないことをしてしまいました」だって、僕にはわかっていたから。お祈りが神様に通じることが。神様はみんなの父だ。いつもそばにいて、心を配ってくださるお方だ。お祈りすると、神様は立ち止まり、時間を割いて耳を傾けてくださる。今日は、おばあちゃんたちのなんと2時間にもわたるお祈りに神様をさらしてしまった。この世にはありとあらゆる苦痛や苦悩があり、神様にはもっと重要な解決すべき問題がいろいろある。僕のクソみたいなウソに付き合っている場合じゃないことはよくわかっていたのだ。

僕が子供の頃の南アフリカでは、アメリカのテレビ番組が再放送されていた。『天才少年ドギー・ハウザー』、『ジェシカおばさんの事件簿』、ウィリアム・シャトナー司会の『レスキュー911』などなど。たいてい、アフリカの言語に吹き替えられていた。『アルフ』はアフリカーンス語、『トランスフォーマー』シリーズはソト語だった。英語で観たい人向けに、オリジナル音声の英語もラジオで同時放送されていた。テレビをミュートにして、音声はラジオで聞くのだ。そうやってテレビを観ていて気づいたことがある。テレビに出てくる黒人がアフリカの言語を話していると、身近な人のように感じるのだ。違和感がない。でも、ラジオの同時放送の英語を聞くと、黒人はみんなブラックアメリカン口調だから、受ける印象が変わってしまう。身近には感じられなかった。外国人っていう感じだ。

ことばにはアイデンティティや文化が伴う。少なくともそう理解されている。共通のことばを話せば「自分と同じ」、ことばの壁があれば「自分と違う」と認識する。アパルトヘイトを考え出した人たちは、その点をよく理解していた。黒人を分裂させておくために、単に物理的に離しておくだけじゃなく、ことばでも隔たりがあるようにしておいたのだ。バントゥー教育法に基づく学校教育は、各ホームランドの言語だけで行われた。ズールー族のホームランドならズールー語、ツワナ族のホームランドならツワナ語で授業する。政府の思惑どおり、黒人同士は争うようになった。互いに自分とは違う人間、と思い込むようになったのだ。

ことばのすごいところは、これとはまったく逆の使い方も簡単にできる点にある。つまり、同じ人間、と思わせることもできるのだ。人種差別主義者の論理はこうだ。「肌の色が違うから違う人間だ」でも、その考え方自体がバカげているから、ころっとだまされる。人種差別主義者が自分と見た目の違う人間と出遭った場合、相手が自分と同じように話せなければ、差別意識がいっそう強くなる。「オレと違う、劣ったやつ」と見なすわけだ。優秀な科学者がメキシコからアメリカに移住してきて、片言の英語しか話せないと、こうなる。

「おい、あいつは当てにならない」

「だけど科学者だよ」

「どうせメキシコ科学だろう。オレは信用しない」

ところが、見た目は違っていても、自分と同じように話されたら、人種差別主義者の脳はショートしてしまう。脳の人種差別プログラムには、この場合のコードが組み込まれていないからだ。頭の中はこうなる。「ちょっと待ってくれ。人種差別コードでは、見た目が違えばオレと同じじゃないはずだ。でも、言語認識コード的には、オレと同じように話すなら……オレと同じってこと？　なんか変だぞ。いったいどうなってるんだ」

4 カメレオン

ある日の午後、いとこたちとお医者さんごっこをしていた。僕が医者で、いとこふたりが患者だ。ブレルワの耳をマッチ棒で手術していて、誤って鼓膜を破ってしまい、僕たちはパニックになって大騒ぎした。おばあちゃんが台所から飛んできた。「クウェンゼカ　ントニ!?（どうしたの!?）」耳からは血が出ていた。みんな大泣きだ。おばあちゃんが応急処置をして、血は止まった。それでもまだ泣いていた。いけないことをしてしまったのは明らかで、お仕置きされる、と思ったからだ。応急処置が終わると、おばあちゃんはブレルワをベルトでさんざん打った。それからンルンギシもさんざん打った。でも、僕には指一本触れなかった。

晩になってかあさんが仕事から帰ってきた。見ると、ブレルワは耳に包帯をしているし、おばあちゃんは台所のテーブルで泣いている。

「どうしたの？」

「ああ、ノンブイセロ。トレバーは本当にどうしようもない子だよ。こんないたずらっ子は見たことがない」

「だったらひっぱたかなきゃ」

「そんなことできない」

「どうして？」

「白人の子を叩く加減がわからないからよ。黒人の子ならわかる。叩いたって、黒いままだから。でも、トレバーを叩いたら、青くなったり緑になったり、黄色くなったり赤くなったりする。あんなの見たことない。あの子を壊してしまいそうで、恐ろしいよ。白人を殺してしまうなんてごめんだからね。怖くて、とてもじゃないけどムリ。あの子に手をあげるつもりはないよ」

実際、おばあちゃんに叩かれたことはなかった。

おばあちゃんは僕を白人扱いしたけど、それはおじいちゃんも同じだった。ただ、おじいちゃんの場合はもっと極端で、僕のことを「坊ちゃま」と呼んでいた。車に乗るときはお抱え運転手のようになり、絶対に助手席には座らせてくれなかった。「坊ちゃまは後ろの座席に座るものです」

このことで僕が異議を唱えたことは一度もない。だって、なんて言えばいい？「その人種認識には誤りがあると思いますよ、おじいさん」とでも？ まさか。こっちは5歳だ。黙って後部座席に座るまでだ。

黒人一族の中の「白人」だったことで、いろいろ役得があったのは否定できない。本当にいい思いをした。僕の一族がしたことは、アメリカの裁判と基本的に同じだ。僕は黒人のいとこたちよりなにかと大目に見てもらえたのだ。いとこだったらお仕置きされるようなことでも、注意されておしまいだった。しかも、僕のほうがふたりのいとこよりはるかにいたずらっ子だった。いたずらっ子なんてもんじゃない。モノが壊れたり、おばあちゃんのクッキーがなくなったりしたら、それは僕の仕業だ。トラブルの元凶はだいたい僕だった。

僕が心から恐れていたのはかあさんだけだ。子供は甘やかしたらダメになる、とかあさんは考えていた。でも、ほかのみんなは「いや、この子は別」と言って、僕の言い分を聞いてくれた。こんなふうに育ったからわかる。いろんな特権のある状況に白人が慣れっこになってしまうのも無理はない。僕がしでかしたことで、いとこが叩かれているのを見ても、おばあちゃんの考えを改めさせようとは思わなかった。そんなことしたら僕が叩かれてしまう。なんでわざわざそんなこと。そうしたほうが気分が良いから？　叩かれたって気分なんて良くならない。さあ、どうする。家庭内の人種平等を主張するのか、それともおばあちゃんのクッキーか。僕はクッキーを選んだ。

当時は、こんなふうに特別扱いされるのが、肌の色と関係あるとは思ってもいなかった。僕だからだと思っていた。「トレバーが叩かれないのは白人だから」じゃなく、「トレバーが叩かれないのはトレバーだから」。トレバーは表に出ちゃだめ。トレバーは大人といっしょじゃなきゃ歩き回っちゃだめ。それは僕だから。だから特別扱いされる、と思っていた。ほかに判断する基準が一切なかったのだ。黒人と白人の混血児はまわりにひとりもいなかった。だから、

「そうか、僕が混血児だからこうなるのか」と気づく機会がなかったのだ。

ソウェトには100万人近くが住んでいた。その九分九厘が黒人で、残りが僕だった。僕が近所で有名だったのも、ひとえに肌の色のせいだ。こんな子はほかにいなかったから、よく道案内の目印にされていた。「マカリマ通りの家のかどに色の浅い男の子がいますから、そこを右折してください」

表で遊んでいる子たちは僕の姿を見ると、大声で叫んだ。「インドダ ヨムルング!(白人だ!)」逃げていく子、自分の親に見せようと知らせに行く子、駆け寄ってきて僕が本物かどうか触って確かめようとする子もいた。大変な騒ぎだ。当時の僕は気付かなかったけど、ほかの子たちは白人がどういうものかまったく見当がつかなかったのだ。ソウェトの子はソウェトから出たことがなかったし、テレビがある家庭もほとんどなかった。白人のお巡りさんが通るのを見かけることはあっても、白人と面と向かったことなど一度もなかったのだ。

お葬式でよその家を訪れると、遺族が顔を上げて僕の姿を見るなり泣きやむ、ということもよくあった。ひそひそ話しはじめたかと思うと、手招きして「まあ、まあ、わざわざお越しいただいて!」と言うのだ。まるで、家族を亡くしたことよりも、僕が家の中に入ってきたことのほうがおおごと、といった感じだった。白人が葬儀に出席してくれたことで、故人の重みが増すように感じたんだと思う。

葬儀が終わると、会葬者全員が遺族の家で食事をする。総勢100人になることもあったけど、とにかく全員に食事を出さなくちゃいけない。たいてい、牛を1頭手に入れて潰し、近所の人たちが来て料理するのを手伝ってくれる。近所の人や知人はその家の庭や通りなどの屋外で、遺族は屋内で食べる。僕はどこへ行っても家の中でいただいた。故人と知り合いだったかどうかに関係なく、遺族は僕を見ると必ず招き入れるのだ。「アウナクブメラ　ウンタナ　ウォムルング　アメ　ンガパーゲ。イザ　ナイェ　アパ　ンガパガーチ（白人の子を外に立たせておいちゃまずい。中へ入れなさい）」

幼いながら、いろんな肌の色があることは僕も知っていた。ただ、僕の頭のなかでは、白も黒も褐色も、チョコレートの種類みたいなものだった。オヤジはホワイトチョコ、かあさんはダークチョコ、僕はミルクチョコ、でもチョコレートであることに変わりはない。「人種」というものと関係があるなんて、思ってもみなかった。人種がなにかさえ知らなかった。オヤジが白人だとか、僕が混血だなんて、かあさんは一度も言わなかった。だから、僕の肌は明るい褐色なのに、ソウェトの子たちから「白人」と言われても、色の名前を勘違いしている、色の名前を正しく覚えられていないんだ、くらいに思っていた。「ねえ、きみ、アクアマリンとターコイズをごっちゃにしているよ。でもわかるよ。ほかの子もよく勘違いしているから」

そのうちに僕は、人種の溝を埋める一番てっとり早い方法は、ことばだと気づくようになる。ソウェトは言語のるつぼだった。いろんな部族やホームランドから来た家族が暮らしていたからだ。ソウェトの子供たちの大半が、家庭で使われている部族の言語しか話さなかったけど、僕は複数の言語が話せた。そうするしかない環境で育ったからだ。かあさんには英語が僕の第一言語となるようにしつけられた。南アフリカの黒人にとって、英語が話せることはなにかと後押しになる。地獄の沙汰も英語次第。英語がわかれば知性があると見なされる。仕事に就けるかどうかの分かれ道も英語だし、起訴されたときに、罰金で済むか刑務所送りになるかの分かれ道も英語だ。

英語の次に家で使っていたのはコサ語だった。かあさんは怒るとよくコサ語が出た。僕はいたずらっ子だったから、コサ語の脅し文句はよく知っている。はじめて覚えたことばも、脅し文句だった。自分の身は守らなくちゃ。「ンディィザ　クベサ　エントロコ（どたまひっぱたいてやる）」「シデンゲ　ンディィニ　ソンツワナ（この大バカもの）」ずいぶんと情熱的なことばだ。かあさんはあちこちで違う言語も覚えてきた。ズールー語が話せるのはコサ語と似ているからだし、オヤジとの関係でドイツ語も話した。アフリカーンス語も話せたのは、自分たちを弾圧する側の言語を知っていたほうが、なにかと便利だから。ソト語は町で自然に覚えてきた。

かあさんと暮らすなかで、ことばを駆使してさまざまな境界を越えたり、状況をどうにかしたり、世の中をなんとか渡ったりしていくことを覚えていった。僕たちが店で買い物をしていると、目の前にいたそこの店主が警備員に向かって、アフリカーンス語でこう言ったことがあった。「フォルグ　ダアーイ　スワルテス、ネトノウ　スティィール　ウレ　イッツ（この黒人を見張っておけ。なにか盗むかもしれん）」

かあさんはふり向き、警備員に向かって流暢なアフリカーンス語で言った。「フーコム　フォルグ　ジイ　ニー　ダアーイ　スワルテス　ソダット　ジイ　ウレ　カン　ヘルプ　クレイバナ　ウレ　ソエク　ニー？（この黒人についてきて、探しものを見つける手伝いをしてもらえないかしら？）」

「アヒ、ヤマル！」と、アフリカーンス語で店主はわびた。そしてここが変なところだけど、自分の人種偏見をわびたんじゃなく、その偏見を僕たちに向けたことをわびた。「おや、これは失礼しました。ほかの黒人どもといっしょにしてしまって。あいつら本当によく盗むもんですから」

僕も、かあさんのようにことばを利用するようになった。吹き替え放送のように、相手のことばで話すのだ。僕は通りをただ歩いているだけでも、よく疑いの目を向けられて「どこの者だ？」と訊かれていた。それが何語でも、相手と同じ言語で、相手と同じなまりで返すようにした。相手は一瞬とまどうけど、疑いのまなざしは消える。「そうか、わかった。よそ者かと思ったんだ。それならいい」

ことばは人生を通じて身を助ける手立てになった。10代後半の頃、通りを歩いていると、ズールー族の若い連中が後ろからどんどん近づいてきたことがあった。僕を襲って金を奪う算段をしている声が聞こえてくる。「アシバンベ　レ　アウティ　ヨムルング。プマ　ンガパ　ミナ　ンギゾカムカ　ンゲムバ　クワケ（この白人を襲ってやろうぜ。おまえは左からいけ、おれは後ろからいく）」

どうしよう。とても逃げられそうになかったから、思い切ってぱっとふり向いてこう言った。「コダワ　バフェツ　インガニ　シンガベレ　シバンベ　ウムントゥ　インクンジ？　アセンゼニ。ミナ　ンギクリンデレ（よう、みんな、いっしょに誰か襲おうぜ。こっちはいつだっていい。やろうぜ）」

連中は一瞬あぜんとしていたけど、すぐに笑い出した。「おお、すまん。勘違いしてた。おまえから盗るつもりはない。白人を襲うつもりだったんだ。じゃあな」今にも危害を加えようとしていた連中が、僕が同じ部族の仲間だとわかると、問題なし、となった。こうしたちょっとした出来事が本当にたくさんあって、僕は悟った。人は肌の色以上にことばで、相手が何者かを判断するのだ。

僕はカメレオンになった。肌の色は変えられないけど、僕が何者かという相手の認識は変えられる。ズールー語で話しかけられればズールー語で、ツワナ語で話しかけられればツワナ語で応える。見た目は違うかもしれないけど、相手と同じことばを話せば、僕は相手と同じになれるのだ。

アパルトヘイトが終わりに近づくと、南アフリカのエリート私学は、肌の色に関係なく生徒を受け入れだした。かあさんの勤めていた会社が、経済的に恵まれない家庭に奨学金を出していたおかげで、僕はメリベールカレッジになんとか通わせてもらえた。学費の高いカトリック系私学だ。先生はみんな修道女、毎週金曜にミサと、いかにもカトリックという感じの学校だった。3歳からここの幼稚園に、5歳から初等部に通っていた。

クラスにはありとあらゆる人種の子がいた。黒人の子、白人の子、インド人の子、カラードの子。白人の子はたいていい家が裕福で、有色の子はたいていその反対だった。でも、奨学金のおかげでみんな同じテーブルに着いていた。栗色のブレザーにグレーのズボンかスカートという同じ制服姿、同じ教科書、同じ先生。人種による分け隔ては一切なし。どの仲良しグループにもいろんな人種の子がいた。

からかわれたり、いじめられたりする子はいたけど、その理由は子供の世界ならよくあることだった。デブでも、ガリガリでも、のっぽでも、ちびでも、利口でも、バカでも、からかわれるのだ。人種を理由にからかわれていた子は、ひとりもいなかったと思う。どういう子を好きになるべきか、なんて発想もなかった。自分の好みを思う存分探れる環境にいたから、白人の女の子に夢中になり、黒人の女の子にも夢中になった。誰も僕がどういう人種か尋ねたりしない。僕はトレバー、それだけ。

こうした環境で学べたのはすばらしいことだったけど、現実の世界から隔離されているというマイナス面もあった。メリベール校は、本当の世界を僕から遠ざけるオアシスであり、難しい決断をしなくて済む気楽なところだった。でも、現実の世界は消えてなくなったわけじゃない。人種差別があり、ひどい目にあっている人がいるのに、自分の身に起こっていないからといって、起きていないことにはならない。それに、ときには選ばなければならないことがある。黒人か白人か。どっちにつくのか。選ばずに済ませようとしたり、「どっちにもつかない」と言ったりしたくなるかもしれない。それでも、どうしても選ばなくてはならないときが人生にはあるのだ。

7年ある初等部卒業まであと1年、6年生も終わる頃、僕はメリベール校から、公立のHAジャック初等学校へ転校した。転入前に適正テストがあり、そのテスト結果を見て、学校の進路指導の先生にこう言われた。「優秀な生徒が集まるAクラスに入ってもらいます」登校初日に教室へ行くと、30人かそこらの生徒のほとんどが白人だった。ほかにはインド人がひとり、黒人がひとりかふたり、そして僕だった。

休み時間になり、校庭へ出ていくと、黒人の子たちがそこらじゅうにいる。黒い海って感じで、まるで誰かが蛇口を開いたとたんに、黒色がどっとあふれ出てきたみたいだ。――みんなどこに隠れてたんだよ――。同じクラスの白人の子たちはある方向へ、黒人の子たちは別の方向へ、向かっていく。僕はなにがなんだかさっぱりわからず、その中間にひとり取り残されていた。――みんなあとで合流するのかな？　いったいなにが起こっているんだろう――。

11歳にしてはじめて、自分の国の現実を目の当たりにしたようなものだった。タウンシップで人種ごとに分かれる状態を目にすることはない。みんな黒人だからだ。白人社会では、かあさんに連れられて白人の教会へ行けば、黒人は僕たちだけだったけど、かあさんは誰からも距離をおかなかった。気にせずにどんどん近づいていって、白人と並んで座った。それに、メリベール校でも、生徒はいろいろな人種が混ざりあってたむろしていた。この日まで、こんな光景は見たことがなかった。いっしょにいるけどいっしょじゃない。同じ場所にいるのに互いに接しないようにしている。どんなふうにその境界線が引かれているかは一目瞭然だった。同じ肌の色同士で集まって、校庭、階段、廊下を移動していたのだ。ばかげていると思った。同じクラスの白人生徒のほうを見る。ついさっきまで、ここは白人が多数を占める学校なのだと思っていた。それがいま、実は少数派だとわかったのだ。

僕はひとり気まずい思いで立っていた。校庭のまんなかの、どちら側でもない中間地帯で。ありがたいことに、同じクラスのインド人の子が助けにきてくれた。シーサン・ピレイという子だ。学校でも数少ないインド人だったから、明らかに同じ異分子の僕にすぐ気づいてくれたのだ。駆け寄ってきて自己紹介してくれた。「やあ、僕ら例外仲間だね！　それに同じクラスだよ。きみは何者？　きみのこと聞かせて」話しはじめてすぐに打ち解けた。シーサンは面倒見がよかった。僕が孤児オリバー・ツイストなら、シーサンはドジャー、といったところだ。

話をしているうちに、僕がアフリカの言語を話せるとわかると、シーサンは僕を黒人のグループのところへ連れていった。カラードが黒人の言語を話すなんて、びっくり仰天の芸当だ、と思ったようだ。「なにか言ってみて。こいつはわかるんだよ」ひとりがズールー語でなにか言うと、僕がズールー語で応える。みんなから喝采が起こる。別の子がコサ語でなにか言えば、僕がコサ語で応える。また喝采だ。休み時間中ずっと、シーサンは校庭にいるいろんな黒人グループのところへ僕を連れ回した。「きみの芸当を見せてやれ。そのことばの芸を」

黒人の子たちは興味津々だった。当時の南アフリカでは、アフリカの言語を話せる白人やカラードは珍しかった。アパルトヘイト時代、白人はずっと、アフリカ言語はヨーロッパ言語より劣ったものと教えられていたのだ。アフリカの言語が話せることで、僕は黒人の子たちに気に入られた。

「なんで俺たちのことばを話せるの?」

「だって黒人だもん、みんなと同じさ」

「おまえは黒人じゃないよ」

「いや、黒人だよ」

「いや、違う。鏡を見たことないのか?」

黒人の子たちは、最初は混乱していた。肌の色からしてカラードだと思いきや、同じことばを話すということは、自分たちの仲間らしい。そう気付くまでに少し時間がかかっただけだ。僕だってそうだったんだから。

そうやって話していてふと、「ねえ、君たちは午前中のどの授業にもいなかったけど、どうして?」と黒人グループのひとりに尋ねてみた。わかったのは、みんなBクラスにいて、そこは黒人ばかりのクラスということだった。午後、Aクラスに戻った僕は、ここは自分のいるべきクラスじゃない、と思った。自分の仲間は誰かということが突然わかり、その仲間といっしょにいたくなったのだ。僕は進路指導の先生に相談しにいった。

「クラスを替えてもらえませんか。Bクラスへいきたいんです」

先生は困惑していた。

「あら、まあ。いまのクラスにいるほうがいいのに」

「どうしてですか？」

「だって、Bクラスの生徒は……わかるでしょ？」

「いいえ、わかりません。どういうことですか？」

「あのね、あなたは頭がいい。だからBクラスじゃないほうがいいんです」

「でも、授業の内容はいっしょじゃないんですか？　英語は英語、算数は算数ですよね？」

「そうだけど、Bクラスはね……足をひっぱられてしまいますよ。頭のいいAクラスにいたほうが身のためです」

「だけどBクラスにも頭のいい子はいるはずです」

「いいえ、いません」

「だって友だちはみんなBクラスなんです」

「あの子たちとは友だちにならないほうがいいですよ」

「僕は友だちでいたいんです」

らちがあかない。しまいにはきつく警告された。

「これがあなたの将来にどんな影響を及ぼすかわかっているの？　自分がなにを手放すことになるか本当にわかっているの？　これから開かれるはずのいろんなチャンスを潰すことになるんですよ」

「それでも構いません」

こうして僕は、黒人の子たちがいるBクラスへ移った。よく知らない子たちといっしょに前へ進むより、前へ進まなくても気の合う子たちといっしょにいることを選んだのだ。

HAジャック初等学校に行ったおかげで、自分が黒人だと自覚するようになった。あの休み時間までは、選択を迫られたことがなかった。でも必要に迫られたとき、僕は黒人を選んだのだ。どこへ行ってもカラードに見られたけど、僕自身はなにも、自分の姿を見て育ったわけじゃない。ほかの人たちを見て育ったのだ。自分もまわりのみんなといっしょだと思っていて、そのみんなというのは黒人だった。いとこも黒人、かあさんも黒人、おばあちゃんも黒人。僕は黒人として育ったのだ。オヤジが白人だし、白人の日曜学校に通っていたから、白人の子とも仲良くはしていたけど、仲間だという感じはしなかった。一方、黒人の子たちは受け入れてくれた。「おまえも来い。俺たちといっしょだ」と言ってくれた。黒人の子といると、取り繕っている必要がなかった。ありのままの自分でいられたのだ。

アパルトヘイトが導入される前の南アフリカで、正規の教育を受けた黒人のほとんどは、ヨーロッパ人宣教師、つまり地元民のキリスト教徒化と西洋化に熱心な外国人に学んでいた。そうした宣教師が教えるミッションスクールで、英語、ヨーロッパの文学・医学・法律を学んだ。ネルソン・マンデラからスティーブ・ビコにいたるまで、反アパルトヘイト運動の主だった黒人リーダーのほとんどが、こうした宣教師から教育を受けていたのは偶然じゃない。知識を得た人間は、自由人か、少なくとも自由を切に願う人間になる。

そういうわけで、アパルトヘイトを機能させておく唯一の方法は、黒人の考える力を削ぐことだった。アパルトヘイト体制のもと、政府はバントゥー教育法に基づき、バントゥー学校をつくった。そこでは理科も歴史も公民も教えない。計量などの、農業に関することだけを教えた。芋の数え方、道路の舗装や薪割り、耕作の方法。「黒人に歴史や理科を教えたってなんの役にも立たない。未開人なんだから。そんなもの教えたって、混乱させるだけだ。食べることが許されない牧草地に、家畜を連れていくようなもの」というのが政府の言い分だった。正直だった点は評価しよう。奴隷を教育してどうするんだ。ラテン語を教えてなにになるんだ。地面を掘るしか能がないやつに。そう考えていたわけだ。

この新カリキュラムに従わないミッションスクールは閉鎖する、とお達しがあった。ほとんどが閉校に追い込まれたため、黒人の子供たちは、バントゥー学校のおんぼろ校舎にぎゅうぎゅう詰めになって勉強するしかなくなった。教師自身がかろうじて読み書きができる程度、ということもざらだった。僕たちの親や祖父母の世代は、ごく簡単な歌で勉強を教わった。幼稚園児にいろんな色や形を教えるのと同じ要領だ。おじいちゃんはよく、学校で習った歌を歌っては、そのバカバカしさを笑っていた。「ににんがし、にさんがろく、ラララララ♪」と。中高生くらいの年齢でも、こんなふうに教わっていたのだ。そういうことが何世代もつづいた。

南アフリカの教育システムの変遷、つまりミッションスクールとバントゥー学校の違いに、黒人を弾圧したふたつの白人グループ、英国人とアフリカーナーの違いが見事に現れている。人種差別の仕方が異なっていたのだ。英国人は、少なくとも、目指すべきものを黒人に与えていた。英語がきちんと話せて、身なりもきちんとして、英国式の文明人になれれば、いつの日か仲間入りできるかもしれない、と。対するアフリカーナーは、そんな選択肢を一切与えなかった。英国人の人種差別主義者は「人間のように歩いたり話したりできるサルなら、ひょっとしたら人間かもしれない」と考え、アフリカーナーの人種差別主義者は「サルに本を与えてどうするんだ」と考えたわけだ。

5 ふたりめの女の子

かあさんはよく言っていた。「あんたを産んだのはね、愛せるなにか、無条件に愛し返してくれるなにかが欲しかったからよ」と。つまり僕は、かあさんがつながりを求めたすえの産物、ということになる。かあさんはどこにもつながりを感じたことがなかった。おばあちゃんにもない、おじいちゃんにもない、きょうだいも違う。つながりが一切ない状態で育ったかあさんは、自分とつながっているなにかが欲しかったのだ。

おじいちゃんとおばあちゃんの結婚生活は幸せとは言えなかった。ソフィアタウンで出会って結婚。その1年後には、やってきた軍隊に街を追い出されてしまった。政府は家を押収し、あたり一帯をブルドーザーで取り壊して、白人用の洒落た住宅地を新たにつくり、勝利を意味する「トリオンフ」と名づけた。ふたりはほかの数万人の黒人とともにソウェトに移住させられた。はじめはメドウランズという地区に住んでいた。その後しばらくして離婚し、おばあちゃんは今いるオーランド地区へ引っ越した。まだ子供だったかあさん、伯母さん、叔父さんを連れて。

かあさんは扱いにくい子だった。おてんばで、頑固で、反抗的。おばあちゃんはどうやって育てたらいいかさっぱりわからなかった。母娘のあいだに愛情はあっただろうけど、頻繁に繰り返されるけんかで吹っ飛んでしまっていた。でもかあさんは、おじいちゃんのことは大好きだった。愛嬌もカリスマ性もあるテンペランスおじいちゃん。かあさんは、躁状態で出歩くおじいちゃんによくついて出かけた。もぐり酒場へ飲みに行く時もついていった。おじいちゃんを喜ばせ、いっしょにいたい一心だったのだ。おじいちゃんの最初の結婚を思い出させるかあさんにうろつかれるのを、ガールフレンドたちは嫌がって、いつも煙たがられていたけど、そうされるとなおさら、おじいちゃんといっしょにいたがった。

9歳のとき、かあさんは、もうここで暮らしたくない、おじいちゃんと暮らしたい、とおばあちゃんに訴えた。おばあちゃんは「そうしたいなら、そうしなさい」と言った。おじいちゃんが迎えにきて、かあさんはいそいそと車に乗り込んだ。さあ、これから大好きな人といっしょにいられる。ところがおじいちゃんは、かあさんをメドウランズには連れていかなかった。理由も言わずに、コサ族のホームランドであるトランスカイに住む、自分の妹のところへやってしまった。おじいちゃんも、かあさんを持て余していたのだ。かあさんは3人きょうだいの真ん中だった。姉がいて、弟はひとり息子だから跡取りだ。姉と弟はソウェトに残り、おじいちゃんとおばあちゃんに育てられた。かあさんは望まれない子だった。ふたりめの女の子だったからだ。次女というものが、これほどないがしろにされるのは、中国くらいだろう。

かあさんはそれから12年間も家族に会わなかった。ホームランドでかあさんが住んでいた小屋には、14人のいとこが同居していた。それぞれみんな母親や父親が異なる。男はみんな仕事を探しに街へ出ていってしまい、望まれない子供や食べさせる余裕がない子供たちは、このホームランドに送り返されて、この叔母さんの農場で暮らしていた。

ホームランドというのは、表向きには、南アフリカの各部族本来の土地であり、自治権や半自治権のある「国」で、そこなら黒人は「自由」ということになっていた。もちろん、うそっぱちだ。そもそも黒人は南アフリカの総人口の80パーセントを超えていたのに、ホームランドとして割り当てられた土地は国土の約13パーセントだった。水道も電気もなく、人々は掘っ建て小屋に住んでいた。

白人の田園地帯には、草木が生い茂り、水が行き渡り、作物が青々としている。一方、黒人の土地は、人口過密と放牧過多で、草木は枯れ、荒れ果てていた。街で働く男たちからのわずかな仕送りのほかは、最低限生活できる程度の農業でかろうじて暮らしていた。叔母さんにしても、情け心で引き取ったわけじゃない。働いてもらうためだった。「そのへんの牛と変わらない扱いだった」とかあさんは言っていた。「牛みたいに働かされた」そうだ。かあさんといとこたちは朝4時半に起きて、畑を耕し、家畜の番をした。日が出ると、土が焼けてセメントのようにカチカチになってしまうし、あまりの暑さで日陰にいるより仕方なくなるからだ。

夕食は、14人の子供に対して、ニワトリが1羽あればいいほうだった。かあさんは、自分より体の大きないとこたちと争わないと、肉ひとくち、肉汁ひとすすり、ときには骨の髄1本も、口にできなかった。しかもこれは、食べるものがそもそもある場合の話だ。食べるものがないときは、飼っていたブタの餌をこっそり盗んで食べた。犬の餌もこっそり食べた。農家の人はよく食べ残しを家畜にやるから、かあさんはそれに飛びついて食べていた。それほど腹ぺこだったのだ。動物のことなんかかまっていられない。文字通り土を食べたことも何度かあったと言う。川岸へ降りていって、岸辺の柔らかい土をとり、川の水と混ぜると灰色がかったミルク状になる。それを飲んで空腹を満たしたのだ。

ただ、かあさんが恵まれていたのは、政府のバントゥー教育法にもかかわらず、その地域ではミッションスクールがなんとか授業をつづけていたことだった。そこで白人の牧師から英語を学んだ。食べるものも靴もなく、肌着の一組もなかったけど、かあさんには英語があった。読み書きもできた。ある程度の年齢になると、農場で働くのをやめて、近くの町工場で仕事を見つけた。学校の制服をミシンで縫う仕事で、1日の終わりに支給される1皿の食事が報酬だ。自分で働いて得た食事は、それまでで最高の食事に感じた、とよく言っていた。もう誰のお荷物でもなく、誰になんの借りもなくなったのだ。

21歳になった頃、叔母さんが病気になり、トランスカイの家にはもういられなくなった。かあさんはおばあちゃんに手紙を出し、帰る汽車賃として30ランドほど送ってくれるよう頼んだ。

ソウェトに戻ったかあさんは、秘書養成講座を受講し、そのおかげで下級事務職に入り込むことができた。働いて働いて働きまくったけど、おばあちゃんの家で暮らしているかぎり、給料を自分のためにとっておくことは許されない。秘書だったかあさんは一族の誰よりも稼いでいて、おばあちゃんはそれを全部一族で使う、と言い張った。ラジオが要る、やれオーブンだ、冷蔵庫だと、家族に必要なものを提供することが、かあさんの役目になった。

黒人家庭の大半が、過去からくるさまざまな問題をどうにかするのに日々を費やしている。それは、黒人かつ貧しい者が何世代にもわたって背負う宿命だ。かあさんは「黒人税」と言っていた。代々ずっと略奪されてきているから、能力や教養を生かして前へ進むどころじゃない。後の世代がなんとかスタート地点に戻れるようにするだけで精一杯で、自分はなにもかも失ってしまう。ソウェトにいて家族のために働いているかぎり、トランスカイにいたときとなにも変わらない。かあさんに自由はなかった。だから家出した。駅まで走っていって列車に飛び乗り、街へ姿をくらましたのだ。公衆トイレで寝泊まりし、売春婦たちの親切に頼りながら、やがてなんとか暮らしていけるようになった。

トランスカイでの暮らしのあれこれを、かあさんからじっくり聞いたことはない。でもときどき堰を切ったように、断片的な記憶を話しだすことがあった。見知らぬ男たちにレイプされないように、いつも気を配っていなければならなかったこととか。当時の僕は――あのう、どう考えても10歳の子に話すような内容じゃないんですけど――って思いながら聞いていた。

そんな話を僕にしたのも、自分たちがいま置かれている状況を、当然とは思わせないためだった。かあさんに自分を哀れむ気持ちなんて、これっぽっちもなかった。「自分の過去に学べば、その過去のおかげで成長できる。だけど、過去を嘆きはしない。人生には苦しいことがいっぱいあるけど、その苦しみで自分を研ぎすませばいい。いつまでもこだわったり、恨んだりしたらダメなの」とよく言っていた。実際、かあさんは恨まなかった。少女時代の極貧生活にも、両親に見捨てられたことにも、かあさんが文句を言ったことは一度もない。

かあさんは、過去を水に流すと同時に、同じことを繰り返すまいとしていた。僕の子供時代は、かあさんの子供時代とはまったく別物だ。名前からしてそうだ。コサ族が子供につける名前には必ず意味があり、その意味を体現するような生き方をする人が多い。たとえば、従兄のンルンギシは「調整役」という意味で、実際そうなのだ。僕が困っているといつも、ンルンギシがなんとかしようとしてくれた。ふだんから雑用や家の手伝いをする、みんなが認める良い子だ。叔父のベリレは、意図せずできちゃった子だから、「どこからともなくひょっこり現れた者」という意味だ。実際、いつもそんな感じで、姿を消したかと思うと、また現れる。酒を飲みに出かけたまいなくなり、1週間後にどこからともなく、ひょいと帰ってきたりする。

かあさんの名はパトリシア・ノンブイセロ・ノア。「与え返す者」まさにそのとおり、かあさんは与えて、与えて、与えまくる。まだ小さかったソウェト時代でさえ、すでに与えていた。

外で遊んでいると、3、4歳くらいの幼い子供たちが、見守る人もなく1日中走り回っている。たいてい父親は不在、母親は酔っ払いだ。自身もまだ6、7歳だったかあさんは、そんなふうにほったらかしにされている子供たちを集めて、いっしょにもぐり酒場を訪ね歩くのだった。酔い潰れた男たちから空ビンを集め、換金してくれる場所へ持っていく。そのお金を持ってスパザへ行き、食べるものを子供たちに買い与えていた。子供の面倒を見る子供だったのだ。

かあさんが僕の名前に選んだトレバーは、南アフリカでは特に意味もないし、一族にも前例がない。聖書に出てくる名前ですらない。単なる名前だ。わが子にはなんの宿命も負わせたくなかったのだ。どこにでも行けて、なんでもできて、なんにでもなれる自由な子であるよう願って名づけてくれた。

そのための手段も与えてもらった。最初に身につけることばとして英語を教えられ、よく読み聞かせをしてもらった。僕が最初に自分で読めるようになった本は、ほかならぬ聖書だ。うちにあったほかの本も、ほとんどが教会でもらってきたものだ。白人が寄付した本を、かあさんはよく、何箱も家に持ち帰ってきた。絵本、子供向け読みもの、本であれば手当たり次第なんでも。その後、定期購読に申し込み、本が郵送されてくるようになった。『よい友だちになる方法』『正直になるには』といった類のハウツー本だ。百科事典も買ってくれた。出版から15年たったかなり時代遅れのものだったけど、飽きずによく眺めていた。

本は僕にとって宝物だった。その宝物を並べる本棚もあって、よく眺めては誇らしい気持ちにひたっていた。大切に扱ったから、いつも新品同様だった。何度も読み返していたけど、ページの端を折ったり、背を割ったりはしなかった。どの本も例外なく大切にした。大きくなってくると、自分でも買うようになる。ファンタジーものが大好きだった。空想の世界に入り込んでワクワクしていた。白人の少年たちが謎やなんかを解決する類の本があったけど、そんなものを読んでいる暇はない。お気に入りは、ロアルド・ダールだ。『おばけ桃が行く』『オ・ヤサシ巨人BFG』『チョコレート工場の秘密』『ヘンリー・シュガーのわくわくする話』なんかにすっかりはまっていた。

『ナルニア国物語』を全巻買ってもらいたくて、必死にお願いしたこともある。かあさんはこの話が気に入らなくて、交渉は難航した。

「だいたいこのライオン、見せかけの神様、つまり邪神じゃないの！　覚えてる？　十戒の刻まれた石板を授かったモーセが山から下りてきたとき、どうなったか……」

「覚えてるよ。でも、このライオンはキリスト的キャラなんだ。言うなれば、イエス様なんだ。これはイエス様のことをわかりやすく説明した物語なんだよ」

かあさんは納得しない。

「ダメダメ。とにかく邪神はダメ。わかったわね」

それでもついに折れてくれたときには、思わずガッツポーズをした。

かあさんに目標がひとつあったとすれば、それは僕の精神を解き放つことだったはずだ。かあさんはいつも僕を大人扱いして話していたけど、南アフリカでは珍しいことだった。この国では、子供は子供同士で遊び、大人は大人同士で話をする。大人は子供を見守りはするけど、子供の目線になって話しかけたりはしない。でもかあさんはいつもそうしていた。僕はかあさんの親友みたいなものだった。いつだっていろんな話をし、いろんなこと、特に聖書のことを教えてくれた。かあさんは詩篇が大好きだったから、僕も毎日読むはめになった。いろいろと質問されるのだ。「この一節の意味は？　トレバーにとってはどういう意味になる？　自分の身に当てはめたらどうなる？」と、毎日がこんな調子だった。かあさんは学校では教わらないこと、考えるとはどういうことかを教えてくれたのだ。

アパルトヘイトの廃止は段階的なものだった。1日で崩壊したベルリンの壁のようにはいかない。アパルトヘイトという壁にひびが入ってから崩れるまでに、何年もかかった。少しずつ政府が譲歩していく形で進み、廃止された法律もあれば、単に施行されなかっただけのものもあった。マンデラが釈放される数カ月前、とうとう、これまでのように人目を忍んで暮らさなくてもいいようになった。かあさんが引っ越しを決心したのもそのときだ。街中の小さなアパートにいつまでも隠れ住んではいられない、と考えたのだ。

もう国内どこにでも自由に住める。さあ、どこに住もうか。ソウェトにはなにかと重い負担が伴う。かあさんは依然として、一族の呪縛から逃れたがっていた。それに、僕を連れてソウェトを歩けば必ず「ほら、あの売女。白人の男とのあいだにできた子を連れて歩いてるよ」と言われる。ソウェトに限らずタウンシップならどこでも常にそう見られてしまう。そんなわけで、タウンシップへ引っ越すのはいや。でも白人居住区へ引っ越す余裕はない。ということで、カラード居住区へ引っ越すことになった。

エデンパークは、イーストランドにいくつかあったタウンシップに隣接する、カラード居住区だった。カラードと黒人が半々ずつくらい住んでいるはず、自分たちのように、とかあさんは考えていた。ここなら人目につかないはずだ、と。そううまい具合にはいかず、実際は僕たちはまったく溶け込めなかったのだけど、少なくとも引っ越す時点では、そう思っていたのだ。それに、マイホームを購入するチャンスだった。エデンパークは「郊外住宅地」とは名ばかりで、実際には街はずれのさらにはずれにあり、土地開発業者がこう宣伝しているようなところだった。「さあ、貧しいみなさん、あなたがたでも、まともな暮らしができますよ。こちらが家です。まわりにはなんにもありませんが、ほら、庭つきですよ！」どういうわけか、エデンパークの通りには、車にちなんだ名前がつけられていた。ジャガー通り、フェラーリ通り、ホンダ通り。偶然かどうかわからないけど、南アフリカに住むカラードは、高級車好みで知られているから面白い。これが白人居住区なら、高級ワインのぶどう品種名にでもちなんだ名前にするところだろう。

ここに引っ越してきたときのことは、断片的だけど鮮明に覚えている。見たことのない場所を車で通り、見たことのない人たちを見かけたこと。平坦で木がほとんどなく、くすんだ赤土に草が生えているところはソウェトと同じだったけど、ちゃんとした家が建っていて、舗装された道路があり、いかにも郊外住宅地、という感じだった。僕たちの家はトヨタ通りのすぐ先の道の角にあった。質素なつくりで、狭かったけど、足を踏み入れたときには——すごい、本当にここに住むんだ——と思ったのを覚えている。なんと自分の部屋まであったけど、それはちっともうれしくなかった。いままでずっとひとつの部屋で、かあさんと、そうじゃなきゃいとこたちと、床で寝ていたのだ。誰かがすぐ横にいないと眠れない。だから、寝るときはたいてい、かあさんのベッドへもぐりこんだ。

このときはまだ継父もいなかったし、夜泣きする弟も生まれていなかった。僕とかあさんのふたりきり。ふたりだけですばらしい冒険にでも乗り出しているみたいだった。かあさんはよく「ふたりで世間に立ち向かっていくのよ」と言っていた。僕はごく幼い頃からすでに、これが単なる母と子の関係じゃないとわかっていた。僕たちはチームだったのだ。

エデンパークに引っ越すとき、車もとうとう手に入れた。かあさんが中古でただ同然で買った、あのオレンジ色のぽんこつフォルクスワーゲンだ。5回に1回は、どうやってもエンジンがかからない。エアコンもない。ファンをうっかりオンにするたびに、葉っぱやほこりが通風孔から吹き出してきて、全身ほこりまみれになる。故障するたびに、ミニバスに乗るか、ときにはヒッチハイクすることもあった。かあさんが僕に、茂みに隠れていなさい、と言う。男は、女ひとりなら停まってくれるけど、子連れの女だと停まってくれないのを知っているからだ。かあさんが道路脇に立つ、それを見た車が寄せてきて停まる、かあさんがドアを開けた瞬間に、口笛で合図する、走ってきた僕が車に乗り込む、という寸法だ。運転していた男性は、がっかりした表情になる。イカす独身女性を拾ったつもりが、ぷくぷくのガキ連れだったのだから。

ぽんこつ車がちゃんと動くときは、窓を開けて走るから、エンジン音と熱風にさらされる。覚えているかぎり、カーラジオはずっとひとつの局しか聞いたことがない。「ラジオ説教壇」という局で、その名のとおり説教と賛美だけがひたすら流れてくる。局を変えることは許されなかった。ラジオの受信状態がよくないときは、かあさんがジミー・スワガートの説教のカセットテープをさっと入れた（あのスキャンダル事件を知ってしまったときは、そりゃあもう、大変な騒ぎだった）。

こんなにひどい車でも、車であることに変わりはない。つまり、行きたいところへ自由に行ける、ということだ。タウンシップから出られず、公共の交通機関ができるのを待ち焦がれている黒人とは違った。僕たちは世の中へ出ていける黒人、朝起きて「今日はどこへ行こうか」と言える黒人だったのだ。僕たちの通勤通学路には、街へ通じる長い一直線の道路があった。まわりにはなんにもない。かあさんはよくそこで僕に運転させてくれた。もちろん公道だ。僕は6歳だった。かあさんは僕を膝の上に乗せ、ハンドルと方向指示器を僕に操作させて、自分はペダルとシフトレバーを操作した。数カ月たつと、シフトレバーの操作も教えてくれた。クラッチは引きつづきかあさんが操作していたけど、僕がシフトレバーを握り、かあさんがそのときどきで入れるギアを指示する。この道路には、高低差の激しいところがあった。どんどん下っていき、そのあと上りで向こうへ出る。速度を上げ、シフトをニュートラルに入れて、ブレーキとクラッチから足を離せばもう、「やっほー！」の世界だ。下り坂を疾走したあとは、猛スピードでブーンと向こう側へ駆け上がっていく。空を飛んでいるみたいだった。

学校も仕事も礼拝もないときは、まだ行ったことのない場所へ出かけた。「わたしがあんたを選んで、この世界に連れてきた。だから、わたしにできなかったことは全部させてあげる」というのが、かあさんの方針だった。自分のすべてをつぎ込んでくれた。お金をかけなくて済む行き先を上手に見つけてきた。ヨハネスブルグにある公園には、ひとつ残らず行ったはずだ。かあさんが木陰で聖書を読んでいるあいだ、僕は走り回ってひたすら遊ぶ。日曜午後の礼拝が終わると、よく郊外へドライブに出かけた。景色のいいところを探し、腰を下ろしてピクニックだ。ピクニック用のバスケットとか皿とか、そんな洒落たものは一切ない。黒パンにマーガリンを塗ってプレスハムをはさんだサンドイッチを、紙に包んで持っていった。いまでもこれを食べると、あの頃の記憶が蘇る。世界中のどんなミシュランレストランに行くよりも、安物のプレスハムと黒パンとマーガリンがいい。それさえあれば、この上なく幸せだ。

食べるもの、つまり食べていけることが、僕たちの暮らしのバロメーターだった。かあさんはいつも、「あんたの身体と魂と知性にちゃんと栄養を与えるのがわたしの仕事」と言っていた。

実際そうしていた。食べるものと本を買うお金を工面するために、ほかのものには一切お金を使わなかった。その倹約ぶりときたら、すごいとしか言いようがない。車は車輪のついたブリキ缶同然だったし、家はまわりになんにもないところ。家具はどれも古臭く、ぼろぼろのソファは擦り切れて織り目が透けて見えるほどだった。白黒の小型テレビは、うさぎの耳みたいなアンテナがてっぺんについている代物だ。チャンネルボタンが壊れていたから、チャンネル切り替えにペンチを使っていた。目をよく凝らさないと、なにが映っているのかわからない、なんてこともしょっちゅうあった。

服もいつも古着だった。リサイクルショップで買ったり、教会で白人のお古をもらってきたりした。学校のほかの子たちはみんな、ナイキやアディダスといったブランドものを身につけていたけど、ブランドものなんて一度も買ってもらったことがない。あるとき、アディダスのスニーカーをねだると、かあさんはアビダスという偽ブランドを買ってきた。

「かあさん、これ偽物だよ」

「どこが違うって言うの」

「見てよ、このロゴ。3本線じゃなくて4本ある」

「ラッキーじゃない。1本おまけされたのね」

ないない尽くしでなんとか暮らしていたけど、僕たちにはいつだって教会があったし、本と食べるものは、いつもあった。言っておくけど、「おいしい」とは限らない。肉なんて贅沢品だ。

暮らし向きがいいときは、よく鶏肉を食べた。かあさんは鶏の骨を割り、なかから髄をきれいに吸い出す。食べた、なんてもんじゃない。あとかたもなく食べ尽くしたのだ。考古学者にとっては、とんだ悪夢だろう。骨1本残されていないのだから。丸ごと食べてしまうから、頭しか残っていない。鶏肉以外でたまに食べたのは、袋詰めの肉くらい。「くず肉」として売られているあれだ。文字通り、肉のくずで、店頭でカットして包むときに出る切れ端、脂身、余った部分がちょっとずつ入っている。そういうものをかき集めて袋に入れて売っている。本来は犬の餌だけど、かあさんはそれを買ってきて料理していた。何カ月もそればっかり食べていたときもあった。

その肉屋には骨も売っていた。僕たちは「スープ用の骨」と呼んでいたけど、実際には「犬用の骨《ドッグボーン》」とラベルに書いてある。飼い犬へのご褒美として調理してやるものだ。暮らしがかなり厳しいときは、この犬用の骨がいつも命綱だった。かあさんは煮込んでスープにしていた。僕たちは骨の髄までしゃぶった。貧乏人は、骨の髄を吸い出す技術を、ごく小さい頃から身につける。忘れもしないのは、大人になってはじめてまともなレストランへ行ったときのこと。誰かが言った。「ここの骨髄料理をぜひ食べてみて。すっごく美味しいんだから。この世のものとは思えないくらい」みんなで注文し、ウェイターがその料理をテーブルに置く。――なんだ、ドッグボーンじゃないか――。僕にとっては、なんてことない料理だった。

質素な暮らしだったけど、貧しいと感じたことはない。日常生活がいろんな体験で満ちあふれていたからだ。いつも外でなにかしたり、どこかへ出かけたりしていた。かあさんはよく僕を連れて、洒落た白人居住区へドライブに出かけた。そこに住んでいる人たちの邸宅を眺めるのだ。といっても、眺めるのはたいてい塀だ。道路からは塀しか見えない。1区画の端から端までずっとつづいているところもある。「すごい、これで1軒か。こんなに広いところに1家族しか住んでいないなんて」車を道路脇に停めて、かあさんが塀の前で肩車してくれることもあった。僕は潜望鏡だ。庭を覗き込み、目に入るものを事細かに説明する。「でかくて白い家だよ！犬が2匹いる！　レモンの木がある！　プールも！　それにテニスコートも！」

黒人が行かないところにもよく連れていってくれた。黒人にあれはできない、これはすべきじゃない。そういうばかばかしい考えに縛られるのを、かあさんは拒んだ。アイススケート場にもよく行った。ヨハネスブルグに当時あった、大規模なドライブインシアターにも。トップスター・ドライブインといって、街はずれの大きなぼた山のてっぺんにあった。スナックを買い、スピーカーを車の窓に取り付けて映画を観る。しかも360度パノラマの眺め付き。ヨハネスブルグの街、あちこちの郊外住宅地、ソウェト。どっちを向いても数キロ先まで見晴らすことができる。まるで世界の頂点にいる気分だった。

どこにでも行けるし、なんでもできる、そんなふうに育ててもらった。いま思えば、白人の子供と同じように育ててくれたんだとわかる。もちろん、白人文化ということじゃない。この世界は好きなように生きられるところだということ。自分のために声をあげるべきだということと。自分の意見や思いや決心は尊重されるべきものであること。そう思えるようにしてくれた。よく、夢を追いかけろと言うけど、思い描けないことを夢見ることはできないし、どこで生まれ育ったかによって、思い描けることがかなり限られてしまうことだってある。ソウェトで育った人たちの夢は、家にもうひと部屋増やすことだった。もしくは車の乗り入れ道をつくり、いつの日か、その先に鋳鉄製の門を設置することくらい。ほかの世界を知らないのだから無理もない。でも、本当に可能なことは、自分の目の前の世界のはるか向こうにある。かあさんは、なにが可能かを示してくれた。かあさん自身は、誰からも示してもらえなかったのだから、驚かされる。かあさんは望まれた子じゃなかった。自力で、まったくの意志の力でここまできたのだ。

もっと驚かされるのは、かあさんがこのちょっとしたプロジェクト（つまり僕のことだけど）をスタートさせた時点では、アパルトヘイトが将来廃止になるとは知る余地もなかった、ということだ。廃止になるかもしれない、と考える理由もなかった。何世代にもわたってつづいていたのだ。マンデラが釈放されたのは、僕がもうすぐ6歳というときだったし、民主主義がようやくこれからスタート、というときもまだ10歳だった。なのにかあさんは、僕が自由な暮らしをする前提で準備していた。自由になる可能性なんてまだみんな考えていなかったときからだ。タウンシップで苦しい生活を送る、あるいはカラードの児童養護施設に僕をいれる。普通だったらそういう選択をするだろうけど、そうはしなかった。僕たちはひたすら前へと進み、しかもいつだって素早く動いた。だから、法律やほかのみんなが方向転換する頃には、僕たちはすでにずっと先へ行っていて、派手なオレンジ色のぽんこつフォルクスワーゲンに乗り、道路を縦横無尽にすっ飛ばしていた。窓は全開で、ジミー・スワガートが声のかぎりにイエス様を讃えるのを聞きながら。

かあさんは世間から、どうかしている、と思われていた。アイススケート場に、ドライブインシアターに、高級住宅地めぐり。そんなのは「イジント　ザベルング（白人のすること）」というわけだ。アパルトヘイトの論理を自分の中に取り込んでしまっている黒人が本当に多かった。近所の人や親戚はかあさんによく口うるさく言っていた。「黒人の子に白人のすることを教えてなんになるの。この子は一生ここにいるのに。世の中を見せたってどうにもならないよ」

すると、かあさんはこう答えるのだった。「この子が一生ここから出ることがないとしても、ここだけが世界じゃない、とわかるようになること。それさえ成し遂げれば、わたしは十分」

アパルトヘイトはその支配力にもかかわらず、致命的欠陥がいくつもあった。そもそも筋が通らないことだらけなのだ。人種差別は論理的なものじゃない。例をあげよう。南アフリカでは、中国人は黒人と見なされていた。なにも黒人のふりをして回っていたわけじゃない。あくまでも中国人だ。ただ、インド人と違って数が少なかったために、別の分類をつくるわけにもいかなかった。アパルトヘイト体制は、細かいところまで複雑に練り上げられていたにもかかわらず、中国人をどう扱えばいいかわからなかったのだ。そこで、政府はこうすることにした。「えっと、中国人は黒人ということにしておこう。そのほうがわかりやすい」

おもしろいのは、同じ頃、日本人は白人と見なされていたことだ。当時の南アフリカ政府は、日本の高品質な自動車や電子機器を輸入するために、日本と良好な関係を築こうとしていた。だから、日本人には名誉白人の地位を与えたのだ。自分が南アフリカの警官になったところを想像すると、笑える。中国人と日本人なんてまず見分けられそうにないのに、白人用の設備を非白人が使わないよう見張るのが仕事なのだ。アジア人が白人専用のベンチに座っているのを見かけたら、なんて言えばいいのだろう。

「おい、そのベンチに座るんじゃない、この中国人め！」

「あのう、わたしは日本人ですが」

「や、これはどうも失礼いたしました。あなたを人種差別するつもりはなかったのです。それでは、どうもごきげんよう」

6 抜け穴

　かあさんはよく言っていた。「あんたを産んだのはね、愛せるなにか、無条件に愛し返してくれるなにかが欲しかったからよ。それがどう。世界一わがままで、どうしようもないのが生まれてきて、することといえば、泣いて、食べて、うんちして、『ねえ、ねえ、ねえ』って自分のことばっかり」

　子供を産めばパートナー代わりになる、くらいに考えていたのだ。だけど赤ん坊はみんな、自分が世界の中心として生まれてくる。自分の欲しいもの、必要なもの以外のことを理解するなんて、できっこないのは僕だって同じだ。僕は貪欲な子供だった。山のように本を読んでも、もっともっと読みたがった。ブタのようにむさぼり食った。肥満児になっていてもおかしくない食べっぷりだった。腹に寄生虫でもいるんじゃないかと思われたこともある。休暇でいとこの家に泊まりにいくときは、いつもかあさんが、トマトや玉ねぎやジャガイモやらが入った袋と、コーンミールの大袋を僕といっしょに置いていく。そうやって、文句を言われないようにしていたのだ。おばあちゃんの家では僕だけがいつもお代わりしていた。おばあちゃんはよく、鍋ごと僕に寄越し、「全部食べてしまいなさい」と言った。後片付けをしたくなければトレバーを呼べ、だ。一族のごみ箱と言われていた。とにかく食べて食べて食べまくった。

異常に活発な子供でもあった。いつも刺激を求め、じっとしていることができない。よちよち歩きの頃も、歩道を歩くときは、腕をよほどしっかりとつかまれていないと、すぐ車道のほうへ猛スピードで走っていく。追いかけられるのが大好きだった。遊びだと思っていたのだ。かあさんが仕事にいっているあいだ、子守りに雇われていた近所のおばあちゃんたちをよく泣かせたものだ。かあさんが帰ってくると、子守りのおばあちゃんたちはたいてい泣いていた。「辞めます。わたしにはムリ。この子はやんちゃが過ぎます」学校の先生も、日曜学校の先生も、同じだった。僕の注意をしっかり引きつけておかないと、面倒なことになるのだ。だけど、人にひどいことをするような子じゃなかった。泣いたりだだをこねたりする子でもなかった。行儀はよかった。エネルギーがあり余っていて、自分のしたいことがはっきりしていただけなのだ。

かあさんは僕をよく公園へ連れていった。くたくたになるまで思う存分走り回らせておけるからだ。フリスビーを持っていき、かあさんが投げ、僕が走っていってキャッチして持ってくる、なんてこともよくやった。それを延々と繰り返す。投げるのがテニスボールだったこともある。黒人は飼い犬にものを投げて取ってこさせたりしない。黒人が犬に投げてやるのは食べ物だけだ。だから、白人が犬と散歩しているような公園へ行くようになって、はじめて気づいた。かあさんがしていたことは、犬のしつけとそう変わらないじゃないか、って。

あり余るエネルギーは、いたずらという形で現れた。自分は究極のいたずらっ子だと自負していた。学校ではどの先生もプロジェクタを使って授業をしていた。各教室のプロジェクタから1台残らず、拡大鏡をはずして回ったこともある。消火器の中身をピアノの中にぶちまけたこともある。次の日の全校集会で演奏があることを知ったうえでのいたずらだ。演奏者が座り、最初の音を出したとたん、ぶわあああっと大量の泡がピアノから出てきた。

僕には大のお気に入りがふたつあった。火とナイフだ。どれだけ眺めていても飽きなかった。ナイフはかっこいいの一言に尽きる。質屋やガレージセールでいろいろ買い集めていた。飛出しナイフ、バタフライナイフ、ランボーが持っているようなナイフ、クロコダイル・ダンディーが持っているようなナイフ。でも、なんといっても最高なのは火だ。火に夢中で、特に花火が好きだった。毎年11月のガイ・フォークス祭には、かあさんが花火をたくさん買ってくれて、家にちょっとした弾薬庫ができたみたいだった。僕は、この花火すべてから火薬を取り出せば、オリジナルのでっかい花火がつくれるはずだと考えた。そしてある日の午後、実行に移してみた。従兄とふざけたりしながら、空きプランターに火薬を山のように詰め込む。途中で黒猫印の爆竹が目に入った。この爆竹で面白いことができるのだ。普通のやり方じゃなく、半分に割ってから火をつけると、火炎放射器みたいになるのだ。火薬を詰め込む作業を中断し、この爆竹で遊んでいるうちに、火のついたマッチ棒をプランターの火薬の山に落としてしまった。一挙に爆発し、大きな炎のかたまりが顔に飛んできた。従兄のンルンギシが悲鳴をあげ、かあさんが大慌てで庭へ出てくる。

「どうしたの⁉」

僕は冷静を装った。さっきの炎で、顔はまだヒリヒリ熱かったけど。「ああ、別に、なんでもないよ」

「火遊びしてたわね⁉」

「違うよ」

かあさんが首を振る。

「ひっぱたいてやるところだけど、イエス様のおかげで、嘘はもうばれているのよ」

「なんのこと？」

「洗面所へ行って鏡を見てごらんなさい」

洗面所へ行って鏡をのぞくと、眉毛がなくなっていて、前髪も数センチほどすっかり焼けてしまっている。

大人からすれば、モノを壊してばかりの手に負えない子に見えただろうけど、僕自身はそんなつもりはなかった。壊したかったんじゃなく、つくりたかったのだ。眉毛を燃やしたんじゃなく、炎をつくりだしたかった。プロジェクタを壊したんじゃなく、みんなの反応を見たくて混乱を引き起こしたのだ。

抑えられるようなものじゃなかった。子供というのはある種の強迫観念に苛まれるものだ。自分でもよくわからないことをしてしまうのだ。子供にこう言って聞かせたとしよう。「いいですか、絶対に塀にはお絵かきしちゃダメですよ。この紙でも、この本でもいいし、どこだって好きなところに描いてかまわないけど、この塀だけは、お絵かきも、字を書くのも、色を塗るのもいけませんよ」その子はあなたの目をじっと見て「わかった」と言う。10分後、その子はもう塀にお絵かきしている。あなたは悲鳴をあげる。「いったいどうして塀にお絵かきしているのっ⁉」その子はあなたをじっと見つめる。どうして描いたのか、自分でも本当にさっぱりわからないのだ。僕も子供の頃、いつもそんな感じだった。叱られて、かあさんにさんざんお尻を叩かれながら、こう思っていた。──なんでやってしまったんだろう。やっちゃいけないってわかっていたのに。するなって言われていたのに──。そしてお仕置きが終わると、自分に言い聞かせたものだ。──これからはうんといい子になる。しちゃいけないことはもう絶対にしない。絶対、絶対、絶対にだ。忘れないように、ちょっと塀にでも書いておこう。これで思い出せるぞ──。こうしてクレヨンを手にとり、また描きはじめてしまうのだ。どうしてなのか自分でもさっぱりわからなかった。

かあさんと僕は、映画でよくある、刑事と犯人のような関係だった。容赦ない刑事と、その刑事が捕まえようと執念を燃やしている、悪知恵のきく犯人。ふたりは憎い敵同士、なのに、ああ、互いに実はものすごく敬意を払っていて、どういうわけか好意すら抱くようになっていく。お決まりのパターンどおり、かあさんはたいていあと一歩のところで捕まえられない。そしてあのいつもの目で僕をにらみつける。――いつか、いつか必ず捕まえて、刑務所へぶち込んでやる。一生出られないようにしてやる――。すると僕がうなずいて返す。――あばよ、刑事さん――。子供時代はずっとこんな調子だった。

かあさんは僕の衝動をなんとかして抑えようとしていた。年を追うごとに、そのやり方はどんどん手の込んだものになっていった。僕には若さとエネルギーがあったけど、かあさんには年の功があり、次々といろんな手を考え出しては、言うことを聞かせようとした。ある日曜日、店で買い物をしていると、串に刺したりんご飴がずらりと並んでいるのが目に入った。りんご飴は僕の大好物だったから、店にいるあいだ、ずっとしつこくせがんだ。「ねえ、りんご飴食べてもいい？　お願い、りんご飴買って。ねえってば、りんご飴食べさせて。ねえ、ねえ、お願い、りんご飴欲しいよぉ」

買うものがひととおり揃い、支払いのために出入り口のほうへ向かうとき、とうとうかあさんが根負けした。「いいわ。1本だけとってらっしゃい」僕は走っていき、りんご飴を1本手にして戻ると、カウンターの上に置いて言った。「これもお願いします」

レジ係が訝しげな目で見る。「坊や、順番だよ。こちらの女性が済んでからね」

「ううん、いっしょに買うんです」

かあさんが僕のほうを向く。「誰がいっしょに買うの?」

「いっしょに買ってくれるんでしょ?」

「あらあら、おかあさんに買ってもらえばいいじゃない」

「え? 僕のおかあさんは、かあさんじゃないか」

「わたしがあなたのおかあさんですって? なにを言ってるの、わたしはあなたのおかあさんじゃありませんよ。おかあさんはどこへ行ったの?」

わけがわからない。

「かあさんが、僕のおかあさんだ」

レジ係はかあさんを見て、僕を見て、それからまた、かあさんを見た。かあさんは、――この子ったらなにを言ってるのか、さっぱりわからないわ――と言った感じで肩をすくめた。そして、はじめて見かける子という顔で、僕をじっと見つめて言った。

「迷子になっちゃったの? おかあさんはどこ?」

「そうだよ、おかあさんはどこにいるんだい?」レジ係も同じことを訊く。

「この人がおかあさん」

僕はかあさんを指差す。

「ええっ? そんなわけないだろう。黒人なんだから。見ればわかるだろう?」

かあさんがやれやれと首を振る。「こんないたいけなカラードの子が母親とはぐれてしまって。

かわいそうに」

僕はパニックになった。僕の頭がおかしくなったのか？　この人がかあさんじゃないなんて。僕は泣き出した。「かあさんが僕のおかあさんじゃないか。かあさんでしょ。この人がおかあさんです。この人がおかあさんに間違いないんです」

かあさんがまた肩をすくめる。「本当にかわいそう。母親が見つかるといいけど」

レジ係もうなずく。かあさんは支払いを済ませると、荷物を抱えて店から出ていった。僕はりんご飴をとり落とし、走って外に出ると、泣きながら追いかけて、車のところで追いついた。振り向いたかあさんは腹を抱えて笑っている。まさにしてやったり、といった顔だ。

「どうしたの？　そんなに泣いちゃって」

「だって僕のかあさんじゃない、なんて言うんだもん。なんで、あんなこと言ったんだよ」

「りんご飴のことであんまりしつこいからよ。さあ、乗りなさい。帰りますよ」
7、8歳になる頃には、そう簡単にはだまされなくなったから、かあさんも戦術を変えた。僕たちの日常生活は、ある意味、法廷ドラマと化した。さまざまな法律の抜け穴や細かい解釈をめぐり、被告側と原告側、双方の弁護士が攻防戦を繰り広げているあれだ。かあさんは頭が切れるし、言うことは辛辣だったけど、論戦となると僕のほうが速い。かあさんはついていけなくてイライラしがちだった。そこで、手紙で伝えてくるようになった。そうすれば自分の意見をはっきりと伝えられるし、議論の応酬にならずに済む。家の手伝いを命じるときは、僕が家に帰ると封筒が置いてある、といった具合だった。僕の部屋のドアの下からすべり込ませてあり、まるで大家さんからの通知書みたいだった。

トレバーさんへ

「子たる者よ、何事についても両親に従いなさい。これが主に喜ばれることである」
(コロサイ人への手紙第3章20節)

わが子として、またひとりの少年として、やってほしいことがあります。自分の部屋を掃除すること。家をいつもきれいにしておくこと。学校の制服をちゃんとハンガーに掛けておくこと。わが子よ、どうか頼みます。おまえが母親であるわたしのルールを尊重してくれたら、わたしもおまえのことを尊重できるのです。さあ、いますぐ皿洗いと庭の草取りをしてください。

かしこ
母

家の手伝いはたいていちゃんとしたけど、僕にも言いたいことがあるときは、返事を書いた。かあさんは秘書として働いていた。僕は学校が終わると毎日かあさんの職場へ行き、かなりの時間をそこで過ごしていた。だからビジネス文書はお手のものだ。ちゃんとした手紙が書ける自分がものすごく誇らしかった。

関係各位
かあさんへ

さきほどお手紙を拝受いたしました。皿洗いは順調に進んでおり、あと1時間かそこらで終了する予定であることを、謹んでお伝えしておきます。庭は現在湿っておりまして、現時点では草取りはできませんが、今週末までには必ず終えておきますので、どうぞご安心ください。なお、当方の尊重レベルに関しておっしゃられていることには、まったく異論はございません。自室をご満足いただける水準に保つようにいたします。

敬具
トレバー

これは丁寧なやりとりの場合だ。本気の白熱議論になったり、学校でトラブルになったりしたら、もっと非難口調の手紙が僕の帰宅を待っている。

トレバーさんへ

「愚かなことが子供の心の中につながれている、懲らしめの鞭は、これを遠く追い出す」(箴言第22章15節)

今学期の成績には大変がっかりしています。おまけに、授業中の態度は、相変わらずはちゃめちゃで礼儀知らずと聞いています。そうしたふるまいは、母親のわたしに敬意を払っていない明らかな証拠です。先生方にも失礼です。出会うすべての女性に対して敬意を払うようにしなさい。母親や先生方への態度が、ほかのすべての女性に対する態度になるのです。その態度をいますぐ改められれば、もっといい人間になれるはずです。態度が悪いので、1週間遊びに出かけることを禁じます。テレビもビデオゲームも禁止です。

かしこ

母

もちろん、こんな罰はまったくの不当だと思う僕は、この手紙を持ってかあさんのところへ訴えにいく。

「この件でちょっと話したいんだけど」

「ダメよ。言いたいことがあるなら手紙に書いてきなさい」

僕は自分の部屋へ行って、紙とペンを用意して机に向かい、かあさんの論点をひとつひとつ潰していくのだった。

関係者各位
かあさんへ

まず申し上げますと、今学期は特に大変な学期でした。それに、僕の成績のことで文句を言われる筋合いはありません。かあさんだって、そんなに勉強ができなかったのですから。それに、なんだかんだ言ったって、僕はかあさんの子ですから、かあさんにもある程度は責任があるはずです。そもそも、かあさんの成績がよくなかったのに、僕の成績がいいはずがありません。同じ遺伝子なのですから。おばあちゃんからいつも聞いていますよ、かあさんがどんなにきかん坊だったか。ということは、僕が言うことを聞かないのも、当然かあさん譲りということです。だから、かあさんがこんなこと言うのはおかしいし、お門違いだと思います。

敬具

トレバー

書いた手紙を持っていき、かあさんが読んでいるあいだそこで待っている。かあさんは読み終えると、破り捨てるのが常だった。「ばかばかしいったらありゃしない！」と言って、論戦を挑もうとするのを僕がさえぎる。「ちっちっちっ、ダメダメ。手紙でお願いします」と言って部屋に戻り、かあさんからの返事を待つ。こんなやりとりが数日間つづくこともあった。

こんなふうに手紙を書くのはちょっとしたもめごとのときで、もっと大きな違反行為をすると、かあさんは尻叩きを選んだ。南アフリカの黒人の親はたいていそうで、ことしつけとなると、かあさんも旧式だった。図に乗りすぎると、かあさんはすぐに鞭がわりのベルトに手を伸ばした。当時はそれがごく普通だったのだ。友達の家もほぼみんなそんな感じだった。

かあさんに捕まれば、まともに鞭打ちをくらうことになっただろうけど、かあさんに追いつかれることはなかった。おばあちゃんから「スプリングボック」と呼ばれた僕だ。スプリングボックはチーターが狩る、シカに似た動物で、陸生哺乳動物の中で2番めに足が速い。だからかあさんも、ゲリラ戦法をとらざるをえない。可能なところにぴしゃっと一撃、ベルトでも靴でも飛ばしてきて見舞うのだった。

かあさんの尊敬すべきところは、お仕置きする理由はいつだってはっきりしていたことだ。怒りにまかせてとか、腹立ちまぎれに、とかじゃない。愛情からくるしつけだった。たったひとりでとんでもない息子を抱えていたのだ。ピアノは壊すわ、床にうんちはするわ、そんな僕だから、とんでもないことをしでかすたびに手厳しく折檻し、しばらく泣かせておいてから、またひょいと僕の部屋に入ってくる。そして満面に笑みをたたえてこう言うのだった。

「晩御飯よ。さっさと食べてしまわないと、『レスキュー911』が観られなくなるわよ。さあ」

「なんなんだよ、どんな神経してるんだよ。さっき僕をぶったばかりなのに！」

「悪いことしたからでしょ。憎くてぶったわけじゃないわ」

「え？」

「悪いことをしたの？　しなかったの？」

「した」

「で、どうなった？　わたしがぶった。それでもうおしまい。いつまでも泣いている必要がどこにあるの？　さあ、『レスキュー911』がはじまりますよ。司会のウィリアム・シャトナーが待ってるわ。ほら、ごはん、食べないの？」

しつけといえば、カトリックの学校は半端じゃなかった。メリベール校では問題を起こすたびに、修道女の先生から金属定規の先で手の甲を叩かれた。悪態をつくと、石鹸で口を洗われる。重大な違反行為は、校長室送りになる。校長先生だけが、生徒にしかるべき鞭打ちができた。体をかがめるように言われ、靴底みたいな平たいゴム状のものでお尻を叩かれるのだ。

校長先生の叩き方はいつも、強過ぎないかと心配しているような感じだった。ある日、尻を叩かれている最中に、——まったく、かあさんが叩くときもこの程度だったらいいのになあ——、と思ったとたん、笑いが込み上げてきて、止められなくなってしまった。校長先生はかなり動揺していた。「叩かれているのに笑い声をあげるなんて、明らかにどこかおかしい」

この一件が、精神分析医に診てもらうよう、かあさんが学校から言われた、3回のうちの1回めだ。診察したどの医者も「どこにも異常なし」と言った。注意欠陥障害《ADD》でも社会病質者《ソシオパス》でもない。独創的で、主体性があり、元気いっぱいなだけだ。医者が一連のテストをおこなって出した結論は、僕は将来、知能犯になるか、そうでなければ、知能犯をうまく捕まえる側になる、というものだった。ルールの抜け穴をいつも見つけることができるからだ。ルールが理にかなっていないと思えば、かいくぐる方法を見つけるまでだ。

たとえば、金曜のミサでおこなわれる聖体拝領のルールも、まったく筋の通らないものだった。

生徒はそのミサで1時間も、ひざまずく立つ座る、ひざまずく立つ座る、を繰り返す。ミサが終わる頃にはお腹がペコペコなのに、僕は聖体拝領を許されなかった。カトリック教徒じゃないからだ。ほかの生徒はイエス様の肉体を食べ、イエス様の血を飲むことが許されるのに、僕は拝領させてもらえない。イエス様の肉体というのはクラッカーで、血というのはぶどうジュース。子供が欲しがるものばかりだ。おまけに僕はぶどうジュースが大好きだった。なのに、とにかくダメの一点張りだ。僕は毎回、修道女の先生や司祭と言い争っていた。

「カトリック教徒だけが、イエス様の肉体を食べ、血を飲むことが許される、そうですね?」

「そうです」

「だけど、イエス様はカトリックではありませんでした」

「たしかに」

「ユダヤだったんですよね」

「まあ、そうです」

「つまり、なんですか、たったいまイエス様がこの教会に入ってこられても、イエス様には聖体拝領が許されない、ということですか?」

「それは……うーん、その……」

納得のいく答えが返ってきたことは一度もなかった。

ある金曜の朝、ミサがはじまる前に僕は決心した。——イエス様の肉体と血をちょっといただくとしよう――。聖体拝領台の後ろにそっと忍び込み、置いてあったぶどうジュースのビンを飲み干し、「聖体」クラッカーも一袋全部平らげた。拝領が許されなかったいままでの分をすべて取り戻すつもりだった。

僕の中では、ルールを破ったつもりはなかった。そもそもルール自体がまったく筋の通らないものなのだから。捕まったのは、学校側が、自分たちで決めたルールを破ったからにほかならない。ある生徒が懺悔のときに僕のことを司祭に告げ口し、司祭が僕を突き出したのだ。

「おかしいじゃないですか」強く抗議した。「ルールを破ったのはそっちでしょう。懺悔は秘密のはずです。司祭は懺悔で知った情報を漏らしてはいけないことになっているはずです」

学校はそんなことお構いなしだった。学校がルールを破りたければ、破って構わないのだ。

校長先生は僕を非難した。

「いったいどんなおかしな人間が、イエス様の肉体を食べ尽くし、イエス様の血を飲み干すなんてことができるんだ」

「腹ぺこの人間です」

この一件でまたお仕置きされ、精神分析医へ2回めの診察に行かされた。3回め、学校もお手上げとなったのは、6年生のときだった。僕はある生徒からいじめを受けていた。叩きのめしてやる、とそいつから言われていた僕は、ナイフを持って登校した。使うつもりはなくて、ただ身につけておきたかったのだ。そんな事情に聞く耳を持つような学校じゃない。これがきっかけで僕は退学することになった。正確には退学処分になったわけじゃない。校長先生にはこんこんと諭された。「トレバー、君を退学させたっていいんだ。あと1年、君自身が、来年も本当にここで勉強したいのか、よく考えてみなさい」今思えば、校長先生は最後通牒を突きつけることで、態度を改めさせようとしたのだろう。だけどあの時の僕は、学校を出ていくように勧められていると思った。だから、そうすることにした。

「もうここにはいたくありません」と答えて、このカトリック校とおさらばしたのだ。

変な話、このことでかあさんとはトラブルにならなかった。家に帰っても叱られなかった。勤めていた会社を辞めたために、奨学金をもらえなくなり、私学へ通わせるのが負担になりはじめていたのだ。でもそれ以上に、学校は過剰反応している、とかあさんは考えていた。実はかあさんは、あのカトリック校については、僕に味方することが多かった。例の聖体拝領事件についても、僕とまったく同じ意見だった。かあさんは校長先生にこう言った。「話を整理させてください。聖体を拝領したがる子を罰する、とおっしゃるんですか？　そもそもなぜ拝領させてやらないんですか？　当然させてやるべきでしょう」

校長先生から尻叩きの罰を受けている最中に笑ったことで、精神科医のところへ行かされたときも、ばかげていると言っていた。

「ノアさん、息子さんは罰で叩かれている最中に、笑い声をあげたんですよ」

「それは先生が叩き方をご存じないからです。先生の問題であって、わたしの問題ではありません。トレバーがわたしに叩かれて笑い声をあげたことなんて一度もないですよ。それだけは、はっきり申し上げられます」

　これが、かあさんが変わり者とはいえ、一種すごいところだった。ルールがばかげている、という僕の意見にかあさんも賛成なら、そのルールを破ったからといって、僕を罰したりしない。かあさんも、僕を診察した精神科医も、問題は僕じゃなくて学校側にある、という意見だった。カトリック校は、独創性や主体性とは相容れないところなのだ。

　カトリック校は、その容赦ない権威主義、という点でアパルトヘイトに似ている。その権威主義が、まったく筋の通らないさまざまなルールに基づいているという点においても。かあさんはそうしたルールに囲まれて育ち、疑問を抱いた。ルールがおかしければ、回避するまでだ。かあさんの認める権威は神様だけ。神様が愛、聖書が真実、それ以外のことはすべて、議論の余地があった。権威に異議を唱え、制度に疑問を持つことを、僕に教えたのはかあさんなのだ。かあさん自身が、僕から絶えず異議を唱えられたり、疑問を抱かれたりすることだけが、計算違いだったようだけど。

　僕が7歳の頃、かあさんはエイブルという人と付き合っていた。付き合って1年くらいたっていたと思うけど、幼い僕には、ふたりの本当の関係はよくわかっていなかった。「よく見かけるかあさんの友達」って感じだった。僕はエイブルが好きだった。本当にいい人だった。

あの頃は、黒人が郊外住宅地に住もうと思ったら、使用人が寝泊まりするような部屋かガレージでも貸してくれる、白人家庭を探す必要があった。エイブルもそうしていた。オレンジグローブという地区の、白人家庭のガレージに住んでいた。そこを山小屋みたいに改装し、携帯コンロひとつとベッド1台を置いていた。エイブルがうちに来て泊まっていくこともあったし、僕たちがエイブルのところに泊まることもあった。僕たちにはちゃんと家があるのに、ガレージで寝泊まりするのはどうかな、って思ったりはしたけど、オレンジグローブは僕の学校にもかあさんの職場にも近かったから、それなりの利点はあった。

この白人家庭には黒人のメイドがひとりいて、裏庭の使用人部屋で寝起きしていた。ここに泊まるときは、このメイドの息子とよくいっしょに遊んだ。その頃の僕は、火への好奇心真っ盛りだ。ある日の午後、かあさんもエイブルも、白人家庭の夫婦も、みんな仕事で家にいないときのこと。メイドである母親が家のなかを掃除しているあいだ、僕はその子と遊んでいた。当時、夢中だったのが、虫めがねを使って木切れを焦がし、自分の名前を焼きつけることだ。レンズの向きを考えながら焦点をぴたりと合わせると、煙が出てくる。そのまま焦点を少しずつずらしていく。こうやって焦がしていくと、いろんな形や文字や模様ができるのだ。僕はこの遊びのとりこだった。

その日の午後は、その子にもやり方を教えていた。遊んでいたのは使用人部屋だ。部屋といっても、実際には、家の裏に継ぎ足した物置小屋みたいなところで、木製のハシゴやら、古いペンキのバケツやら、薄め液やらが、ところ狭しと置いてあった。僕はマッチ箱も持っていた。火おこし道具一式を常に持ち歩いていたのだ。僕たちは床に直置きしてあるぼろマットレスに腰を下ろしていた。この親子はここで寝るのだ。マットレスといっても、干し藁をつめただけの袋だ。太陽の光が窓から差し込んでいて、僕はその子の名前をベニヤ板に焼きつける方法を教えていた。

ひと休みということでおやつを取りに行った。虫めがねとマッチをマットレスの上に置いたまま、ふたりでいっしょに外に出た。数分後に戻ってくると、内側から自動ロックがかかっている。母親を呼びに行かないと、中には入れないから、しばらく庭で遊んでいることにした。そのうちに煙に気づいた。使用人部屋の窓のすきまから出ている。走っていって中をのぞき込むと、小さな炎が出ている。マッチと虫めがねを置いておいた、藁マットレスのちょうど真ん中あたりからだ。急いで母親を呼びに行った。来るには来たけど、母親もどうしたらいいかわからずおろおろするばかり。ドアは鍵がかかったままだ。なんとかして中へ入る方法を考えているうちに、あれもこれも火がつきだした。マットレス、はしご、ペンキ、薄め液、なにもかもだ。

炎が広がるのは速かった。あっという間に屋根に火がつき、そこから勢いを得た炎が母屋へと広がって、家全体がどんどん燃えていく。煙がもくもくと空に向かって立ち上る。近所の人が消防を呼んだのか、サイレンが近づいてくるのが聞こえる。僕とその子と母親は急いで通りに出ると、消防士が消し止めようとする様子を見守った。消し止めたときにはもう手遅れだった。残されたのは、黒焦げになったレンガとしっくいの外壁だけで、屋根は焼け落ち、家のなかも完全に焼き尽くされている。

この家の白人夫婦が帰ってきて、通りに立ったまま、廃墟と化した家をじっと見つめていた。なにがあったのかと尋ねられた母親が息子に尋ね、その子が見事に告げ口してくれた。「トレバーがマッチを持ってたんだ」と。白人夫婦は僕になにも言わなかった。言うべきことばが見つからなかったんだと思う。ただただ呆然としていた。警察も呼ばなかったし、訴えてやるとも言わなかった。そんなことをしてどうなる？ 7歳の子を放火の罪で訴えるのか。それに、うちは貧しすぎて、賠償金を求めて訴えられたところでどうにもならない。夫婦は保険に入っていたから、それで解決、ということになった。

エイブルはガレージから追い出された。おかしな話だと思った。だって、独立した建物だったそのガレージだけは、火事にならずに無事だったのだから。エイブルが出ていかなくちゃいけない理由なんてない、と思ったけど、とにかく追い出されてしまった。僕とかあさんはエイブルの荷物をまとめて車に積むと、エデンパークの家へ向かった。エイブルが僕たちと基本的に同居することになったのは、このときからだ。エイブルとかあさんは大げんかした。「おまえの息子のせいで俺の人生も大炎上だ！」それでも、その日はなんの罰も受けなかった。かあさんが受けた精神的打撃がかなり大きかったからだ。次から次へといたずらするかと思えば、今度は白人の家を全焼させてしまった。かあさんは途方に暮れていた。

悪いことをしたとはぜんぜん思っていなかった。いまでも思っていない。僕の中の弁護士は、完全無罪の立場を崩していない。マッチがあり、虫めがねがあり、マットレスがあり、そこに、明らかに不運な出来事が重なった。ものに火がつくということは、往往にして起こる。だからこそ、消防というものがある。それなのに、一族のみんなが「トレバーが家一軒全焼させてしまった」と言う。これまでの僕がやんちゃ坊主で済んでいたとしたら、この一件ですっかり悪名が高くなってしまった。なかには僕をもうトレバーとは呼ばず、「テラー（恐ろしい子）」と呼ぶ人もいて、「その子を家でひとりきりにするな。全部燃やされてしまうぞ」なんて言っていた。

従兄のンルンギシは、いまだにさっぱりわからない、と言う。こんなにやんちゃで、どうやってこれまでずっとやってこられたのか。あんなにたくさんお仕置きされて、どうして我慢できたのか。なぜいたずらをやめないのか。なぜ懲りないのか。いとこはふたりとも超優等生だ。ンルンギシが受けたお仕置きはたぶん1度きりだと思う。ンルンギシはお仕置きされたあと、もう二度とこんな目にあいたくない、と言って、その日からルールを必ず守った。一方、僕には、かあさんから受け継いだもうひとつの特徴があった。人生で受けた痛みを忘れる力だ。トラウマとなった出来事は覚えていても、そのトラウマにいつまでもしがみついたりしない。つらい思い出のせいで、新しいことに挑戦できない、とはならない。かあさんにこっぴどく叩かれた、あるいは人生でひどい目にあった、そんなことをうじうじ考えていたら、限界に挑戦したり、ルールを破ったりできなくなってしまう。それよりも、痛みを受けとめて、泣きたいだけ泣いて、次の日また起き上がって、前へ進むほうがいい。少し残ったあざを見て、痛みを思い出すこともあるだろうけど、それはそれでいい。しばらくたてば、そのあざもだんだん消えていく。消えるのにはちゃんとした理由がある。そろそろなにかしでかす頃なのだ。

僕が生まれ育ったのは、黒人の国の、黒人が住む地域の、黒人家庭だ。黒い大陸《アフリカ》のほかの黒人の国々の、ほかの黒人の街々も、訪れたことがある。それでも、まだ一度たりとも、黒人が猫をかわいがっている地域は見たことがない。最大の理由のひとつは、南アフリカではみんな知っていることだけど、猫を飼うのは魔女だけで、猫はすべて魔女だからだ。

数年前、オーランド・パイレーツのサッカーの試合中に起きた、有名な事件がある。猫が1匹スタジアムに紛れ込み、観客のあいだを駆け抜けて、試合中のピッチに現れたのだ。その猫を見た警備員のひとりが、まともな黒人なら誰だってすることをした。「魔女だ」と思い、猫を捕まえると、テレビの生中継中に、蹴飛ばすわ、踏みつけるわ、あげくは「シャンボック」という硬い革鞭で死ぬまで打ちすえたのだ。

国中に知れ渡る大ニュースだった。白人はブチ切れていた。いやもう、正気の沙汰じゃない。警備員は逮捕され、裁判にかけられ、動物虐待の罪で有罪になった。かなりの罰金を払い、数カ月の刑務所入りは免れた。なんとも皮肉な話だと僕は思った。白人はそれまで、黒人が白人に殴り殺される映像を何年も目にしてきているのだ。なのに、ひとりの黒人が猫を1匹蹴飛ばしている映像には、正気を失ってしまう。

黒人にはわけがわからなかった。あの警備員がとった行動はなんにも悪くない。「あの猫が魔女《ウィッチ》だったのは間違いない。そうじゃなきゃ、どうしてピッチへ出られるんだ。どちらかのチームを呪うために、誰かが寄越したに決まっている。警備員はあの猫を殺すよりほかなかった。選手を守るのが仕事なんだから」と、みんな思っていた。

南アフリカでは、黒人が飼うのは犬と決まっているのだ。

7 愛犬フフィ

エデンパークに引っ越して1カ月ほどたった頃、かあさんが2匹の子猫を家に連れて帰ってきた。どちらも黒猫で、とてもかわいかった。職場の同僚が飼っている猫が子猫をたくさん産み、持て余していたので、かあさんが2匹もらうことになったのだ。それまでペットなんか飼ったことがなかったから、ワクワクした。動物好きのかあさんも、ワクワクしていた。猫に関するばかげた迷信なんて、これっぽっちも信じちゃいなかった。これもまたかあさんの反抗的態度の表れで、黒人が守るべきルール、なんていう考え方には従おうとしなかった。

もしタウンシップに住んでいたら、猫を飼うなんて夢にも思わなかったはずだ。黒猫ならなおさらだ。「ハーイ、わたしは魔女よ」と大々的に宣伝しているようなものだから。自殺行為だ。でも、僕たちが引っ越してきたのはカラード居住区だから、猫を飼っても問題ないはず、と考えていたのだ。猫が大きくなってくると、日中は外に出して近所をうろうろさせておいた。

ある夕方、家に帰ってくると、門のところに2匹とも尻尾から吊るされている。腹を割かれ、皮を剥がれ、血を流し、頭を切り落とされていた。塀にはアフリカーンス語で「ヘクス（魔女）」と書かれている。

どうやらカラードも、猫に関しては、黒人と同じであまり進歩的な考えではないようだった。僕はそれほど強いショックは受けなかった。愛着がわくほど長くはいっしょにいなかったんだと思う。そもそも名前すら思い出せない。それに、猫というのはたいてい、いけすかない。どんなにかわいがろうとしても、一向にペットらしいふるまいはしなかった。愛情を示してくれたこともなかったし、僕からの愛情にも知らん顔だった。猫たちがもっと努力していたら、大切なものを失った、と感じたかもしれない。だけど僕は、子供心に、切断された死骸を見ても、「ほら、言わんこっちゃない。もっといい子にしていたら、こんなことにはならなかったのに」って感じだった。

猫が殺されてからしばらくは、ペットを飼わなかったけど、少ししてから犬を飼った。犬はいい。知り合いの黒人家庭はみんな犬を飼っていた。どんな貧しい家にも犬がいた。白人は飼い犬を子供か家族の一員のように扱うけど、黒人の場合は用心棒的な扱いで、要するに貧乏人の警報装置なのだ。犬をどこかで買ってくると、庭で放し飼いにする。黒人はその犬の特徴で名づける。しま模様なら「タイガー」、獰猛なら「デンジャー」、ぶちがあれば「ブチ」だ。犬の特徴なんて限られているから、どの犬もたいてい同じような名前になる。名前の使い回しだ。

ソウェトのおばあちゃんちで犬を飼ったことはなかった。それがある日、かあさんの職場の人が子犬を2匹くれることになった。知らないあいだに生まれてしまったのだ。その人が飼っているマルプー（マルチーズとプードルのミックス犬のことだ）と、お隣が飼っているブルテリアのあいだにできた、ちょっと変わったミックス犬だった。かあさんは2匹とも引き取ることにした。子犬が家にやってきたとき、僕は世界一の幸せ者だと思った。

かあさんは子犬に「フフィ」と「パンサー」という名前をつけた。フフィの由来はわからない。パンサーは鼻がピンク色だったので、ピンクパンサーということになり、そのうちにただパンサーと呼ぶようになった。2匹は姉妹で、愛憎関係にあった。仲良しだったけど、けんかもしょっちゅうしていた。じゃれあうなんてもんじゃない。噛みついたり引っ掻いたりして、まさに血を見るけんかだ。奇妙で不気味な関係だった。

パンサーはかあさんの犬で、フフィが僕の犬だった。フフィはかわいかった。すらりとしたからだに、いつもうれしそうな顔をしていた。見た目は完全にブルテリアだけど、普通よりほっそりしていた。マルチーズの血が入っていたからだ。パンサーはもっと半々で、へんてこでみすぼらしい感じだった。だけどパンサーはお利口で、フフィはすごくおバカだった。少なくとも僕たちは、すごくおバカだとずっと思っていた。2匹を呼ぶと、パンサーはすぐやってくるのに、フフィはじっとしている。パンサーが走っていってフフィを連れてきて、ようやく2匹が揃う。実は、フフィは耳が聴こえなかったのだ。数年後にフフィが死んだのは、泥棒がうちへ忍び込もうとしたときのことだった。泥棒が門を押し倒し、それがフフィの背中に当たって背骨が折れてしまったのだ。獣医に連れていって診てもらったけど、安楽死させるしかなかった。フフィを診たあとで獣医がやってきて、そのときはじめて知らされた。

「変わった体験だったでしょうね、耳の聴こえない犬と暮らすのは」

「は？」

「耳が聴こえないのをご存じなかったんですか？」

「知りませんでした。バカな犬だとばかり」

そこではじめて腑に落ちた。いままでずっと、パンサーがフフィにすべきことを教えてあげていたのだ。耳の聴こえるお利口さんが、聴こえないおバカさんを助けてやっていたのだ。

フフィは僕の生涯の恋人だ。かわいいけどおバカな犬。僕が育てた犬。トイレのしつけも僕がした。ベッドもともにした。犬は子供にとってすごく大切なものだ。自転車だって大事だけど、犬には感情がある。

フフィはどんな芸当もできた。ジャンプの高さときたら半端じゃなかった。餌を持った手を頭の上高くにやると、やすやすと飛び上がってくわえる。あの頃ユーチューブがあったら、フフィはスターになっていたはずだ。

ちょっといたずらっ子なところもあった。日中は2匹とも庭に放し飼いにしていた。庭を囲んでいる塀は高さが少なくとも150センチはある。そのうちに、僕たちが家へ帰ってくる頃には、フフィが毎日、門の外でおすわりして待っているようになった。いつも不思議に思っていた。誰かが門を開けたのかな？　いったいどうなっているんだろう。フフィがあの高さの塀をよじ登れるなんて思いもよらなかったけど、実際そうだったのだ。毎朝、僕たちが出かけてしまうと、塀を飛び越えて、近所をうろついていたらしい。

ある日、その現場を押さえた。学校が休みで家にいたときのことだ。かあさんはもう仕事に出かけていて、僕は居間にいた。フフィは僕がいるのを知らなかった。車がないから出かけたと思ったに違いない。パンサーが庭で吠えているので外を見ると、なんと、フフィが塀をよじ登っているではないか。ジャンプしたあと、最後の数歩は駆け上がっていって、姿を消してしまった。

信じられなかった。急いで家を出ると自転車に飛び乗り、あとをつけた。どこへ行くのか確かめたかったのだ。ずいぶん遠くまで行く。通りをいくつも越えて、隣の別の地区へ向かっていった。やがて、ある家に近づいたかと思うと、その家の塀を飛び越えて、庭に入ってしまった。いったいなにをやってるんだ。僕は門のところまで行って、呼び鈴を鳴らした。カラードの男の子が出てきた。

「なんでしょうか」

「えっと、僕の犬がお宅の庭に入ってしまって」

「え？」

「犬です。ほら、そこに」

　フフィがやってきて、僕とその子のあいだで立ち止まる。

「フフィ、おいで！　帰るよ！」

　その子はフフィを見ると、変てこな別の名前で呼んだ。「ブチ」とかそんな、バカみたいな名前だ。

「ブチ、家の中に入ってろ」

「ちょっと、ちょっと、ブチ？　こいつはフフィだよ！」

「ちがうよ、僕のブチだ」

「ちがう、フフィだよ」

「ちがう、ブチだって」

「ブチのはずないだろ。ぶちなんてないのに。自分の言ってることがわかってるの？」

「こいつはブチだ！」

「フフィだ！」

「ブチ！」

「フフィ！」

　もちろん、フフィは耳が聴こえないから、「ブチ」にも「フフィ」にも反応しない。そこでじっとしているだけだ。僕はその子を罵りはじめた。

「僕の犬を返せ！」

「誰だか知らないけど、帰ったほうが君のためだぞ」

その子がそう言って家の中に入っていくと、今度は母親が出てきた。

「なんの御用？」

「そこにいるの、僕の犬です！」

「うちの犬ですよ。もう帰りなさい」

僕は泣き出してしまった。「どうして僕の犬を盗むんだよ!?」フフィにも泣きついた。「フフィ、どうしてこんなことするんだ!? どうして、フフィ？ どうしてなんだよぉ!?」フフィに呼びかけ、戻ってきてくれと懇願する。でも僕の切なる願いもフフィの耳には入らなかった。耳に入らないのは、ほかのことでも全部そうだったわけだけど。

自転車に飛び乗って家路を急ぐ。涙がぽろぽろと頬をつたう。フフィが大好きなのに。ほかの子といっしょにいるなんて。知らんぷりするなんて。僕が育ててやったのに。毎晩ずっといっしょだったのに。胸が張り裂けそうだった。

その日の夕方、フフィは戻ってこなかった。僕が取り返しにくることを恐れて、あの一家が家の中に閉じ込めてしまったに違いない。だから、いつものようにうちに戻って、門の外で待っていることができなかったのだ。かあさんが仕事から帰ってきたときも、僕はまだ泣いていた。フフィが誘拐されたことをかあさんに話し、ふたりでまたあの家へ行った。かあさんが呼び鈴を鳴らすと、母親が出てきた。

「いいですか、うちの犬なんですよ」

相手はかあさんにしゃあしゃあと嘘をついた。「おたくの犬じゃありませんよ。うちが買った犬なんですから」

らちがあかない。相手が一歩も譲らないので、証拠になるものを取りに、いったん家へ戻った。パンサーとフフィと僕たちがいっしょに写っている写真、獣医の証明書。そのあいだもずっと泣いてばかりいたので、かあさんの堪忍袋の緒が切れた。「いつまで泣いてるの！　ちゃんと取り戻すから！　落ち着きなさい！」

証拠になるものをかき集めると、またあの家へ向かった。証拠としてパンサーも連れていった。かあさんが写真や獣医の証明書を見せる。それでもまだフフィを渡そうとしない。警察を呼びます、とかあさんが脅すと、状況が一転して、相手が交渉モードになった。最終的にはかあさんがこう言った。「わかりました。１００ランドお支払いします」

「いいでしょう」

お金を渡すと、母親がフフィを連れて出てきた。フフィをブチと呼んでいたあの子は、自分のものと思っていた犬を、母親が売り渡す場面を目にする羽目になってしまった。今度はその子が泣きだした。「ブチ！　ひどいよ、おかあさん！　ブチを売るなんて！」その子のことなんて知ったこっちゃない。僕はフフィさえ取り戻せればそれでよかった。

フフィはパンサーを目にすると、すぐにこっちへやってきた。2匹の犬とともにその家をあとにして歩きはじめる。家までの帰り道、僕はまだ悲しくて、ずっと泣きじゃくっていた。かあさんは僕の泣き言に付き合ってなんかくれない。

「なにめそめそしているの!?」

「だって、フフィがほかの子になつくなんて」

「だからなんなの？　なんでそんなことで悲しまなくちゃいけないの？　なにも失っていないでしょ。フフィはちゃんとここにいて、いまもなついているじゃない。あんたの犬であることは変わらないでしょ。だからもう機嫌を直しなさい」

僕の心をはじめて傷つけたのがフフィだった。このときほど裏切られたと感じたことはない。この一件は僕にとって貴重な教訓だった。フフィは僕をだましてほかの子と仲良くしていたわけじゃない、と理解するまでが大変だった。フフィはフフィなりに精いっぱい生きていただけだ。フフィが昼間ひとりで出かけていたと知るまでは、ほかにも仲のいい子がいた事実は僕になんの影響も与えていなかった。フフィに悪気はなかったのだ。

僕の犬だと思っていたけど、もちろんそうじゃなかった。フフィも僕も、誰のものでもないのだ。僕たちは仲良しで、フフィはたまたまうちで暮らすことになった。それだけだ。この経験は、その後の人生における、親密な関係についての僕の考え方を形づくった。自分がどんなに大切に思っていても、相手は自分の所有物ではない、ということだ。幼いうちにこのことを学べたのはラッキーだった。大人になったいまでも、裏切られたという気持ちと格闘している友人は多い。僕のところへやってきて、怒ったり泣いたりしながら、浮気されていただの、嘘をつかれていただの、こと細かに語る。気の毒だとは思う。どんな気持ちかはよくわかる。そんなときはそいつの隣に座り、一杯おごって、こう切り出す。「なあ、フフィの話を聞かせてやろう」

24歳のある日、かあさんから出し抜けに言われた。「おとうさんを捜しなさい」

「今ごろになって、なんで?」オヤジにはもう10年以上会っていなかったし、もう会うことはないと思っていた。

「おとうさんはあんたの一部だから。おとうさんを見つけないと、自分自身を見失ってしまうことになるからよ」

「そんなことしなくたって、自分のことはちゃんとわかってるよ」

「自分のことをわかっているかどうかじゃない。おとうさんがあんたのことをちゃんとわかっていて、あんたもおとうさんのことをちゃんとわかっているかどうかが大切なの。父親のことをよく知らないまま大人になって、自分の父親がどういう人間か、父親とはどうあるべきか、間違ったイメージを抱えたままの男が多すぎるんだから。おとうさんを捜しだして、いまの自分を見てもらいなさい。これまでのブランクを埋める必要があるのよ」

8 父、ロバート

オヤジはまったく謎の人物だ。オヤジの人生について尋ねたいことは山ほどあるけど、いまだに質問すらできないでいる。

生まれ育ったのはどこ？　スイスのどこか。

大学は？　大学へ行ったかどうかも知らない。

なぜ南アフリカで暮らすようになった？　見当もつかない。

スイスの祖父母には一度も会ったことがない。名前もなにもかもまったく知らない。オヤジにお姉さんがひとりいるのは知っているけど、その人にも会ったことはない。知っているのは、オヤジがモントリオールやニューヨークでシェフとしてしばらく働いたあと、70年代後半に南アフリカへ移住してきたこと。給食サービスを提供する企業で働いて、その後、あちこちにバーやレストランを開いていたこと、それだけだ。

オヤジを「オヤジ」と呼んだことは一度もない。「パパ」とか「とうさん」と呼んだこともない。呼べなかった。呼んではいけない、と言われていたからだ。公共の場でもどこでも、僕たちの会話を偶然耳にした人に、僕が「とうさん」と言ったりするのを聞かれたら、事情を問いつめられたり、警察を呼んだりされるかもしれない。そんなわけで、記憶にあるかぎり、オヤジのことはいつも、ロバートと呼んでいた。

僕が生まれる前のオヤジの人生については、まったくなにも知らない。でも、かあさんの話や、オヤジといっしょに過ごした経験から、どういう人かという印象はもちろんある。いかにもスイス人らしく、潔癖症で几帳面でやたら細かい。ホテルに泊まって、チェックイン時以上に部屋をきれいにしてチェックアウトするのは、たぶんオヤジくらいだろう。人に世話されるのがいやで、メイドもおかない。全部自分であと片付けする。自分のスペースを大事にする。自分だけの世界で暮らし、したいことをする。

結婚したことがないのも知っている。相手を縛りたくて結婚する人が多い、とよく言っていたから、縛られるのがいやだったのだと思う。旅行好き、人を楽しませるのが好き、人を招くのが好きなのも知っている。でも同時に、自分のプライバシーをなによりも大事にしていた。どこに住もうと、電話帳には決して載せなかった。私生活をこれほど隠すような人じゃなかったら、僕の両親はいっしょにいるところを見つかって逮捕されていたに違いない。かあさんは自由奔放で衝動的、オヤジは控えめで理性的。かあさんが火なら、オヤジは氷。違う者同士がひかれあったのだ。僕はそんなふたりのミックスだ。

オヤジのことで確実に言えるのは、人種差別や同質性をなによりも毛嫌いしていることだ。正義感とか道徳心でそう思っていたわけじゃない。いったいどうすれば白人が南アフリカで人種差別をできるのか、単純に理解できなかったのだ。「そもそもアフリカには黒人がたくさん住んでいるんだ。黒人が嫌いなら、なんでわざわざアフリカくんだりまでやってくるのか？そんなに黒人がいやなら、なんで黒人が住んでいた家に移り住むのか？」

よくそう言っていた。バカげているとしか思えなかったのだ。

オヤジにとって人種差別は筋の通らないものだから、アパルトヘイトのどんなルールも守ろうとしなかった。80年代はじめ、僕がまだ生まれていない頃、オヤジは、人種に関係なく入れる店の先駆けとなったレストランを、ヨハネスブルグにオープンしていた。ステーキレストランだ。黒人白人どちらの客にもサービスを提供できるよう、特別免許を申請したのだ。特別免許というものが存在したのは、ホテルもレストランも、海外から訪れる黒人の旅行者や外交官には対応しなければならないからで、そうした黒人は理論上、南アフリカの黒人と同じ制約を受けずに済むからだった。南アフリカの黒人でも金持ちは、逆にこの抜け穴につけこんで、特別免許のあるホテルやレストランをよく利用していた。

レストランはたちまち大繁盛だった。黒人は、利用できる洒落た店がほとんどなかったから、そういうレストランに入って食事をするのがどんな感じか、確かめてみたくて来る。白人は、黒人と同じ店で食事するのがどんな感じか、確かめてみたくて来る。白人はテーブルに着くと、黒人が食事している様子をじっと眺め、黒人はテーブルに着くと、食事をしながら、自分を眺めている白人をじっと眺めていた。同じ場にいる物珍しさのほうが、互いに抱いている敵意より、はるかに大きかった。店はとてもいい雰囲気だった。

店を閉めたのは、近所の数人から一方的にクレームをつけられたからだ。嘆願書が提出され、行政はオヤジの店を営業停止に追い込む方法を探しはじめた。まず、検査官がやってきて、清潔かどうかなど衛生基準の違反行為で摘発しようとした。スイス人がどんなにきれい好きか知らなかったに違いない。これは大失敗に終わった。次は、適当なルールを新たに押し付けて、追いつめようとした。

「免許はお持ちですから、営業はつづけて結構です。ただし、すべての人種別にトイレを設置すること。白人用、黒人用、カラード用、それにインド人用のトイレを設置してください」

「そんなことしたら店中トイレだらけになってしまいます」

「まあそれがおいやでしたら、普通のレストランにして、客は白人だけにするんですな」

オヤジは店を閉めた。

アパルトヘイトが終わると、オヤジはヒルブロウからイェオビルという地区へ移った。かつては閑静な住宅地だったイェオビルは、活気あふれる人種のるつぼに様変わりしていた。黒人や白人のほか、さまざまな肌の色の人たちが住んでいた。ナイジェリアやガーナなど、アフリカ中から移民が押し寄せ、それに伴ってさまざまな食べ物や面白い音楽が入ってくる。ロッキーストリートが中心街で、その両側の歩道には、路上物売り、レストラン、バーがひしめいている。文化が炸裂している地区だった。

オヤジが住んでいたのは、ロッキーストリートから2ブロック離れたイェオストリートで、そのすぐ隣にすばらしい公園がある。僕はこの公園が大のお気に入りだった。あらゆる人種、さまざまな国の子供たちが駆け回って遊んでいたからだ。オヤジの住まいは簡素だった。きちんとしているけど、これといった特徴がない。生活や旅行をするのに十分なお金はあったみたいだけど、ものに惜しげなくお金を使う人ではなかった。とてもつつましい暮らしで、同じ車に20年でも乗りつづけるタイプだ。

オヤジとは定期的にいっしょに過ごしていた。毎週日曜の午後、僕がオヤジの家を訪れる。アパルトヘイトが終わっても、かあさんの決心は変わらなかった。結婚するつもりはなかったのだ。だから、僕たちとオヤジは別々の家に住んでいた。僕はかあさんとある取り決めをしていた。日曜日の午前中、人種混在の教会と白人の教会へ行ったら、黒人の教会はパスして、オヤジのところへ行ってもいいというものだ。悪魔払いの代わりに、オヤジの家でF1をいっしょに観るのだ。

誕生日はいつもオヤジといっしょに祝ったし、クリスマスもいっしょだった。オヤジと過ごすクリスマスが大好きだった。ヨーロッパ式だからだ。ヨーロッパのクリスマスは最高だ。オヤジは精一杯のことをしてくれた。クリスマスツリーに電飾、模造雪、暖炉に吊り下げた雪模様の手袋や長靴下、それに、サンタさんからのプレゼントの包みがたくさんあった。一方、アフリカのクリスマスといえば、はるかに実用性重視だ。教会へ行き、家に帰って、美味しい料理を食べる。ちゃんとした肉もあるし、デザートのカスタードゼリーもたっぷりある。でも、クリスマスツリーはない。プレゼントはあるけど、たいてい新しい服一式とかだった。おもちゃのこともあったけど、包装はされていなかったし、サンタさんからだったことは一度もない。アフリカでは、サンタクロースというものにはかなり抵抗がある。要するにプライドの問題なのだ。黒人の父親がわが子にプレゼントを買ってやるのに、感謝されるのは太っちょの白人だなんて、勘弁してくれ、の世界なのだ。だから、黒人の父親は身も蓋もなくこう言ってしまう。

「いいか、サンタさんじゃないぞ。買ったのはパパだからな」

誕生日や特別な行事以外でオヤジといっしょにいられたのは、日曜の午後だけだ。よく料理をつくってくれた。なにが食べたいと聞かれると、いつも決まって同じものを頼んだ。「ロスティ」というドイツ料理で、ジャガイモでできたパンケーキみたいなものに肉を添えて、ソースをかけたものだ。それを食べながらスプライトを飲み、デザートには、プラスチック容器に入った、カラメルがけのカスタードゼリーを食べるのがお決まりだった。

そんな日曜の午後も、たいていは黙ったまま過ごした。オヤジはあまり話をするタイプじゃない。優しく、愛情深く、心配りが細やかで、誕生日祝いのカードは欠かさずくれたし、訪ねていくときはいつだって、好物やおもちゃを必ず用意していてくれた。その一方で、まったくつかみどころのない人だった。つくってくれる料理の話や、いっしょに観ているF1の話もした。ごくたまに、ちょっとしたことを教えてくれることもあった。行ったことのある場所とか、ステーキレストランの話とか。でもそれだけだ。オヤジといっしょに過ごすのは、ウェブドラマシリーズを観るようなものだった。一度に楽しめるのは数分間の1エピソードだけ。次のエピソードは翌週までお預けなのだ。

僕が13歳のとき、オヤジがケープタウンへ引っ越すと、そこで連絡が途絶えてしまった。その前から途絶えがちにはなっていた。理由はいくつかある。まず、僕が思春期だった。しなければならないことがほかにたくさんあったのだ。ビデオゲームやパソコンのほうが、親と過ごす時間よりずっと重要だった。それに、かあさんはエイブルと結婚していた。前に関係のあった男性と、いまだに連絡をとりあっていることに、エイブルが激怒していたのだ。これ以上怒らせないほうがみんなのため、とかあさんは考えた。こうして、オヤジに会えるのが、毎週日曜日から隔週日曜日になり、そのうちに月1回になり、かつてヒルブロウで暮らしていたときのように、かあさんがこっそり僕を連れていけるときだけになった。アパルトヘイトからやっと抜け出したと思ったら、今度は、暴力をふるうアル中男に抑えつけられることになったわけだ。

この頃のイェオビルは、白人が出ていったり寄りつかなくなったりして、街全体がさびれかけていた。オヤジの友人だったドイツ人のほとんどがケープタウンへ引っ越していった。僕に会えないのに、ここに残っている理由もないから、オヤジも出ていった。引っ越していったことはショックでもなんでもなかった。音信不通になってもう二度と会えないかもしれない、とは思わなかったからだ。僕の中ではただ、——オヤジがケープタウンへ引っ越すらしい。ま、どうでもいいけど——って感じだった。

それで、結局そのままになってしまっていた。自分のことでずっと忙しかったのだ。高校もなんとか卒業し、20代のはじめもなんとか過ごし、コメディアンとして独り立ちしつつあった。仕事が急に入りだし、ラジオＤＪもやったし、テレビで子供向けの冒険物リアリティー番組の司会もやった。国内各地のクラブでコメディーショーのメインアクトもつとめていた。そうやって自分の人生がどんどん前に進んでいたときでも、オヤジのことはいつも頭の片隅にあり、たまに疑問がふつふつと沸き起こってくるのだった。「今どこにいるんだろう。僕のことを考えてくれているかな。なにをしているか知っているかな。誇りに思ってくれているかな」親が不在だと、実際のところ親がなにを考えているかはわからないから、そのわからない部分を埋めようとして、ついネガティブな考えが浮かびがちだ。「どうせなんとも思ってないんだ」「自分本位な親なんだ」唯一救いだったのは、かあさんがオヤジの悪口を決して言わないことだった。いつもほめていた。「お金の扱い方がうまいね。おとうさんに似たんだね」「笑顔がおとうさんそっくり」「こぎれいにしているね。おとうさんみたいだよ」だから、苦々しく思ったことは一度もない。オヤジがいないのは事情があるからで、愛情がないからじゃない、とかあさんから何度も念押しされていた。しょっちゅう聞かされたのは、出産後に病院から戻ってきたときに、オヤジが言ったことばだ。「息子は？　私にも大切な存在だ」と言ったそうだ。かあさんはよく言っていた。「決して忘れないで。おとうさんはあんたのいる人生を選んだんだから」結局、僕が24歳になったとき、オヤジの居場所を捜すことになったのも、かあさんの言葉があったからだった。

私生活をほとんど語らないオヤジの居場所を見つけるのは、至難の技だった。住所もわからない。電話帳にも載っていない。昔のつてもたどってみた。ヨハネスブルグ在住のドイツ系のある女性が、オヤジの友人のひとりと昔付き合っていたことがあり、その友人のさらに知人が、オヤジが最後に住んでいた場所を知っているという。たどってみたけど結局、なにもわからずじまいだった。そのうちにかあさんが、スイス大使館に問い合わせてみたら、と言い出した。「大使館なら居場所を知っているはず。連絡をとらなきゃいけないはずだから」

僕はスイス大使館宛てに、オヤジの居場所を尋ねる手紙を書いた。でも、僕の出生証明書にオヤジの名前は記載されていないから、その人物が父親であることを証明するものはなにもない。大使館からの返事の手紙には、素性のわからない僕に知らせるわけにはいかない、と書かれていた。電話もしてみたけど、同じような答えだった。「いいですか、こちらでは対応しかねるんです。ここはスイス大使館ですよ。スイス人のことをご存じありませんか？　口のかたさは国民性みたいなものです。まあ、そういうことで。おあいにくさまですが」それでもしつこく食い下がっていると、とうとうこう言ってもらえた。「わかりました。お手紙はこちらで預かっておきます。そういう人物がいれば、転送しておきます。いない場合は、こちらではどうしようもありません。まあどうなるかやってみましょう」

数カ月後、1通の手紙が郵便受けに入っていた。「久しぶりだな。元気でやっているか？　愛しているよ。父」ケープタウンの住所も書いてある。キャンプスベイという地区だ。数カ月後、僕はそこを訪ねた。

その日のことは一生忘れない。あんな奇妙な日は、それまでの人生でもそうなかったと思う。これから会いに行くのは知っている人なのに、実はぜんぜん知らないのだ。オヤジとの思い出が蘇ってきそうで蘇ってこない。どんな話し方で、どんな笑い方で、どんな物腰だったか、必死で思い出そうとしていた。住所のある通りに車を停めて、番地を探しはじめる。キャンプスベイにはセミリタイアした年配の白人がうじゃうじゃいる。歩いていると、年配の白人男性が次から次へとこちらに向かって歩いてくる、と思うと、通り過ぎていく。オヤジは当時70歳になろうという頃だったし、どんな顔だったか忘れてしまっているかもしれない。心配になった僕は、通り過ぎていく年配の白人男性の顔をひとりひとりのぞき込んだ。――ひょっとして、オヤジ？――って感じで。リタイアした人ばかりの海辺の町で、年配の白人男性の波間を縫うように進んでいったわけだ。教えてもらっていた番地にようやくたどり着く。ベルを鳴らす。

ドアが開いた瞬間、オヤジだとわかった。――やあ！ オヤジじゃないか。そうだ、もちろんだ。この人だ。ちゃんと覚えている――。

そのあとは、最後に会ったときとまったく同じだった。つまり、オヤジの対応のしかたが、僕が13歳だったときとまったく変わらないのだ。いつも同じ行動をとるタイプなのか、オヤジはすぐに当時に返った。「そうそう！ で、どこまで話したんだっけ？ さあ、おまえの好物ばかりだよ。ポテトロスティにスプライト、カラメルがけのカスタードゼリー」幸い、僕の好みは13歳の頃からあまり変わっていなかったから、すぐにがっつりいただいた。

僕が食べているあいだ、オヤジが席を立って、特大の写真アルバムのようなものを手に取ってきた。それを持ってきてまたテーブルにつく。「ずっと注目しているよ」と言いながら、それを開いた。スクラップブックだ。僕のそれまでの活動の様子がすべて貼ってある。僕の名前が出ている新聞記事や雑誌の特集記事から、クラブの出演者リストといったごく小さなものにいたるまで、駆け出し時代から、そのときまでのものがずっと、全部集められていた。オヤジはそうした記事をひとつひとつ僕に見せ、記事の見出しを眺めながら、満面の笑みを浮かべている。「トレバー・ノア、今週土曜日ブルースルームに出演」「トレバー・ノア、テレビの新番組の司会者に」

突然、いろんな思いがとめどなくこみあげてくる。泣き出しそうになるのをこらえるだけで精一杯だった。この10年のブランクが一瞬で埋まったような、最後に会ってから1日しかたっていないような、そんな感じだ。長年ずっといろんな疑問を抱えていた。僕のことを考えてくれているだろうか。なにをしているか知っているだろうか。誇りに思ってくれているだろうか。オヤジはずっと僕に寄り添ってくれていた。ずっと誇りに思ってくれていた。事情があって離れ離れにはなったけど、ずっと父親でいてくれていたのだ。

その日、少しだけ成長してオヤジと別れた。会えて、息子と認めてくれていることが再確認できた。オヤジは僕が存在する人生を選んだのだ。だから手紙にも返事をしてくれた。僕は望まれて生まれてきた子だった。存在を認めてもらっている、これ以上のプレゼントがあるだろうか。

また連絡がとれるようになると、失われたすべての歳月を取り戻したい、という強い思いを抑えられなくなった。それにはインタビューするのが一番だと思っていた。でも、それは間違いだったとすぐに気づくことになる。インタビューは、正確な情報や詳しい話を聞くものだけど、僕はそうしたものを求めていたわけじゃない。求めていたのは、親密な関係だ。インタビューしたって、親密な関係にはなれない。人間関係が築かれるのは、黙っているときだ。いっしょに過ごす、よく観察する、ふれあう、そうやって少しずつ相手のことを知るようになる。そういう時間を、アパルトヘイトは僕たちから奪った。失われた時間はインタビューなんかでは取り戻せない。でも当時の僕は、なにかせずにはいられなかった。

そこで、オヤジと2、3日いっしょに過ごしてみることにした。今度の週末は絶対にオヤジのことをいろいろ知ってやる、という使命感に駆られて。オヤジの家に着くなり、質問攻めだ。「生まれたのはどこ？　学校は？　それはなぜ？　それはどうして？」オヤジは目に見えてイライラしだした。

「なんだこれは。なぜ尋問されなくちゃならんのだ。いったいどういうことだ」

「いろいろ知りたいんだ」

「おまえはいつもこんなふうにして相手のことを知るのか？　尋問して？」

「いや、そういうわけじゃないけど」

「じゃあ、どんなふうにしている？」

「うーん、いっしょに過ごしたりして、かな」

「よし。だったらいっしょに過ごせばいいじゃないか。そのうちにわかってくるだろう」

そんなわけで、その週末をいっしょに過ごした。夕食を食べながら政治の話をし、F1を観ながらスポーツの話をする。庭に出て、なつかしいエルビス・プレスリーのレコードを聴きながら、ただ黙って座っている。このあいだずっと、オヤジは自分のことをひと言も話してくれなかった。帰る前に僕が荷物をまとめていると、オヤジがやってきて腰を下ろした。

「で、今回いっしょに過ごしてみて、なにかわかったことがあったかな？」

「なんにも。わかったのは、超無口ってことだけ」

「ほらな。もうわかってきたじゃないか」

第2部

オランダ人が植民地を求めてアフリカ南端に上陸した300年以上前、そこで出会ったのが、コイサン語族だった。コイサン語族は、南アフリカ版ネイティブアメリカンだ。この失われた部族は、ブッシュマンとも呼ばれる遊牧民や狩猟採集民で、肌の色がもっと濃い、バントゥー語系諸族とはまったく異なる。バントゥー語系諸族は、のちに南下して、いまの南アフリカの諸部族である、ズールー、コサ、ソトになった。白人入植者がケープタウンやその周辺を開拓していく過程で、コイサン語族の女性にしたい放題した結果、南アフリカで最初の混血児が生まれるようになった。

まもなく、こうした植民地の農場の労働力として、西アフリカ、マダガスカル、東インド諸島といったオランダ海上帝国の各地から、奴隷が連れてこられるようになった。こうした奴隷がコイサン語族と結婚したり、白人入植者も相変わらず手を出して好き勝手したりしたために、コイサン語族は南アフリカからほとんど姿を消してしまった。病気、飢饉、戦争で命を落とした人がほとんどで、かろうじて生き残った人たちも、白人と奴隷のあいだに生まれた混血児の子孫と混ざりあうことで部族の特徴がなくなり、まったく新たな人種になっていったのだ。それが、カラードだ。カラードはハイブリッド、つまりまったくの混血人種なのだ。肌の色も、薄い人から濃い人までいろいろだし、顔立ちも、アジア人ぽい人や、白人ぽい人、黒人ぽい人など、さまざまだ。カラード同士の夫婦の子が、どちらにもぜんぜん似ていない、なんてこともよくある。

カラードの人々は、立ち返るべきはっきりとした伝統や文化がないという呪縛に苦しめられている。先祖をたどっていくと、どこかで、白人、先住民、それに複雑に絡みあった「その他人種」に分かれる。母方の先住民はもういないから、一番強いつながりはどうしたって、父方である白人、つまりアフリカーナーになる。アフリカの言語を話せるカラードはあまりいない。アフリカーンス語を話す。宗教も社会的慣習も、文化を形成するものはすべて、アフリカーナーからきている。

その意味で、南アフリカのカラードの歴史は、南アフリカの黒人の歴史よりもっとひどい。黒人は、どんなに苦しんできたとはいえ、自分が何者かがわかっている。カラードは、それさえわからないのだ。

9 桑の木

エデンパークのうちの前の通りを突き当たった曲がり角に、とても大きな桑の木が生い茂っていた。どこかの庭から伸びてきたのだ。毎年、実がなる頃になると、近所の子供たちがやってきて実をとり、お腹いっぱい食べたり、袋に詰めて家に持ち帰ったりしていた。みんなはその桑の木の下でいっしょに遊んでいたけど、僕はひとりで遊ばなくちゃいけなかった。エデンパークには友達がひとりもいなかったのだ。

僕はどこに住んでいても異質だった。白人居住区ヒルブロウに住んでいたとき、僕のような見た目の人は誰もいなかった。黒人居住区ソウェトに住んでいたときも、僕みたいなのはいなかった。エデンパークはカラード居住区だ。ここではみんな僕みたいな外見だったけど、これ以上ないほど違っていた。このときほど、ひどく混乱したことはない。

子供の頃、カラードの子から強い敵意を向けられるのが、本当につらかった。そこから学んだのは、よそ者なのにこっちのことに通じている、と思われるのは、こっち側のくせによそ者と通じている、と思われることと比べて、ずっと気が楽だということだ。白人がヒップホップ文化に夢中になり、黒人とばかりつるんでいたら、黒人からこう言われる。「悪くないぜ、白人さんよ。好きなようにやればいい」黒人が黒人らしさをなるべく出さないようにして白人の世界で暮らし、ゴルフばかりしていたら、白人からこう言われる。「いいね。ブライアンのことは気に入った。あいつなら問題ない」だけど、黒人がタウンシップに住んでいながら、白人文化にどっぷり浸っていたらどうなる？　白人が白人居住区に住んでいながら、黒人文化の象徴を取り入れていたら？　どうしてこんなに、と思うほど嫌われ、からかわれ、つまはじきにされてしまうはずだ。人は、自分たちの世界に溶け込もうと努力しているよそ者は受け入れようとする。でも、同じ仲間でありながら知らん顔しようとするやつは、絶対に許そうとしない。エデンパークで僕が体験したのは、まさにそれだった。

アパルトヘイトが導入されたとき、カラードは安易に分類されることに反対した。そこで政府はカラードを（実に見事に）利用して、混乱・憎悪・不信感といった種をまいた。カラードはほぼ白人ということにしたのだ。白人と同じ権利は認められないけど、黒人にはない特権が与えられた二級国民として、上を目指してがんばるよう仕向けられた。カラードのことをアフリカーナーは「アンパルバス（ほとんどボス）」と呼んでいた。もうちょっとで支配者側になれる、という意味だ。「もうちょっとだ。目の前まで来ているぞ。あとほんの少しで白人になれる。じいさんが黒人《チョコレート》に手を出しちまったのが残念だったな。でもおまえがカラードなのはおまえのせいじゃないんだから、引きつづきがんばれ。一生懸命にやれば、おまえたちの血筋からその汚点を消せるんだ。結婚するときは、なるべく肌の色が薄くて白に近い相手を選ぶようにして、黒人《チョコレート》には手を出さないようにしていれば、もしかしたら、場合によってはいつの日にか、運が良ければ、白人になれるかもしれないぞ」

ばかばかしいと思うだろうけど、実際にそういうことがあったのだ。アパルトヘイト時代には、白人に昇格できたカラードが毎年何人かいた。作り話じゃなく、本当の話。政府に申請できたのだ。髪の縮れがなくなり、肌の色も薄くなり、なまりもなくなれば、ひょっとしたら白人に分類し直してもらえるかもしれない。あとは、仲間も自分の生い立ちも否定して、肌の色が濃い友人や家族と袂を分かつだけだ。

アパルトヘイトにおける白人の法律上の定義は、「見た目に明らかに白人であり、一般的にカラードとは見なされない人。あるいは、見た目は白人ぽくなくても、一般的に白人と見なされている人」というものだ。つまり、まったく気まぐれなものだった。だから鉛筆テストなんてものを思いつくのだ。白人申請をすると、髪の毛の中に鉛筆を差し込まれる。鉛筆がすっと落ちれば白人、そのままだったらカラード、というわけだ。自分が何者かは、政府が決めることだった。たったひとりの職員が顔を見て即決、なんてこともあった。頬骨の高さや鼻の広がり具合など、職員にとってわかりやすい特徴にチェックしていく。その結果いかんで、住んでもいい場所、結婚してもいい相手、認められている職業、権利、特権などが自動的に決まるのだ。

しかも、カラードは白人に昇格するだけじゃなく、インド人になる場合もあった。インド人がカラードになることもあったし、黒人がカラードに昇格したり、カラードが黒人に降格させられたりすることもあった。もちろん、白人がカラードに降格される場合もあった。ここがミソだ。混血の特徴が、いつ表に現れてくるかわからないため、いまは白人とされている人も、そのステータスを失うのが怖くて、おとなしくしていた。両親とも白人であっても、その子の肌の色が濃すぎる、と政府が判断したら、両親が白人である証明書類を提出したところで、その子はカラードに分類される場合もあった。そうなったら、夫婦は決断を迫られることになる。白人のステータスを捨てて、カラード居住区でカラードとして暮らすのか。それとも、離婚して、母親が子供といっしょにカラード居住区に住み、父親は白人のままで生活費を稼いで妻子を養うのか。

こうしたどっちつかずの、本当にひどい状態で暮らしていたカラードが大勢いたのだ。自分たちを見捨てた白人の先祖に常に心ひかれていたカラードは、互いにひどい人種差別をおこないがちだった。カラードが相手をけなすときによく使ったのが、ブッシュマンを意味する「ブスマン」という言葉だ。黒人の血が流れている原始的なやつ、と言っていることになるからだ。カラードにとって一番の侮辱は、なんらかの点で黒人だとほのめかされることだ。足を引っ張っているのは黒人だ、とカラードに吹き込んだのも、アパルトヘイトの悪質さの最たるものだ。カラードが一級国民になれない理由はただひとつ、黒人までが自分はカラードだと偽り、白人と同じような恩恵にあずかろうとする恐れがある、と政府が公言していたのだ。

これがアパルトヘイトのやり口だった。どの人種グループにも、自分たちが白人になれないのはほかの人種グループのせい、と思い込ませたのだ。クラブの入口で用心棒からこう言われるようなものだ。「入場はお断り。ヘンテコな靴を履いたダレンを連れているから」そこであなたはダレンに毒づく。「ちくしょう、黒人ダレン。おまえのせいで俺まで入れてもらえないじゃないか」ダレンが入口に近づいていくと、用心棒はこう言う。「いや本当は、君があの変なヘアスタイルのシズウェといっしょだからだよ」今度はダレンが言う。「くたばれ、シズウェ」こうして、みんな互いを嫌いになる。でも本当は、誰もそのクラブに入ったことがないのだ。

カラードの人たちは本当に大変な目に遭った。考えてもみてほしい。自分たちの血は汚れている、とずっと洗脳されてきたのだ。ひたすらずっと、白人に溶け込もう、白人になろうと努力してきた。それが、あともう少しでゴールと思っていた矢先、ネルソン・マンデラとかいうやつがやってきて、この国を完全にひっくり返してしまう。それまでゴールラインだと思っていたところがまたスタートラインになり、今度は黒人がすべての基準になる。黒人が管理する。黒人はすばらしい。黒人は影響力がある。それまで数百年間、カラードは「黒人はサルと同じ」と教えられてきたのだ。黒人はサルみたいに木にぶら下がるんじゃありません。白人のように背筋を伸ばして歩きなさい。それがある日突然、映画『猿の惑星』よろしく、サルが支配するようになったのだ。

そんなわけで、僕がいかに異様な立場にあったか、わかってもらえると思う。僕は混血だけど、カラードじゃなかった。肌の色はカラードでも、育った文化がそうじゃない。だから、カラードであることを受け入れたがらないカラード、と思われていたのだ。

エデンパークに住んでいたカラードの、僕に対する態度は、ふたとおりに分かれた。一方からは、黒人ぽいという理由で嫌われていた。僕は縮れ毛で、自分のアフロヘアが自慢だった。アフリカの言語もいくつか話せたし、好んで使っていた。コサ語やズールー語を話していると、「ワットイズジイ、ブスマン？（なんだよ、おまえ、ブッシュマンか？）」とよく言われた。なんで黒人のまねをするんだ。なんでそんな吸着音のことばを話すんだ。色の浅い肌をしているくせに。もうちょっとで白人になれるのに、それをむだにするなんて。

もう一方からは、白人ぽいという理由で嫌われていた。僕自身は黒人のつもりだったけど、父親が白人だったし、英国系私学に通い、教会の白人とも仲良くしていた。英語はちゃんと話せるけど、カラードなら話せるはずのアフリカーンス語はかろうじて話せる程度だった。そういうわけで、自分のほうが格上だと思いやがって、と思われていた。話し方が気取っていると言ってよくからかわれた。「ディンクジイ、ジイイズ　グレンド？（上流階級気取りか？）」お高くとまりやがって、というのだ。

やっと仲良くなれたと思ったこともあったけど、実際はそうじゃなかった。ある年の夏休みに、新品の自転車を買ってもらったことがある。従兄のソルンギシとかわりばんこに乗り、近所を走り回っていた。うちの前の道を走っていると、カラードのかわいらしい女の子が出てきて呼び止められた。にこにこして手を振っている。

「ねえ、わたしにも乗らせてくれる?」

たまげた。——わお、すごいぞ、友達ができた——。

「うん、もちろん」

僕が降りてその子が乗り、10メートルほど走っていった。すると、どこからか年上の男の子が走り出てきた。女の子が止まり、自転車を降りると、今度はその男の子が乗って走り去った。女の子に話しかけられて有頂天になっていた僕は、自転車を盗られてしまったとは思わなかった。るんるんで家に帰った。にこにこしてスキップまでして。「自転車は?」とソルンギシに訊かれて、いまあったことを話した。

「おまえ、盗まれたのに、なんで追いかけなかったんだ」

「仲良くしてくれたんだと、友達ができたんだと思って」

ソルンギシはいつも僕を守ってくれる。ソルンギシが走っていってさっきの子たちを見つけ出し、30分後にはもう自転車を取り返してきてくれた。

こういうことがたくさんあった。しょっちゅういじめられていたのだ。なかでも、あの桑の木の一件は、たぶん一番ひどかったと思う。ある日の夕方、いつものように近所を走り回ったりしてひとりで遊んでいた。カラードの少年が5、6人、うちの通りの突き当たりで、あの桑の木の実をとって食べていた。僕もそっちへ行き、家に持って帰って食べようと思い、実をとりはじめた。少年たちは少し年上で、12〜13歳くらいだ。話しかけてこなかったし、僕からも話しかけなかった。仲間同士ではアフリカーンス語を話していて、その内容は僕にもわかった。そのうちに、グループのリーダー格の少年がこっちへ近づいてきた。「マグエクユオ　モーベイ　シン（おまえがとった桑の実を見せて）」と言われてまず思ったのは、またしても、――わお、すごいぞ、友達ができた――だ。手を差し出して見せる。すると相手は、僕の手から桑の実を地面へ叩き落としてぐちゃぐちゃにしてしまった。ほかの少年たちがどっと笑う。僕はしばらくそこに突っ立ったまま相手をじっと見た。その頃にはもう動じなくなっていた。いじめられることに慣れっこになっていたのだ。受け流して、また実をとりはじめる。

明らかに期待はずれの反応に、少年は罵りだした。「フォクウェグ、ユオ、オノセレ　ブスマン！（とっととうせろ、あっちへ行け、間抜けなブッシュマン！）」僕は知らん顔して黙々と実をとっていた。すると、「ピシャッ！」となにかが後頭部に当たった。桑の実を投げつけられたのだ。痛みはなかった。ただびっくりした。振り向いて少年を見た瞬間、「ピシャッ！」と、また投げつけられ、今度はもろに顔に当たった。

そのあと僕が反応する間もないくらいすぐに、みんなが一斉に投げつけてきた。桑の実が猛烈に降り注ぐ。なかには熟していない実もあって、石つぶてのように痛い。両手で顔を覆うようにしても、とにかく全方位からの集中攻撃だ。あざ笑いながら実を投げつけては罵ってきた。「やーい、ブッシュマン!」恐ろしかった。突然のことすぎて、どうしたらいいかわからない。涙がでてきたから、とにかく走った。全速力で走って家に帰った。

家に駆け込んだときの僕は、こてんぱんに叩きのめされたような姿をしていた。大泣きしているうえに、体中が桑の実の汁で赤紫色になっていたからだ。かあさんは僕の姿を見てぎょっとした。

「いったいどうしたの?」

泣きじゃくりながら一部始終を話す。「あの子たち……桑の木……実を投げつけてきて……」ようやく話し終えると、かあさんが吹き出した。「笑いごとじゃないよ!」

「そうじゃないのよ。おかしくて笑ったんじゃないの。ほっとしたから笑ったのよ。ボコボコにされたのかと思って。血だらけだと思ったから。笑ったのは、桑の実の汁だとわかったからよ」

かあさんはなんでも面白がれる人だった。かあさんの手にかかると、どんなに重苦しいことや堪え難いことでも、ユーモアで立ち向かえるのだ。「物事の明るい面を見なくちゃ」と言って、体の半分近くが果汁まみれで黒っぽくなった僕を指差しながら笑った。「これで本物の、半分黒人、半分白人ね」

「笑いごとなんかじゃないってば！」

「大丈夫よ。さあ、洗い流していらっしゃい。無事だったのよ。心は傷ついていても、体までは傷ついてないでしょ」

それから半時間ほどして、エイブルが現れた。このときはまだ、かあさんとは付き合っている仲だった。エイブルは僕に対して、父親づらも、継父づらも、していなかった。兄貴みたいな感じだ。よく冗談を言ってふざけていた。エイブルのことはあまりよく知らなかったけど、怒りっぽいということだけは知っていた。機嫌のいいときはすごく愛想がいいし、最高に面白いのに、どうしようもなくたちが悪くなるときがある。エイブルはホームランドで育った。けんかしなければ生き残れないようなところだった。身長が１９０センチほどあるのっぽで、引き締まった体をしていた。かあさんもまだ殴られてはいなかったし、僕もまだ殴られてはいなかったけど、危険人物だと僕にはわかっていた。その兆候を何度も目撃していたからだ。渋滞中に誰かが割り込もうとすると、エイブルはよく窓から怒鳴り声をあげていた。相手がクラクションを鳴らして怒鳴り返そうものなら、一瞬にして車を降りて相手の車に向かっていき、窓越しにつかみかかり、面と向かって怒鳴りつけたり、拳をふりあげたりするのだ。相手がおろおろしている様子が見えた。「ちょっ、ちょっと待ってくださいよ。すみません、すみませんでした」

その晩、家に現れたエイブルはソファに座ると、僕がさっきまで泣いていたことに気づいた。

「どうしたんだ?」

説明しようとすると、かあさんが「話さなくていいから」と割って入る。言えばどういうことになるか、かあさんにはわかっていたのだ。僕よりずっとよくわかっていた。

「なにを話さなくていいんだ?」とエイブル。

「なんでもないの」とかあさん。

「なんでもなくないよ」と僕。

かあさんが僕をにらみつける。「いいから、言わなくても」

エイブルがイライラしだした。「なんだ? なにを言わなくていいんだ?」

エイブルは酒を飲んでいた。仕事から帰ってくるときに素面だったためしがない。酒を飲むと必ず、ますますかっとしやすくなる。なぜだかわからないけど、このとき僕は、うまく話をすればエイブルがあいだに入ってなんとかしてくれるはず、と考えていた。家族同然だったから、家族がバカにされたと思わせれば、あの少年たちへの仕返しを手伝ってくれると思った。エイブルの中には悪魔がいるのはわかっていた。そのことがすごく嫌だった。切れるとものすごく凶暴になるエイブルが怖かったのだ。でもこのときの僕は、どう言えばその悪魔を自分の味方につけられるかを、ちゃんと心得ていた。

僕はエイブルに顛末を話した。どんな悪口を言われ、どんなふうにいじめられたか。かあさんはずっと笑い飛ばしたり、もう忘れなさい、しょせん子供なんだから、たいしたことじゃないでしょ、と言い聞かせたりしていた。事態をなんとか丸く収めようとしてくれていたのに、僕にはそれがわからず、腹を立てていた。「かあさんは単なるいたずらだと思ってるけど、これは笑いごとじゃない！　笑いごとなんかじゃないよ！」

エイブルは笑ったりしなかった。僕がいじめっ子たちにされたことを聞きながら、エイブルの中で怒りが膨らんでいくのがわかる。どなったりわめいたり、拳を握りしめたりもしなかったけど、怒っているのはわかった。ソファに座ったまま、僕の話をじっと聞いていて、一言も口をはさまない。そのあと、とても落ち着いた様子でゆっくりと立ち上がると、口をはさまない。

「そいつらのところへ連れていってくれ」

——よし、そうこなくっちゃ。兄貴が仕返ししてくれる——。

ふたりで車に乗り込んで、あの桑の木の数軒手前で車を停める。あたりはもう暗くなっていて、街灯だけが頼りだったけど、少年たちはまだ、桑の木の下で遊んでいた。僕はリーダー格の少年を指差した。「あいつだ。あいつがリーダーだ」エイブルは車を急発進させると、芝生の上に乗り上げて、そのまま桑の木の下まで突き進んでいった。エイブルが車からさっと降り、僕もさっと降りる。僕の姿を見るなり、少年たちは事態をしっかり把握したようだ。散り散りになって必死で逃げていく。

エイブルは素早かった。ものすごい速さだった。リーダー格の少年は、勢いをつけて塀をよじ登ろうとしていた。そこをエイブルがつかまえ、引っ張り、引きずりおろす。それから桑の木から枝を1本折ると、それで少年を打ちつけだした。こてんぱんに打ちつけられているのを見て、いい気味だと思った。あのときほど胸がすいたことはない。仕返しは実に甘美だ。邪悪な世界に足を踏み入れることになるけど、それでもやっぱり、気がせいせいする。

しばらくして、そんな思いがさっと切り替わる、なんとも奇妙な瞬間があった。震え上がっている少年の顔がちらっと見えたとき、エイブルがしていることは、僕の仕返しをとっくに通り越していると気づいたのだ。少年を懲らしめるためじゃなかった。ひたすら打ちつけていた。大の大人が12歳そこそこの少年に向けて、怒りを爆発させていたのだ。僕の思いは——よし、これで仕返しができた——、から一瞬にして、——やばい、やばい。完全にやりすぎだ。あぁ、なんてこった。これはまずすぎる。神様、僕は大変なことをしてしまったのでしょうか——に変わってしまった。

さんざん打ちつけてしまうと、エイブルは少年を引きずって車のほうへやってきて、僕の目の前に立たせた。「あやまれ」少年はべそをかき、震えながら僕の目をじっと見ている。恐怖の目の色だった。あんな目は見たことなかった。知らない人から、たぶんそれまで経験したことがないような叩かれ方をしたのだ。少年はあやまったけど、僕にしたことをあやまっている感じじゃなかった。それまでにしてきた悪いこと一切を悔いているようなあやまり方だった。無理もない。こんなに罰せられることがあるなんて思いもよらなかったのだから。

少年の目をじっと見ながら、僕たちは似た者同士だと思った。相手も僕もまだ子供だった。

相手も僕も泣いていた。相手は南アフリカのカラードだ。憎しみを抱くこと、自己嫌悪することを教え込まれている。誰かにいじめられたから、僕をいじめずにはいられなかったのだろう。怖い思いをさせられた僕もまた、その仕返しに、こちらの悪魔をけしかけてしまった。でも、とんでもないことをしてしまったという自覚はあった。

少年があやまると、エイブルは押しやってから蹴飛ばした。「行け」と言われて少年が走り去ると、僕たちも黙ったまま家へ戻った。家ではエイブルとかあさんが大げんかになった。かあさんはふだんから、エイブルのかっとしやすい性格についていろいろと文句を言っていた。「よその子を叩いて回るなんて！　自分が警察のつもり？　すぐかっとなるんだから。やってられないわ！」

数時間後、少年の父親が車に乗ってやってきた。エイブルと差しで話をしにきたのだ。エイブルが門まで出ていくのを僕は家の中から見守っていた。その頃にはエイブルは完全に酔っ払っていた。相手の男性は、これからどんな事態に巻き込まれることになるのか、知る由もない。温和な感じの中年の人だったと思う。あまりよく覚えていないのは、注意をずっとエイブルに向けていたからだ。決して目を離さなかった。酔っ払ったエイブルがどれほど危険かわかっていたのだ。

このときは、まだ銃は持っていなかった。銃を買ったのはずっとあとのことだ。でも銃なんかなくたって、相手を思いっきりビビらせることができた。エイブルが男性を非難している様子を僕はじっと見ていた。相手の言っていることは聞き取れなかったけど、エイブルの声は聞こえていた。「俺を怒らせるな。殺すぞ」このひとことで、男性はさっと向きを変えると車に乗り込み、走り去っていった。家族の名誉を守るためにやってきたはずだったけど、とにかく一命をとりとめてほっとしたに違いない。

子供の頃、かあさんは僕に、女性についていろいろ教えようとした。教訓とか、ちょっとした話とか、アドバイスなんかをいつも聞かされていた。といっても、男女関係についてじっくりまじめな話をしてくれたわけじゃない。どちらかと言うと、そこへいたるまでのちょっとしたこと。どうしてそんな話を聞かされるのか、さっぱりわからなかった。まだ子供だったのだから。身近な女性といえば、かあさん、おばあちゃん、伯母さん、従妹だけだ。恋愛なんてぜんぜん興味なかったのに、かあさんはやたらこだわっていた。その手のあらゆる話を突然しだす。

「トレバー、男は稼ぎじゃないのよ。妻より稼ぎが少なくたって、一家の大黒柱でいられるんだから。男はなにを手にしているかじゃなく、どういう人間かが大切なの。妻が自分より下でなくちゃ男じゃない、なんてことはないのよ」

「トレバー、運命の女性を必ず見つけるのよ。妻と母親を競わせるような男になっちゃダメ。妻がいるのにいつまでも母親に甘えているのはよくないの」

ほんのちょっとしたことでも、かあさんは話のきっかけにした。僕が自分の部屋へ行くときに下を向いたままで「じゃあね」なんて言うと、よく叱られた。「待ちなさい！ちゃんと目を見て言わなくちゃ。相手の目をしっかり見て、存在を認めて挨拶するの。

母親に対する態度が、将来、妻に対する態度になるんですからね。女性はちゃんと認めてもらいたいものなの。さあ、わたしがここにいることを認めて、ちゃんと見ていることを態度で示しなさい。用があるときしか見ないようじゃダメよ」

こういうちょっとした話は、大人の男女関係に関するものばかりだった。まったくおかしな話だ。かあさんは、大人の男がどうあるべきかを教えることで頭がいっぱいで、男の子がどうあるべきかは教えてくれたことがなかった。女の子に話しかけたり、授業中にメモを渡したりする方法は一切教わらなかった。かあさんに聞かされたのは大人のことばかりだ。セックスの話まで聞かされたんだから。まだ子供だった僕は、すごく気まずい思いをしたものだ。

「トレバー、よく覚えておきなさい。まず相手の心とセックスしてから、相手の体とセックスするのよ」

「トレバー、前戯は日中からはじまっているの。夜、寝室に入ってからじゃないのよ」

そんなこと言われたって「え？　ぜんぎって？　いったいなんの話？」って感じだった。

10 思春期の、長く、ぎこちなく、ときに悲劇的で、いたたまれないことだらけの恋の教訓 その1「バレンタインデー」

メリベール校からHAジャック初等学校へ移って1年め。バレンタインデーが刻々と近づいていた。12歳の僕は、それまでバレンタインデーの経験がなかった。カトリックだったメリベール校では特別なことをしなかったのだ。バレンタインデーがどういう日かはもちろん知っていた。裸の赤ん坊に矢で射られて恋に落ちる日だということは。だけど今回、学校行事として体験するのははじめてだ。HAジャック校では、バレンタインデーが募金集めのイベントにもなっていた。生徒が花やメッセージカードをあちこちで売って回っているから、不思議に思った僕は、なにをしているのかと女子に尋ねてみた。

「なに、これ？　みんななにしてるの？」

「ああ、これね。バレンタインデーよ。特別な人をひとり選んで、愛してるって伝えたら、相手も愛してる、って言ってくれるのよ」

――へえ、それはすごい――。でも僕にはまだキューピッドの矢が当たっていないし、矢が当たって僕に恋していそうな子も思い浮かばない。どうなっているのかさっぱりわからなかった。その週はずっと、女子のあいだはこの話題で持ちきりだ。「あなたのバレンタインは誰？　誰があなたのバレンタイン？」どうしたらいいのかわからずにいると、ようやく、白人の女子のひとりが声をかけてくれた。「メイリンを誘ったら？」ほかの女子たちも同じ意見だった。「そうよ、メイリンよ。絶対にメイリンを誘うべきよ。メイリンを誘わなくちゃ。あなたたちばっちりお似合いよ」

メイリンとはよくいっしょに下校していた。この頃、僕たちが住んでいたのは街中で、僕とかあさんとエイブル（このときはもう継父になっていた）、それに生まれたばかりの弟のアンドリューの4人で住んでいた。エデンパークの家を売ってエイブルの新しい修理工場に投資したのに、それがうまくいかなくなり、結局、ハイランズノースという地区へ引っ越すことになったのだ。HAジャック校から歩いて30分の距離だった。毎日学校が終わると集団で下校し、家が近づいてくるたびに、ひとり、またひとりと集団から離れて、違う道へ分かれていく。メイリンと僕は一番家が遠かったから、いつも最後はふたりになった。ずっといっしょに歩いてきて、別れるところまできたら、それぞれの道を帰っていく。

メイリンは感じのいい子だった。テニスが得意で、頭もいいし、かわいかった。いいなとは思っていたけど、夢中だったわけじゃない。まだ女の子のことをそんなふうに考えていなかった。いっしょにいるのがうれしかっただけだ。メイリンは学校で唯一のカラードの女子、僕は学校で唯一の混血だった。見た目が似た者同士のふたりだ。白人の女子たちは、メイリンにバレンタインになってと頼むよう、しつこく言ってきた。「トレバー、メイリンに頼まなくちゃダメ。あなたたちふたりしかいないんだから。あなたの責任よ」まるで、僕たちが絶滅しかかっている種だから、結婚して子孫を残せ、と言われているみたいだった。その後の人生でも経験したことだけど、こういうことを白人はよく考えもせずに言うのだ。「見た目の同じあなたたちがセックスできるよう手はずを整えるのが、わたしたちの役目」

正直言って、メイリンに頼むつもりはなかったけど、女子たちが言い出してから、事態は変わった。人に考えを植えつけられて自分の認識が変わる、ってやつだ。

「メイリンはあなたのことが大好きなのよ」

「ほんと？」

「そうよ、あなたたちすっごくお似合いなんだから！」

「ほんとに？」

「もちろん」

「そうか、よし。それなら」

　メイリンに対する好意は、ほかの人に対する好意とそう変わらなかった気がする。でも、好かれている、と考えただけでうれしかったんだと思う。メイリンに僕のバレンタインになって、と頼むことにはしたものの、具体的にどうすればいいのかわからない。彼女をつくるきっかけもなにも知らなかったのだ。校内の恋愛に関するややこしい手続き一切を教わらなくちゃいけなかった。まず、相手に面と向かって言うんじゃないらしい。こちらにはこちらのグループ、相手には相手のグループがあり、こちらのグループが相手グループのところへ行って言うのだ。「あのね、トレバーがメイリンのこと好きだって。バレンタインになってほしいって言ってる。あたしたちは賛成。あとはそっちのオーケー待ちよ」メイリンのグループがそれに答える。「了解。いいんじゃない。メイリンに聞いてみる」そしてメイリンのところへ行ってグループで話し合う。それぞれが自分の考えをメイリンに伝える。「好き、ってトレバーが言ってるらしい。あたしたちは賛成。お似合いだと思う。どうする?」メイリンが答える。「あたしも好き」「よし。じゃあ話を進めるね」相手のグループがやってくる。「メイリンがオーケーだって。あとはトレバーが言い出すだけ」

　とまあ、こういう手続きを踏まなければならないのだ、と女子たちに言われた。「わかった。やってみよう」こうしてまわりが手配してくれて、メイリンも話に乗り、準備万端整った。

　バレンタインデーの前の週、メイリンといっしょに下校しているときに、勇気を出して誘うことにした。すごくドキドキした。なんていったってはじめてのことなのだ。メイリンの答えは最初からわかっていた。うんと言ってもらえることは友達から聞かされていた。議会のようなものだ。票が集められることはわかっていても、なにが起こるかなんて当日までわからない。どんなふうに言えばいいかわからなかったけど、とにかく完璧なものにしたい。だから、マクドナルドの前に来るタイミングを計っていた。そこで勇気を奮い立たせてメイリンの目を見る。

「ねえ、もうすぐバレンタインデーだから考えてたんだけど、僕のバレンタインになってくれる?」

「うん。あなたのバレンタインになる」

そのあと、マクドナルドのあの黄金のM形アーチの下で、キスをした。女の子にキスするのはこのときがはじめてだった。唇がほんの少し触れ合うだけの、一瞬のキスだったけど、頭のなかが爆発した。——よし! いいぞいいぞ。これだ。これがなんだかわからないけど、とにかくいいぞ——。なにかが目覚めていた。しかもマクドナルドのすぐそばだから、とびきりスペシャルなものだ。

こうなるともうワクワクだ。僕のバレンタイン。僕の彼女。その1週間ずっと、メイリンのことばかり考えていた。できるだけ思い出深いバレンタインデーにしてあげたい。お小遣いを貯め、花を買い、テディベアを買い、カードを買う。カードにはメイリンの名前を詠み込んだ詩を書く。これがものすごく大変だった。「メイリン」と韻を踏むいいことばがあまりないからだ。マシン（機械）？　ラビン（峡谷）？　サーディン（鰯）とか？　ついにその日が来た。カードと花とテディベアを用意して、登校する。最高に幸せな気分だった。

　先生方は授業を早めに切り上げて、休み時間に入る前にバレンタインのプレゼント交換ができるよう計らってくれた。教室の前の廊下にメイリンが現れるはずだから、僕はそこで待った。あっちでもこっちでも愛真っ盛りだ。男子と女子がカードやプレゼントを交換しながら、大きな笑い声や甲高い声をあげたり、こっそりキスしたりしている。僕はまだ待っていた。ようやくメイリンが姿を現し、こっちへ向かってくる。僕が「ハッピーバレンタインデー！」と言おうとした瞬間、メイリンが立ち止まって言った。「あら、トレバー。えっと、あのね、もうあなたの彼女じゃないの。ロレンソに、バレンタインになってくれって言われたの。彼氏がふたりってわけにはいかないでしょ？　ロレンソの彼女になっちゃったから、もうあなたの彼女じゃないの」

　あまりにも淡々と言われて、この事態をどう飲み込めばいいのかわからなかった。なにしろ僕にとってははじめての彼女だったから、最初は、――そうか、たぶんそういうもんなんだろう――くらいに思っていた。

「そ、そうなんだ。じゃあ、まあ……ハッピーバレンタインデー」

　用意していたカードと花とテディベアを差し出す。メイリンはそれを受け取ると、ありがとう、と言って、行ってしまった。

銃で撃たれて体中が穴だらけになった気分だった。だけど同時に「まあ、当然だな」という思いもあった。ロレンソは、僕とはなにもかも対極のやつだ。人気者で、しかも白人だ。学校で唯一のカラードの女子を誘うことで、すべてのバランスを崩したのだ。女子にモテモテだったけど、どうしようもないバカだった。いいやつだけど、ちょっと不良っぽかった。宿題を女子にやらせたりする、そういうやつなのだ。たしかにイケメンではある。知性のすべてと引き換えに、見栄えをよくしてきたような感じだ。僕に勝ち目なんてない。

すごくショックだったけど、メイリンがあっちを選んだ理由も理解できた。僕だってメイリンの立場だったら、自分よりロレンソを選んでいただろう。ほかの子たちはみんな、廊下や校庭ではしゃぎ回っている。赤やピンクのカードや花を手に、朗らかに笑い、うれしそうだ。僕は教室に戻り、ひとり座って、チャイムが鳴るのを待っていた。

車のガソリン代は、食費と同じで、どうしてもかかる出費だった。でも、かあさんの叩き出す燃費ときたら、自動車史上、類を見ないだろう。そのためのありとあらゆるコツを心得ていた。うちのおんぼろフォルクスワーゲンでヨハネスブルグを走り回るときは、渋滞になるたびにエンジンを切り、動き出したらまた入れ直す。いまならハイブリッド車にアイドリングストップ機能が搭載されているけど、かあさんはまさにそれをしていた。ハイブリッド車がこの世に誕生する前から、かあさんがハイブリッド車だったのだ。惰性走行はお手のもの。職場と学校のあいだ、学校と家のあいだにある下り坂はすべて頭に入っていた。下りに入る地点を正確に把握していて、そこでニュートラルに入れる。信号が変わるタイミングも計算していたから、ブレーキを踏んで勢いを落とすことなく、惰性走行のままで交差点をいくつも通り抜けられる。

お金がなくて、ガソリンが少ないまま渋滞に巻き込まれてしまうこともある。そんなときは、僕が車を押す羽目になるのだった。渋滞になると、かあさんがエンジンを切り、僕が降りて車を押す。そうやって15センチずつ進んでいく。そのうちに誰かがやってきて、手伝おうかと言われる。

「動かないの？」

「いえ、大丈夫です」

「本当に大丈夫？」

「はい」

「手伝おうか？」

「結構です」

「牽引しようか？」

さあなんて答える？　正直に言うのか？「ありがとうございます。でも、うちがすごく貧乏なので、押せと母に言われているだけですので」って？

あんなに恥ずかしい経験は人生でそうそうない。車を押しながら登校するなんて、『原始家族フリントストーン』じゃあるまいし、まったく。ほかの子だって登校するときに同じ道を通っていくんだから。僕は制服のブレザーを脱ぎ、どこの学校の生徒かわからないようにしてから、なるべく下を向いたまま車を押すのだった。誰にも気づかれませんように、と祈りながら。

11 アウトサイダー

HAジャック初等学校を卒業し、サンドリンガム中等学校の8年生になった。アパルトヘイトが廃止されてからも、黒人の多くが、タウンシップか、かつてホームランドとされていたところに暮らしていた。そこから通える公立の学校は、バントゥー教育法の残骸のような学校だけだ。裕福な白人の子供（それに、お金があるか、奨学金がもらえる、ごく一部の黒人、カラード、インド人の子供）は私立学校に缶詰めになって勉強していた。私学は、学費はものすごく高いけど、大学への進学がほぼ保証されている。サンドリンガム校は「モデルC校」と呼ばれる、公立と私立の組み合わせのような学校だ。アメリカのチャータースクールに似ている。テニスコートやグラウンドやプールがある広い構内で、全校生徒1000人が学ぶマンモス校だった。

そんなサンドリンガム校には、ありとあらゆる子供たちが通っていた。それは、アパルトヘイト後の南アフリカのほぼ完全な縮図であり、この国のこれからの可能性が見事に現れていた。

裕福な白人の子もいたし、中流階級の白人の子は山ほどいたし、労働者階級の白人の子もいた。にわかに裕福になった黒人の子も、中流階級の黒人の子も、タウンシップの黒人の子もいた。カラードの子、インド人の子、それに中国人の子も少しだけいた。アパルトヘイトが廃止されて間もない頃だったから、生徒はみんな、できるかぎり仲良くしていた。HAジャック校では人種がかたまりで分かれていたのが、サンドリンガム校では、ゆるやかに分布している感じだ。

南アフリカの学校には学食がない。サンドリンガム校では、「売店」と呼ばれる小さな食堂みたいなところでランチを買って、校内のどこでも好きなところで食べてよかった。校庭、中庭、運動場、どこだっていい。だから、昼休みになると仲間同士で群がる。同じような肌の色で集まっている場合がやっぱり多かったけど、それでもみんな互いに少しずつ溶け込んでいるのがわかった。サッカーをしているのはたいてい黒人で、テニスをしているのはたいてい白人、クリケットはいろいろだった。中国人はプレハブの建物の脇でかたまっていた。マトリック（南アフリカでは最上級生をこう呼ぶ）は中庭、人気者の美女軍団はこのあたり、パソコンおたくはあのあたり、といった具合に、それぞれたむろする場所も決まっていた。こうしたグループも人種で分かれていたのは、学校の外の世界でもそんなふうに、人種が社会階級や地理的分布と重なっていたからだ。郊外に住んでいる子は郊外に住んでいる子とつるむし、タウンシップの子はタウンシップの子とつるんでいたわけだ。

休み時間になると、全校生徒1000人中、唯一の混血だった僕は、HAジャック校の校庭で味わったのと同じ難問にぶちあたっていた。どのグループへ行けばいいのか。これだけいろいろなグループがあるのに、そのどれにも自然に溶け込めそうにない。インド人や中国人は明らかに違う。カラードは、黒人寄りの僕をいつもいじめてばかりいたから、あそこには受け入れてもらえそうにない。白人とはそつなく接していたから、いじめられることもなかったけど、しょっちゅうショッピングに出かけたり、映画を観に行ったり、旅行に出かけたりと、付き合いになにかとお金がかかる。うちはお金がなかったから、このグループもなしだ。一番親しみを感じていたのは、貧しい黒人のグループだった。いっしょにたむろして仲良くしていたけど、みんなたいてい、ソウェト、テンビサ、アレクサンドラといった遠く離れたタウンシップからミニバスで通学していた。登下校がいっしょの仲間同士なのだ。週末や長期休暇のとき、そいつらは仲間同士でつるんでいたけど、僕はそこまで遊びに行くことができない。ソウェトはうちから車で45分かかった。うちはガソリン代にも事欠いていたのだ。だから、放課後はいつもひとり、週末もひとりだった。いつだってアウトサイダーだった僕は、一風変わったちょっとした居場所を自分でつくりあげるようになった。必要に迫られてのことだ。みんなに溶け込むためのなにかが必要だったのだ。それにお金も必要だった。みんなと同じランチを買ったり、みんなと同じ遊びをしたりするためのお金だ。それが、売店ボーイになった理由だ。

学校へたどり着くまでの長い道のりのおかげで、毎日必ず遅刻していた。遅刻すると、まず風紀委員室へ立ち寄って、放課後の居残り名簿に名前を記入しないといけない。僕は居残りの常連だった。もうすでに遅れてはいるものの、教室へ走っていって、午前の授業に出席する。数学、英語、生物、まあなんでもいい。昼休みに入る前に全校集会があった。全校生徒が講堂に集まり、学年別に着席する。先生と風紀委員が壇上に上がり、学校であったさまざまな出来事を伝える。お知らせとか授賞とか、そんなところだ。この全校集会で、居残り生徒の名前が毎回発表される。もちろん、僕の名前も毎回読み上げられていた。いつも、毎日欠かさずだ。もうお決まりのジョークだった。風紀委員が「本日の居残りは……」と言ったとたんに僕がさっと起立する。風紀委員がアカデミー賞授賞式のプレゼンター、僕がメリル・ストリープ、といったところだ。あるとき、僕がさっと起立したあと、5人の名前が読み上げられた中に、僕の名前がなかった。みんな大笑いした。誰かが大声をあげる。「トレバーはどうした⁉」風紀委員が手元の紙を見て首を振る。「入っていません」講堂中に拍手喝采が炸裂した。「イェーイ！！！！」

全校集会が終わるとすぐに、売店を目指してのレースになる。ランチを買う長い行列ができるからだ。列に並んでいる分、休み時間が少なくなっていく。早く買えばその分、ゆっくり食べたり、サッカーをして遊んだり、ぼうっとしたりできる。それに、売店へ行くのが遅くなると、食べたいものがもうなくなっていたりするのだ。

当時の僕に言えることがふたつある。ひとつは、相変わらず学校で一番足が速かったこと。もうひとつは、プライドなんてなかったことだ。全校集会が終わった瞬間、猛ダッシュして、売店に一番乗りできるようにしていた。毎回僕が一番だった。そのうちに、売店に一番乗りするやつ、として知られるようになり、僕のところに頼みにくる生徒が現れるようになった。「ねえ、これを買っておいてくれない?」これには僕のすぐ後ろに並んでいる子たちがむかついた。割り込みと同じだからだ。そこで、全校集会のときに僕にアプローチしてくるようになった。「ねえ、10ランドあるんだけど、僕の分も買ってくれたら2ランドあげる」そのとき気づいたのだ。時は金なり、と。金を払ってでもランチを買ってもらおうとするのは、僕がそのために走るのをいとわないからだ。僕は全校集会で宣伝をはじめた。「注文をどうぞ。欲しいものを紙に書いて渡してください。手数料をいただければ、ランチを買ってきます」

たちまち大当たりだった。おデブが一番のお得意だ。食べることに目がないのに、走れないからだ。裕福な白人のおデブはみんな上客だった。「これはいい! うちの親は甘いから、お小遣いはいっぱいあるんだ。おかげで、じっとしていてもランチが買えるうえに、休み時間もたっぷりある」注文が多すぎて、断らないといけないほどだった。僕はルールを決めていた。注文は1日5人まで、高い手数料を払ってくれる人限定。この儲けのおかげで、自分の分も買えたから、かあさんにもらったランチ代は、小遣いとしてとっておくことができた。そのうちに、歩いて家へ帰っていたところを、バスに乗って帰ったり、なにか買うために貯金したりする余裕もでてきた。毎日注文をとり、全校集会が終わると猛ダッシュして、ほかの子のためにホットドッグやコーラやマフィンを買う。追加料金を払ってもらえれば、指定場所まで届けもした。

こうして自分の居場所を見つけたのだ。どのグループにも属していなかったから、いろんなグループのあいだをふわふわと飛びまわることができた。カメレオンなのは変わらなかったけど、今度は言葉だけじゃなくてカルチャーにも溶け込むカメレオンになった。相手が体育会系ならいっしょにスポーツをし、おたくグループならコンピュータの話をし、タウンシップの子なら、飛び入りでいっしょに踊る。どのグループにもさっと入っていき、体を動かし、おしゃべりをし、冗談を飛ばしながら、ランチを届けた。

ヤクの売人みたいなものだ。ただし、届けるのはランチだけど。ヤクの売人は、パーティーではいつだって歓迎される。仲間内の人間じゃないけど、提供しているもののおかげで、一時的に仲間に入れてもらえるのだ。それが僕だった。いつだってアウトサイダーだった。アウトサイダーとして、殻に閉じこもったり、匿名でいたり、目立たない存在でいたりすることはできる。だけど、その反対も可能だ。自分から打ち解けることで、身を守るのだ。丸ごと認めてもらおうなんて思わず、見せてもいいと思える部分だけ認めてもらえばいい。僕の場合は、それがユーモアだった。どこにも属していなくても、笑いさえあれば、どのグループにも入っていけることがわかったのだ。注文のランチを配ってまわるとき、いつもちょっとしたジョークを言うようにしていた。みんなを笑わせようとしていた。そこで話されていることを小耳にはさみ、そのグループのことがちょっとわかるようになる。そのあとは長居しない。いつまでもそこにいて、うっとうしがられるようなことはしなかった。僕は人気者じゃなかったけど、のけ者でもなかった。どこでも誰とでもいっしょにいながら、いつもひとりだった。

いままでにしてきたことや、選んだことを、僕は一切後悔していない。でも、しなかったこと、選ばなかったこと、言わなかったことについては、後悔の念にさいなまれている。僕たちはみんな、失敗を恐れたり、拒絶されるのを恐れたりしてばかりいる。だけど、後悔こそ一番恐れるべきものなのだ。失敗はひとつの答えだし、拒絶だってひとつの答えだ。でも後悔は、答えが一生得られない永遠の問いだ。「たら」「れば」「いまごろは……」その答えは、決してわからないまま。そして、死ぬまでずっと、そのことに悩まされつづける。

12 思春期の、長く、ぎこちなく、ときに悲劇的で、いたたまれないことだらけの恋の教訓 その2「片思い」

高校時代、女の子に注目されて困った、なんてことはなかった。クラスの人気者でも、かっこいいやつでもなかった。不細工だった。思春期は甘くなかった。あまりにもひどいニキビづらで、大丈夫かとよく訊かれたほどだ。アレルギーかなにかだと思われたのだ。アレルギーではなかったけれど、それはもう、立派な疾患だった。医学用語でいうと「尋常性ざ瘡」だ。吹き出物なんてもんじゃない。膿疱《のうほう》といって、膿がたまったでかい黒ニキビや白ニキビだ。まずおでこにでき、だんだん顔の両側にもでき、頰、首、そこかしこにでき、僕の顔を荒らしまくった。貧乏暮らしも追い討ちをかける。散髪にもろくに行けなかったから、手のつけようのない、でかいアフロヘアのままだ。おまけに、背が伸びるのが早すぎて、制服がすぐちんちくりんになる、といつもぼやいていたかあさんが、節約のために3サイズも大きい服を買うようになっていた。丈が長すぎるブレザーにだぶだぶのズボン、靴もぶかぶかで、歩くたびに音がする。まるで道化師だ。そしてもちろん、マーフィーの法則のとおり、大きめの服を買いはじめたその年に、僕の身長は止まった。だから、道化師みたいなだぶだぶ服が、背が伸びてちょうどよくなる、なんてことはなく、いつまでたっても道化師みたいな格好のままだ。唯一の救いは背丈があったことだけど、それでもやっぱり、ひょろ長くてぶざまだった。アヒル足。出っ尻。なにもかもがかっこよさにはほど遠かった。

メイリンとイケメンのロレンソのおかげで傷ついたバレンタインデーの一件で、女の子と付き合うことについては、貴重な教訓を得ていた。かっこいいやつには彼女がすぐできる。面白いやつは、いつも彼女がいるかっこいいやつとつるむしかない、ということだ。僕はかっこいいやつじゃない。したがって彼女はできない。この公式をすぐに理解し、自分の立ち位置をわきまえていた。だから、女の子をデートに誘ったこともなければ、誰かと付き合ったこともないし、口説こうとしたことすらなかった。

僕が女の子と付き合おうとするなんて、自然の摂理に逆らうようなものだ。売店ボーイとしてうまくやっていたのは、ひとつには、どこへ行っても受け入れてもらえたからだけど、同時に僕がどうでもいいやつだったからだ。アヒル足にぶかぶか靴を履いた、ニキビだらけの道化師だったからこそ、男子を脅かすことも、女子を脅かすこともなかったのだ。ちょっとでも目立つようになれば、もう誰にも受け入れてもらえなくなる恐れがある。かわいい女子には、もう決まった相手がいるようなものだった。人気者男子が、すでに俺のもの、という態度をとっていたからだ。たとえば「俺の好みはズレイカだ」とふだんから言っていたら、ズレイカに少しでもちょっかい出したらただじゃおかないぞ、ということだ。生き残りのためには、いつも端っこにいて、面倒なことには関わらないのが賢明だ。

女の子が授業中に僕を見るのは、クラスで人気の男子に手紙を渡すよう頼まれるときくらいだ。それでも、気心の知れた女の子がひとりいた。ジョアンナという子で、それまでに何度か同じ学校に通っていたことがあった。まずメリベールの幼稚園でいっしょだった。卒園後、ジョアンナは別の学校へ通っていた。そのあとまたHAジャック校でいっしょになり、ジョアンナはまた転校していった。そしていま、サンドリンガムでまたいっしょになったのだ。そんなわけで、僕たちは親しくなった。

ジョアンナは人気者だった。ジョアンナの親友がザヒーラだ。ジョアンナもきれいな子だったけど、ザヒーラは息を呑む美しさだった。カラードで、いわゆるケープマレー人だ。女優のサルマ・ハエックに似ていた。ジョアンナは活発で、よく男子と気軽にキスしていたから、男子はジョアンナに夢中だった。ザヒーラはあんなにきれいなのに、すごく内気だったから、狙っている男子はそんなに多くなかった。

ジョアンナとザヒーラはいつもいっしょにいた。ふたりとも僕のひとつ下の学年だったけど、人気度では僕よりみっつくらい上だ。それでも、このふたりとつるむようになれたのは、僕がジョアンナを知っていて、同じ学校に通っていたことがある、という共通点のおかげだった。女の子と付き合うのは問題外でも、話をするくらいならできたのは、笑わせてあげることができたからだ。人間は笑いたがる生き物だ。ありがたいことに、かわいい女の子も人間だ。だから、その線でなら、女の子とつながることができたけど、ほかの線はからきしだった。そのことに気づいたのは、僕のジョークや小話を聞いた女の子たちは、ひとしきり笑ってしまうと、あとは決まって「それで、どうすればダニエルから誘ってもらえるようになると思う?」といった話になるからだ。僕はいつだって自分の立ち位置をはっきりとわきまえていた。

表向きには、面白くて無害なやつ、という自分の立ち位置をしっかりかためてはいたけど、本当はひそかに、ザヒーラのことが好きで好きでたまらなかった。ザヒーラは超きれいで、超楽しい子だった。よくいっしょにいろんなことを話した。いつもザヒーラのことばかり考えていたけど、自分はザヒーラと付き合えるような男じゃない、と思い込んでいた。――ザヒーラには一生片思いだ。それ以上の展開なんてあるはずない――。

あるときから僕は、綿密な作戦を遂行していこうと考えるようになった。ザヒーラの一番の親友になり、ずっとそのままでいて、最後に「マトリックスダンス」に誘う。アメリカのプロムにあたる、卒業ダンスパーティーだ。言っておくけど、このときの僕は9年生だ。卒業するまで、まだ3年もある。でもとにかく、長期計画でいこうと決めたのだ。——そうだ、じっくり時間をかけるんだ——。だって映画ではだいたいそうじゃないか。アメリカの学園もの映画には、そんなストーリーが多い。親切ないい友達としてずっとそばにいる男子。ハンサムだけどイヤなやつとばかり付き合っている女子。それがある日突然、こう変わる。「やっぱりあなたなのね。ううん、本当はずっとあなただった。あなたこそ、はじめからずっといっしょにいるべき人だった」

これこそが僕の計画だ。完璧だ。

ことあるごとにザヒーラのそばにいた。男子の話もした。ザヒーラが好きな男子は誰で、誰に好意を寄せられているか、といったことだ。僕がアドバイスすることもあった。ある時期、ザヒーラがゲイリーというやつに引き合わされ、付き合うようになった。ゲイリーは人気者グループにいたけど、どちらかというと内気で、ザヒーラも人気者グループにいたけど、やっぱり内気だったから、双方の友達が、見合い結婚みたいにふたりを引き合わせたのだ。でも、ザヒーラはゲイリーのことがぜんぜん気に入らなかった。ザヒーラがそう言ったのだ。僕たちはなんでも話せる仲だった。

ある日、どういうわけか僕は勇気をふりしぼって、ザヒーラに電話番号を訊いた。これって当時はものすごいことなのだ。だって携帯電話の番号じゃないんだから。今はみんながそれぞれ番号を持っていて、テキストメッセージでもなんでも送りつけているけど、これは固定電話の話だ。

ザヒーラの家の。つまり、親が電話に出るかもしれないのだ。ある日の午後、学校でふたりで話しているときに訊いてみたのだ。「電話番号を教えてもらえる？　たまには家から電話で話すのもいいかな、と思って」いいよ、と言われて、僕の頭は爆発した。――えええっ⁉⁉　女の子が電話番号を教えてくれるなんて⁉⁉　ありえない‼　どうしよう⁉⁉――もう緊張しまくっていた。ザヒーラが番号をひとつずつ言ってくれるのを、手が震えないようにして書きとめたことは一生忘れられない。じゃあね、と言ってそれぞれの教室に戻るときの心境はこんな感じだ。――よし、トレバー。さりげなくふるまうんだ。すぐに電話するんじゃないぞ――。

電話したのはその日の晩。7時だった。番号を教えてもらったのが2時。それが僕なりのさりげなさだった。――おい、5時に電話しちゃダメだ。それじゃあ見え見えだ。7時にしとけ――。

電話には、おかあさんが出た。「すみません、ザヒーラさんとお話しさせていただいてもよろしいでしょうか」おかあさんに呼ばれたザヒーラが電話に出る。結局、1時間くらい話をしたと思う。それからは、もっといろんなことを話すようになった。学校でも、電話でも。だけど、自分の気持ちは話さなかった。なんの行動も起こさなかった。まったくなにも。ずっと怖かったのだ。

ザヒーラとゲイリーが別れた。そのあとまた付き合いだした。それからまた別れた。そしてまたよりを戻した。ふたりは一度キスをしたけど、ザヒーラが嫌がって、もう二度とキスしなくなった。それからふたりは本当に別れた。このあいだずっと、僕はチャンスが巡ってくるのを待っていた。人気者ゲイリーが撃沈する様子をじっと見守っていた僕は、いい友達のままだ。

——よし、計画は順調だ。マトリックダンスまでもう少し。あとたったの2年半……——。

そうこうするうちに、年度半ばの長期休暇になった。休み明けの登校初日、ザヒーラの姿が見あたらない。あくる日も、そのまたあくる日も、学校には来なかった。僕はとうとうジョアンナを捜しにいき、中庭にいた彼女に話しかけた。

「ねえ、ザヒーラは？　しばらく見かけないんだけど、具合でも悪いのかな？」

「あら、聞いてなかった？　学校やめたのよ。もう来ないわよ」

「え？」

「退学したの」

そう聞いて、まずこう思った。——ふーん、そうだったのか。それは知らなかった。あとで電話して話を聞かなくちゃ——。

「で、どこへ転校したの？」

「そういうことじゃなくて、お父さんの仕事がアメリカで見つかったから、休暇中にみんなで向こうへ移住したの」

「ええっ？」

「そう、行っちゃったのよ。仲良しだったのに、ほんと残念。トレバーも残念でしょう？」

「えっ……う、うん」僕はまだ事態が飲み込めていなかった。「ザヒーラ、好きだったな。

本当にいい子だった」

「ほんとに。あの子もすっごく残念がってたわ。だって、トレバーに首ったけだったんだもん。誘ってくれるのをずっと待ってたんだから。さあ、もう教室に戻らなくちゃ。じゃあね！」

ジョアンナが走っていくと、ひとり取り残された僕は、呆然とそこに立っていた。いろんな情報をいっぺんに浴びてしまった。まず、ザヒーラはもうここにはいないこと。アメリカに移住してしまったこと。しかもザヒーラは僕のことがずっと好きだったこと。胸が張り裂けるような思いが、大きなうねりとなって、3度つづけて襲ってきた感じだ。しかも毎回大きくなるうねりだった。ザヒーラとふたりきりで話したときのことが、走馬灯のようによみがえる。学校の中庭で、電話口で、言うチャンスはいくらでもあったのに。「ザヒーラ、好きだよ。僕と付き合ってくれる？」それさえ言う勇気があれば、僕の人生は変わっていたかもしれない。だけど、そんな勇気はなかった。そして、ザヒーラはもういないのだ。

どんなまともな地域にだって、「ほったらかし」の家が1軒はある。ほら、あるでしょう。ぼうぼうの芝生、ペンキの剥げた塀、雨漏りのする屋根。要するにとんでもない家ってこと。かあさんはそういう家を見つけてきて買った。こうしてハイランズノースのようなばりばりの白人居住区に、黒人家庭が入り込んだってわけだ。

郊外の白人居住区にいた黒人のほとんどは、ブラムレイやロンバルディイーストといった地域へ引っ越していた。でもどういうわけか、かあさんが選んだのはハイランズノースだった。中心部からは離れるけど、買い物する場所はたくさんあった。住民のほとんどは労働者階級だ。裕福じゃないけど、暮らしの安定している中流家庭。古ぼけた家も多いけど、住みやすいところだった。ソウェトにいたときの僕は、タウンシップで唯一の白人の子。エデンパークにいたときは、カラード居住区で唯一の混血児。ハイランズノースでは、白人居住区で唯一の黒人の子だった。大げさじゃなく、本当に「唯一」だ。ハイランズノースから白人が出ていくことはまずない。住民のほとんどがユダヤ人だったから。ユダヤ人は出ていかない。さんざん出ていかされてきた人たちだから、また出ていくなんて、もううんざりなのだ。いったんどこかに落ち着いたら、シナゴーグを建て、ずっとその土地に住み着く。そういうわけで、白人が引っ越していくことはなかったから、僕たちみたいな非白人家族があとから引っ越してくることもあまりなかった。

ハイランズノースではずっと、友達がひとりもできなかった。まだエデンパークのほうが、できやすかったくらいだ。ヨハネスブルグの白人居住区の家は、どこもみんな塀に囲まれている。そのベースにあるのは、白人の恐怖心だ。黒人による犯罪、暴動、報復を恐れていたから、高さ2メートルほどの塀に電気鉄条網を張りめぐらせていた。豪華で洒落てはいるけど、警備万全の監獄みたいな家だ。玄関先に座ることも、隣近所の人と言葉を交わすこともない。家のあいだを駆け回る子供の姿もない。自転車でこのあたりをずっと走り回っていても、子供をひとりも見かけないことがよくあった。だけど、声は聞こえていた。みんな塀の向こう側で遊んでいたのだ。僕は呼ばれなかったけど、みんなは遊ぶ約束をしていた。笑い声やはしゃぎ声が聞こえてくると、自転車を降りて、塀によじのぼって、そこからそっとのぞく。大勢の白人の子供たちがプールで水しぶきをあげている。まるでのぞき魔だけど、ただ友達が欲しかったのだ。

1年かそこらたった頃ようやく、白人居住区でも黒人の友達をつくる方法を見つけた。使用人の子供と仲良くなるのだ。使用人は、妊娠するとたいてい暇を出されるけど、運がよければそのまま働かせてもらえるし、赤ちゃんも産ませてもらえる。ただその場合でも、生まれた子はホームランドの親戚に預けることになる。使用人が面倒を見るのはその家の白人の子供で、わが子に会えるのは年に1度の休暇だけだ。でも、わが子を手元に置かせてくれる家庭もわずかながらあって、そういう家では使用人部屋や裏庭の小屋に親子で住んでいた。

そういう子供たちが、長いあいだ僕にとって唯一の友達だった。

13 色めがね

サンドリンガム校でテディという子と知り合った。面白くてめちゃくちゃ愛想がいいやつだ。かあさんはテディのことをバッグス・バニーと呼んでいた。あのウサギのキャラクターみたいに、大きな出っ歯で、こましゃくれた笑顔を見せていたからだ。テディとはすぐに意気投合した。はじめて遊んだその日からは、もういつだっていっしょにいる、そんな類の友人だ。ふたりともどうしようもないやんちゃだった。テディと出会ったおかげで、自分はまだまとも、と思えるようになったくらいだ。僕は一族のなかで手に負えない子と思われていたけど、テディもテディの一族から、手に負えない子と思われていた。そんなふたりがいっしょだから、とんでもないことになる。下校途中、ふたりでよく石を投げ、窓ガラスが粉々に割れるのを見届けてから、走って逃げた。放課後の居残りもいつもいっしょだ。先生方も、生徒たちも、校長先生も、学校中が知っていた。テディとトレバーは大の仲良しだと。

テディのおかあさんは、住み込みの使用人として働いていた。リンクスフィールドという裕福な住宅地で、学校から近かった。僕の家からだと歩いて40分ほどかかったけど、まあどうにかなった。どっちにしても、当時は歩いてばかりいたのだ。ほかのことをするお金も、ほかの手段で移動するお金もなかった。歩くのが好きなら、たちまち友達ってわけだ。テディと僕も、ヨハネスブルグ中どこへでも歩いて移動した。テディの家まで歩いていって、そこでしばらく遊んでから、今度はうちまで歩いてきて、うちでまた遊ぶ。うちから街の中心部まで歩いていって(3時間ほどかかるから、ちょっとしたハイキングだった)、ただぶらぶらするだけで、また歩いて帰ったりしていた。

金曜と土曜の夜は、近くのショッピングモールまで歩いていって、ぶらぶらしていた。うちの数ブロック先に、バルフォアパークというショッピングモールがあって、そんなに大きくはないけど、なんでもひととおり揃っていた。ゲームセンター、映画館、飲食店、大型スーパー、ファストファッション店。モールにいても、買い物したり、映画を観たり、飲み食いしたりするお金なんてなかったから、なんとなくぶらぶらしているだけだ。

ある晩モールへ行ったときのこと。店はほとんど閉まっていたけど、映画館だけは営業していたから、モールの中には入れた。閉まっている店の中に、グリーティングカードや雑誌なんかを置いている店があった。出入り口にドアがなくて、夜間に閉店するときは、防犯格子シャッターの門を閉めて南京錠がかけられている。この店の前を通りかかったとき、あの格子シャッターのあいだから手を入れて伸ばしたら、すぐそこにあるチョコレートの棚に届きそうだと思った。しかもただのチョコレートじゃない。酒入りのチョコレートボンボンだ。僕はお酒が大好きだった。お酒に目がなかった。小さい頃からずっと、チャンスさえあれば、この大人の飲み物をそっと盗み舐めていたほどだ。

手を伸ばしてつかみとる。中のお酒を飲んでから、チョコレートをむさぼり食う。大成功だ。それからは何度もここへやってきて、盗みを重ねた。閉店するのを待ち、閉まると近づいていき、格子シャッターにもたれかかって座り、ただだべっている風を装う。誰にも見られていないことを確かめてから、どちらかが手を差し入れる、チョコレートボンボンをつかみとる、中のウィスキーを飲む。また手を差し入れる、つかみとる、中のラム酒を飲む。手を差し入れる、つかみとる、中のブランデーを飲む。こんなことを毎週末、少なくとも1カ月は繰り返していた。気分は最高だった。だから調子に乗りすぎた。

ある土曜の晩。いつものように店の前で格子シャッターにもたれかかり、だべっていた。チョコレートボンボンをとろうとして僕が手を差し入れた瞬間、警備員がちょうど角を曲がって現れ、腕の付け根まで中に入れている僕を見た。抜いた手にチョコレートをいっぱいつかんでいる。もう映画みたいだった。僕と警備員の目が合う。警備員が目を見開く。さりげなく歩き去ろうとすると、警備員が大声で言った。「こら！　待て！」

さあ追いかけっこだ。僕たちは出口めがけて走った。出口で守衛にでも止められたら、もう逃げられないのはわかっていたから、猛ダッシュだ。出口は無事突破できた。駐車場に出たとたん、モール中の警備員が四方からこっちに向かってくる。十数人は下らない。僕はなるべく下を向いて走った。このモールにはよく来ていたから、警備員には顔を知られている。モールに入っている銀行を利用するかあさんのことも知られている。つまり、顔をちらっとでも見られたら、もうおしまいだ。

僕たちは駐車場を突っ切っていった。駐車してある車のあいだを、身を屈めながら縫うように抜けていく。警備員たちはすぐそこまで来ていて、口々に叫んでいる。駐車場を出た道路脇にあるガソリンスタンドまでなんとかたどりつき、そこも走り抜けて、左に曲がって幹線道路に出た。ひたすら追いかけてくるから、こっちもひたすら走る。それはもうすごかった。捕まるかもしれない、という不安があるからこそ、やんちゃする楽しみもあるわけで、いままさに追いかけられているわけだ。すごくワクワクした。ビビりながら同時に楽しんでいた。ここは僕のシマ、勝手知ったる場所だ。自分のシマで捕まえられるもんか。路地も通りも、乗り越えられる塀も、抜けられる隙間のあるフェンスも、思いつくかぎりの近道も、すべて頭に入っている。小さい頃から、どこへ行ってもどんな建物の中にいても、逃げ道のことばかり考えていた。もちろん、やばいことになった場合に備えてのこと。現実の僕は友達もいない冴えないやつだったけど、空想の中の僕は重要危険人物だったから、監視カメラの位置や出口のありかを、すべて把握しておく必要があったのだ。

いつまでもずっと走っているわけにいかない。なにか案を練らなければ。消防署の前を走り過ぎると、そこから左へ曲がる道がある。その先は行き止まりで、金属フェンスになっている。でもそのフェンスには抜け穴があることを知っていた。そこを抜けるとモール裏の空き地に出るから、そこからまた幹線道路に出れば、家に戻れる。大人がこの穴を抜けるのは無理だけど、子供なら抜けられる。長年、スパイ生活をあれこれと妄想してきたことが、ついに報われるときがきた。いますぐ逃げ道が必要ってときに、ちゃんと思いついたのだ。

「テディ、こっちだ！」

「ダメだ、そっちは行き止まりだ！」

「抜けられるんだ！　ついてこい！」

テディはついてこなかった。僕は左へ曲がり、行き止まりへ突っ込んでいった。テディは違う道を走っていく。モールの警備員は二手に分かれて、テディと僕を追った。フェンスだ。体をどうひねればうまく通れるか、ちゃんと心得ている。まず頭を入れて、それから肩、片方の足、それから体をひねってもう片方の足を抜く。よし、抜けた。警備員たちは僕が抜けた直後にフェンスにぶちあたり、それ以上、追ってこられない。空き地を突っ切って反対側のフェンスの穴をまた抜ける。その先はすぐ道路で、家まで3ブロックだ。両手をポケットに入れ、なにげない様子で家に向かって歩き出す。ただ散歩している人、を装った。

家に帰り着き、テディを待った。テディが現れない。30分たち、40分たち、1時間たった。

それでも現れなかった。

——まずい——。

リンクスフィールドのテディの家まで走った。家にも帰っていない。月曜日、学校にもテディの姿はない。

——これはまずい——。

さあ心配になってきた。学校から戻ってまた家を捜したけど、テディはいない。テディの家にもまた行ってみたけど、やっぱりいない。また走って家に戻った。

1時間ほどして、テディの両親がうちへやってきた。かあさんが玄関で応対している。

「テディが万引きで捕まりまして」

——まずい、まずい——。

親たちの会話は全部、盗み聞きした。かあさんは、僕が関わっているに違いない、と端から考えている様子だ。

「じゃあ、そのときトレバーはどこにいたんでしょう?」

「トレバーはいっしょじゃなかったそうです」

かあさんは信じていないようだった。「へんですね。本当に、トレバーは関わっていませんか?」

「ええ、どうもそのようです。警察はもうひとりいると言っていましたが、取り逃したそうです」

「じゃあ、それがトレバーに違いありません」

「それが、テディに訊くと、トレバーじゃないと言うんです。ほかの子だと」

「ふーん、そうですか」かあさんが僕を呼んで尋ねる。「知ってたの？　このこと」

「どのこと？」

「テディが万引きで捕まったこと」

「えええええっ？」僕はとぼけた。「うっそー。そんなばかな。信じられない。あのテディが？　まさか」

「あんたはどこにいたの？」

「家にいたよ」

「だけどいつもテディといっしょでしょ」

僕は肩をすくめた。「今回は違ったみたいだね」

かあさんは一瞬、現行犯逮捕でもしたような気になっていたけど、たしかなアリバイをテディがつくってくれていた。僕は部屋へ戻りながら、とりあえずセーフだ、と思った。


次の日の授業中、校内放送で名前を呼ばれた。「トレバー・ノア、校長室まで来なさい」みんな「おぉぉぉぉ」って感じだった。校内放送はすべての教室に流れるから、これで学校中に、厄介なことになっていると知られてしまった。席を立ち、校長室の前まで行き、入口の外にある座り心地の悪い木の椅子に座り、不安な気持ちで呼ばれるのを待った。

ようやく、フリードマン校長が出てきた。「トレバー、入りなさい」入ると、モールの警備長、制服姿の警官がふたり、僕とテディのホームルーム担任のフォルスター先生がいる。無言で無表情な白人権威者だらけの部屋で、ひとり見下されている、やましいことがある黒人少年。心臓がドキドキしていた。座るよう言われる。

「もう聞いているかもしれないけど、先日テディが逮捕されたんだ」と校長先生。

「ええっ？」僕はまた大芝居をした。「テディが？　まさか。どうしてまた？」

「万引きだよ。退学になったから、もうここへは戻ってこない。もうひとり関わっていたことがわかっていて、この人たちがいまこの地域の学校を回って調べているところだ。君に来てもらったのは、ほかでもない。フォルスター先生によると、君はテディの親友だそうだね。そこで訊きたいのだが、この件でなにか知っていることはないかな？」

僕は首を振った。「いいえ、なにも知りません」

「テディが誰といっしょだったか知らないか？」

「いいえ」

「そうか」校長先生は立ち上がると、部屋の隅にあるテレビに向かっていった。「事件の一部始終の映像があるから、君にも見てもらいたい」

――まずい、まずい、これは本格的にまずいぞ――。

心臓が高鳴る。――ああ、いままで楽しい人生だった。これで退学させられる。刑務所に入れられるんだ。もうおしまいだ――。

校長先生がビデオデッキの再生ボタンを押し、録画映像が流れはじめる。粒子の粗い、監視カメラのモノクロ映像だったけど、なにが起きているかは明らかだ。しかも、複数の角度からの映像だった。僕とテディが格子シャッターから手を入れている場面。僕とテディが出口に向かって走っていく場面。すべて監視カメラがとらえていた。数秒後、校長先生が手を伸ばしてポーズボタンを押すと、数メートル離れた場所から撮影された僕が、画面中央にいる静止画像になった。いまから校長先生が僕のほうを向いてこう言うに決まっている。「これで白状する気になったか？」ところがそうじゃなかった。

「トレバー、テディと付き合いのある白人の子を誰か知らないか？」

もう少しでちびるところだった。「は!?」

画面をよく見て合点がいった。テディは肌の色が濃いけど、僕は浅めの褐色だ。ところがこの監視カメラは、明るいところと暗いところの両方を同時にうまく認識することができない。だから、黒人のすぐ隣にいる僕を白黒でとらえようとすると、混乱してしまう。それでもどちらか選ばないといけないとなると、カメラは僕を白人として認識する。それで、僕の肌の色が飛んでしまっているのだ。映像に映っているふたりは、一方が黒人、一方が白人だった。それでも、僕であることに変わりはない。画質はよくないし、顔の特徴もちょっとぼやけてはいたけど、よくよく見れば、やっぱり僕だ。僕はテディの親友だった。テディの唯一の友達だ。「共犯者である可能性がもっとも高い、唯一の人物なのだ。少なくとも僕を「疑ってみる」べきだった。なのに、誰ひとり疑わなかった。ゆうに10分は問い詰められたけど、それは、この白人の子が誰なのか、僕なら知っているに違いない、と踏んでいたからだ。

「君はテディの親友だ。本当のことを言いなさい。この子は誰だ?」

「知りません」

「まったく見覚えがないのか?」

「ありません」

「テディから一度も話を聞いていないのかね?」

「聞いたことありません」

そのうちにフォルスター先生が、可能性がありそうだと思われる白人生徒の名前を挙げだした。

「デイビッド?」

「違います」

「リーアン?」

「違います」

「フレデリック?」

「違います」

きっと罠だ、そのうちにみんなから「おまえだろう!」と言われるに決まっている、と思っていたけど、そうじゃなかった。あまりにも気づいてもらえないから、自分です、と言って、認めてもらいたい気持ちにさえなった。ぱっと立ち上がり、画面を指差して言ってやりたかった。「みなさん、目が節穴なんですか⁉ 僕ですよ! あそこに映っているのは僕だと、なぜわからないんですか⁉」もちろん、そんなことはしない。だから、誰も気づかないままだった。自分たちがつくりあげた人種の概念にすっかり騙されて、探しているあの白人がいま目の前に座っているのに、気づきもしなかった。

ようやく教室に戻ることを許されたあとも、その日1日中と、それから2、3週間は、覚悟して待っていた。かあさんに電話がかかってくると思っていたのだ。「共犯者がわかりました! 突き止めました!」と。でも、そんな電話はかかってこなかった。

南アフリカには11の公用語がある。民主化のあと、こう考えたのだ。「さあ、これからどうやって社会を安定させていこうか。自分たちだけまた取り残された、と感じる人が出ないようにしよう」英語は国際語だし、経済やメディアの言語だから、なくすわけにはいかない。最低限のアフリカーンス語を強制的に学ばされた人も多いから、これも維持しておいたほうが便利だ。それに、少数派である白人に、新生南アフリカでのけ者扱いされている、と感じさせたくない。でないと、お金を全部持って国から出ていってしまうかもしれない。

アフリカの言語でいえば、ズールー語を母語とする人が一番多かったけど、ズールー語を公用語にするなら、当然、コサ語、ツワナ語、ンデベレ語も公用語にしなくちゃいけない。スワジ語、ツォンガ語、ベンダ語、ソト語、ペディ語もある。主なグループをみんな満足させようとした結果、気がついたら公用語が11にもなっていた。公用語として認めないわけにはいかないくらい、話者が多い言語だけでこんなにあり、ほかにもまだ数十言語ある。

まさにバベルの塔の伝説みたいなことが日々起こっていた。会話しようとしても、相手がなにを言っているのかさっぱりわからず、途方にくれている人を見かけない日はない。ズールー語とツワナ語はまあメジャーだけど、ツォンガ語やペディ語はかなりマイナーだ。自分の話す言語がメジャーであるほど、ほかの言語を学ぼうとしなくなるし、マイナーであるほど、ほかの言語のふたつやみっつは身につけるようになる。街中ならたいていの人が、少なくともそこそこの英語と、アフリカーンス語を少し話せる。日常生活はそれで十分だ。十数人程度が集まると、2、3言語が飛び交うこともよくある。わからないときもあれば、誰かがその場で要点を説明してくれることもあるし、文脈から判断したりして、なんとか理解できることもある。すごいのは、これでもなんとかなっていることだ。社会がちゃんと機能しているのだ。機能していないとき以外は、ってことだけど。

14 思春期の、長く、ぎこちなく、ときに悲劇的で、いたたまれないことだらけの恋の教訓 その3「ダンスパーティー」

高校生活も終わりに近づいてくると、僕は学校でちょっとした大物になっていた。例の売店事業の手を広げ、家で違法コピーした海賊版CDの販売サービスまで手がける、ミニ帝国に発展させていたからだ。学校の勉強で必要なんだ、そう言ってあの倹約家のかあさんを説得してパソコンを買ってもらったのだ。もちろんうそだった。ネットサーフィンしたり、大人のビデオゲーム「レジャー・スーツ・ラリー」で遊んだりするために欲しかっただけだ。でも、もっともらしく話を持っていったから、折れて買ってくれた。パソコン、インターネット、それに友達からありがたく頂戴したCDレコーダーのおかげで、商売をはじめられた。

自分の居場所をつくりあげた僕は、日々を最高に楽しんでいた。アウトサイダーとしての生活を満喫していたから、女の子と付き合うなんて考えもしなかった。女の子といえば、パソコンで見る裸の女の子くらいだ。音楽をダウンロードしたり、チャットルームでばかなことを書き散らしたりしているあいだに、あちこちのポルノサイトをのぞいていた。もちろん、動画じゃなくて写真だけだ。今のオンラインポルノなら即、入り込めるけど、ダイヤルアップ接続だったから、写真のダウンロードにものすごく時間がかかった。今と比べたら、紳士的とさえ言える。ゆうに5分は女の子の顔を眺めているから、相手をひとりの人間としてちゃんと見るようになる。それから数分かかってやっと、おっぱいが見えてくる。あそこを拝める頃にはもう、上質の時間をたっぷりいっしょに過ごしている、ってわけだ。

12年生の9月、もうすぐマトリックダンスだった。この、最上級生の卒業記念ダンスパーティーは、まさに一大イベントだ。僕はまた、あのバレンタインデーのときと同じような難問にぶちあたっていた。よくわからない変な儀式が、またもや立ちはだかっているのだ。卒業記念ダンスパーティーで僕が知っていることといえば、よく観るアメリカの映画によると、あれをするってことだけ。つまり、初体験だ。リムジンに乗って出かけていき、そのあと相手の女の子とあれをする。僕の知識はそれだけだった。だけど例の公式も知っていた。かっこいいやつには彼女がいる。面白いやつは、彼女のいるかっこいいやつとつるむしかない。だから、自分がマトリックダンスに行くことはない、と思っていた。もし行くとしても、ひとりで行くことなるはずだ。

海賊版CDの販売は、ふたりのブローカーに手伝ってもらっていた。ボンガニとトムだ。僕がコピーしたCDを売ってもらい、分け前を渡していた。トムとは、例の事件のあったモールで知り合った。テディと同じで、トムのおかあさんも使用人として働いていたから、近くに住んでいたのだ。僕とは同じ学年だけど、通っていたのはタウンシップにあるノースビューという公立の学校だった。そこで僕のCDを売ってくれていた。

トムはおしゃべりで、じっとしていられない、イケイケタイプだ。根っからのペテン師で、いつもなにかしらの魂胆があって、やたらと取引したがる。人にどんなことでもさせてしまう。すごくいいやつなんだけど、頭がどうかしているし、大うそつきでもあった。トムといっしょにハマンスクラールへ行ったことがある。一見、ホームランドみたいだけど、そうじゃない。「ハマンのクラール」を意味するアフリカーンス語の地名が示すとおり、元々は入植地で、白人の農場だった。ベンダ、ガザンクル、トランスカイといったホームランドは、黒人が元々住んでいたところに政府が境界線を引き、「そこから出るな」と命じたところだ。これに対してハマンスクラールのような入植地は、元々はなにもなかったところに、黒人を強制的に移住させた。当時の政府はそんなことをしていたのだ。からからに乾いた、なんの役にも立たない不毛の土地を見つけてきて、何列も穴を掘る。4000世帯に使わせる1000の野外トイレだ。自分たちが不法に占拠して白人居住区とした土地から、黒人を強制的に連れてくると、このなにもないところへ放り出したのだ。あるのはベニヤ板と波トタンの粗末な小屋だけ。「さあ、おまえたちは今日からここで暮らすのだ。家でも建てるといい。せいぜいがんばれ」そんな様子を、僕たちはテレビのニュースで見ていた。血も涙もない、サバイバル系リアリティー番組みたいだった。といっても、誰も賞金を手にすることはないのだけど。

ハマンスクラールに行ったあの日の午後、トムは、タレントショーを見に行こう、と言いだした。僕は当時、ティンバーランドのブーツを持っていた。自分で買ったものだ。身につけるもののなかで、唯一まともなものだった。あの頃、南アフリカでティンバーランドを持っている人間はほぼいなかった。入手困難だったのだ。それでもみんな欲しがっていたのは、アメリカのラッパーがよく履いていたからだ。僕は、いろいろ切り詰めたり、売店事業と海賊版CDで稼いだお金を貯めたりして買った。出がけにトムから念を押されていた。「ちゃんとティンバーランドを履いてるよな」

タレントショーの会場は小さな公民館だった。まわりには一切なにもない。公民館がぽつんと建っているだけだ。着くと、トムはあちこち回りながら、みんなと握手したりおしゃべりしたりしている。歌あり、ダンスあり、詩の朗読あり。やがて、司会者がステージに上がって言った。「レナレ　モデラハチ　ヨオ　ヘテヒレング。カコポ　アモヘラング　スプリフ・スター！（本日のスペシャルゲストは、アメリカからはるばる駆けつけてくれたラッパーです。みなさん、スプリフ・スターの登場です！）」

スプリフ・スターといえば当時、あのバスタ・ライムスのバックでサポート・ラップをつとめていた人物だ。わけがわからなかった。――ええっ？　スプリフ・スターが？　ハマンスクラールに？――　ふと見ると、会場にいるみんなが僕のほうをじっと見ている。トムがやってきて僕の耳元にささやく。

「さあ、ステージへ」

「え？」

「ステージで歌うんだよ」

「おい、どういうことだよ」

「なあ、頼む。俺を困らせないでくれ。もう、金ももらってるんだ」

「金？　って、なんの金だよ」

もちろん、トムからはなにも聞かされていない。トムは、アメリカから有名なラッパーをここへ呼んで歌わせる、と吹聴していたのだ。そのために前金を払わせていた。そして、ティンバーランドのブーツを履いたこの僕が、その有名なアメリカのラッパーってわけだ。

「ふざけるな。絶対にいやだ」

「なあ、頼むよ。ここはひとつ俺の顔を立ててくれないか。このとおりだ。気に入った娘がいてさ、付き合ってほしさについ、有名なラッパーはみんな俺の知り合いだ、って言っちゃって……。だから、頼むよ」

「おまえな、スプリフ・スターって、いったいどうしろっていうんだよ⁉」

「バスタ・ライムスの曲をラップしときゃいいから」

「歌詞なんかひとつも知らないのに」

「かまうもんか。こいつらに英語なんかわかるか」

「まったく」

僕はステージに上がった。トムのビートボックスときたら、ひどいものだ。「ブフブフ、ビーフ、ブフブフ、ビーフ」僕は、即興ででっち上げたバスタ・ライムスの歌詞を、とちりながら歌った。観客から拍手喝采が沸き起こる。アメリカのラッパーがはるばるハマンスクラールまで来てくれたなんて、誰も体験したことのない一大事件だったのだ。

とまあ、トムはこういうやつだった。

ある日の午後、トムがうちに立ち寄ったとき、マトリックダンスの話になった。僕はいっしょに行く相手もいないし、そんな女の子も見つけられないし、探すつもりもない、と言った。

「いっしょに行ってくれる娘を見つけてやるよ」

「無理だよ、そんなの」

「大丈夫。取引しよう」

「おまえと取引なんかしたくない」

「まあ、聞け。話はこうだ。おまえのCDを売った分け前を、もうちょっと増やしてくれ。それから、俺にはただでCDをいっぱいくれ。それとひきかえに、おまえが見たこともないようなきれいな娘を連れてきてやる。その娘とマトリックダンスに行けばいい」

「わかったよ、話に乗ってやるよ。そんなことありっこないからな」

「約束だな?」

「約束だ、だけど実現はしない」

「でも、約束は約束、だな?」

「約束だ」

「よし、おまえの相手を見つけてやるぞ。いままでで一番きれいな娘だ。その娘をマトリックダンスに連れていくおまえは、スーパースターになれるぞ」

マトリックダンスはまだ2カ月も先だった。トムとのばかばかしい取引のことなんて、すぐに忘れてしまった。そんなある日の午後、トムが僕の部屋にひょっこり顔を出した。

「女の子を見つけたぞ」

「本当かよ」

「ああ。来て会ってくれ」

トムはいつもでたらめばかり言ってるけど、ペテンにかけるのがうまいのは、相手に必ずなにかしらは与えるからだ。信じさせておく程度のものを提供する。トムに紹介されて、きれいな娘はたくさん見ていた。トム自身は付き合いはしなかったけど、口達者だったから、きれいな娘にいつも囲まれていた。だから、女の子を見つけた、と言われたとき、僕はトムの言うことを信じた。ふたりでバスに飛び乗り、街へと向かった。

その娘の家は、街中のさびれたアパートだった。建物を見上げると、女の子がバルコニーから身を乗り出し、こっちこっちと手を振っている。あの娘は妹のレラトだ、とトム。なるほど、そういうことか。トムはずっと、レラトと付き合いたがっていた。その姉と僕を引き合わせることで、なんとか近づこうとしているわけだ。トムのことだ、なにか魂胆があって当然だった。

アパートの入口は暗かった。エレベーターが壊れていて、階段をかなり上っていく。さっきのレラトが家に招き入れてくれる。居間には大女が、いやもうマジで、めっちゃくちゃでかい、太った女性がいた。——ああ、トム。そうきたか。まったくやってくれたよ——。トムは冗談もきついのだ。

「この人が僕の相手？」

「ちがうちがう。この人じゃない。この人はお姉さん。おまえの相手はバビキだ。レラトにはお姉さんが4人いるんだ。バビキはいま買い物に行ってるけど、すぐ戻るってさ」

待っているあいだ、このお姉さんとおしゃべりしていた。10分もすると、玄関のドアが開き、見たこともない、ものすごくきれいな娘が入ってきた。その美しさといったら……まったく。美しい瞳、黄金色に輝く褐色の肌。その娘自身が光を放っているみたいだった。こんなにきれいな娘は、学校にはいない。

「ハーイ」とその娘。

「ハーイ」と僕。

僕は呆然としていた。こんなきれいな娘にどう話しかけたらいいのか、わからなかったのだ。彼女も内気で、ほとんどなにも言わない。ちょっと気まずい間があった。でもありがたいことに、トムがしゃべりまくるタイプだ。さっとあいだに入ってくれて、そこから話をスムーズに進めてくれた。「トレバー、この娘がバビキ。バビキ、こいつがトレバー」トムは、僕がどんなにいいやつか、バビキがマトリックダンスをどれほど楽しみにしているか、いつ迎えにきてダンスへ行くかなど、いろんなことをこと細かにしゃべりまくっていた。そうやってしばらく過ごしたあと、そろそろ行かなきゃ、とトムが言ったのをきっかけに、ふたりで玄関に向かった。バビキが僕に向かってにっこりしながら、手を振ってくれる。

「バーイ」

「バーイ」

外へ出たとき、自分は世界一幸せだと思った。信じられなかった。学校では彼女ができないやつなのに。彼女なんてできっこないとあきらめていたし、自分は女の子と付き合うに値しない男だと思っていた。そんな僕が、今度のマトリックダンスに参加するのだ。しかも絶世の美女を連れて。

それから数週間にわたり、僕たちはヒルブロウへ出かけては、バビキとその姉妹や友達といっしょに過ごした。ババキの家族はペディ族といって、南アフリカで少数派の部族だ。僕はバックグラウンドが異なる人たちと知り合うのが好きだから、楽しかった。ババキやその友達は「アマプーチュア」だった。ほかの黒人とそう変わらない貧しい暮らしをしていても、そうは見えないように外見にお金をかける人を指すことばだ。おしゃれな服を着て、お金があるようにふるまう。アマプーチュアは、たとえシャツ1枚であっても分割払いにし、7カ月かけて支払う。住まいはみすぼらしくても、高価なイタリア製の革靴を履いている。ちょっと変わった人たちだ。

ババキとふたりだけで出かけることはなかった。いつもグループ行動だ。ババキははにかみ屋で、僕もいつもすごく緊張していたけど、楽しかった。トムのおかげで、みんながゆったりと楽しいひとときを過ごしていた。別れ際に、ババキはいつも僕にハグしてくれた。一度なんて軽くキスまでしてくれた。天にも昇る心地だった。——そうだ、僕には彼女がいるんだ。最高——。そう思っていた。

マトリックダンスの日がだんだん近づいてくると、緊張してきた。車もないし、まともな服もない。はじめてきれいな女の子を連れて出かけるからには、完璧にしたい。

継父エイブルの自動車修理業が立ち行かなくなって、みんなでハイランズノースに引っ越したとき、作業場も家に移していた。今度の家は庭が広く、裏庭にはガレージもあったから、基本的には、そこを新しい作業場にしたのだ。うちには常に、少なくとも10台とか15台とかの車が置かれていた。車の乗り入れ道にも、庭にも、表の通りにまで、客から預かった修理待ちの車もあれば、エイブルがいじくり回すためにとってある廃車もあった。ある日の午後、うちへ遊びにきていたトムが、僕の彼女のことをエイブルに話した。それを聞いたエイブルは、気前のいいところを見せようとしたのか、マトリックダンスの日に車を使っていい、と言う。

かなり前から放置されていた赤のマツダがあった。まったくどうしようもない代物だったけど、動くのはちゃんと動いた。前にも借りたことがある。でも、僕が本当に乗りたいのはエイブルのBMWだった。マツダ同様、旧式のおんぼろだけど、BMWはBMW。エイブルにお願いした。

「それなら、ぜひ、BMWを使わせて」

「それはありえない」

「お願いします。人生で一番大切な日なんだ。ねえ、このとおり」

「断る」

「頼みます」

「ダメだ。マツダならいい」

やり手交渉人のトムがあいだに入る。

「エイブルさん、いいですか。トレバーがダンスパーティーに連れていく娘をご覧になれば、これがどんなに大切なことかが、おわかりいただけると思います。こうしませんか。その娘をここへ連れてきますから、絶世の美女だと思われたら、トレバーにBMWを使わせてやるということに」

エイブルはしばらく考えていた。

「よし、いいだろう」

僕たちはバビキのアパートへ行き、うちの両親が会いたいと言っているから、と説得して、家まで連れてきた。裏へ回り、エイブルが仕事をしているガレージまで連れていって、トムと僕とでエイブルに紹介する。

「エイブル、この娘がバビキ。バビキ、エイブルだ」

エイブルがにっこりする。相変わらずこういうときは愛想がいい。

「やあ、よく来たね」とエイブル。

エイブルとバビキが2、3分立ち話をしたあと、トムとバビキは帰っていった。エイブルが僕を見る。

「あの娘がそうなのか?」

「うん」

「BMWを使っていいぞ」

これで車は確保した。あとは着るものがどうしても必要だった。相手は超おしゃれなのに、僕の着るものといえば、ティンバーランドのブーツ以外は全部ダサダサだ。手持ちの服が限られていたのは、かあさんが認めた店でしか買えないからだった。服にお金をかけるなんて、というかあさんだ。バーゲン品しか売っていないような店へ連れていかれ、言われた予算内で探すしかなかったのだ。

当時の僕は、服のことなんてさっぱりわからなかった。パワーハウスというブランドの服ばかり着ていた。東海岸ならマイアミあたり、西海岸ならベニスビーチあたりの、ムキムキマッチョが着ているような、だぼだぼのトラックパンツにぶかぶかのスウェットシャツだ。このブランドのロゴは、顔をすっぽり覆うサングラスをかけ、葉巻をくわえながら筋肉を鍛えている、ボディービルダー体型のブルドッグだった。そんなキャラクターが、トラックパンツなら裾までずっと、Tシャツなら胸全体に、下着のパンツなら股間に、入っているのだ。見るに耐えない最悪のブランドだと思っていた。とはいえ、僕には友達がいないし、犬は好きだし、筋肉はかっこいいし、ってことで、よしとしていた。パワーハウスの服は全部ひととおり持っていた。上下揃いの服を色違いで5種類持っていたから、楽チンだった。このパンツとこのスウェットシャツ、同じ色の上下を着れば済むのだから。

海賊版CDを売ってくれていたもうひとり、ボンガニは、彼女ができたことを知ると、僕のイメージチェンジに使命感を燃やした。「もっと気合をいれなくちゃ。そんな格好でマトリックダンスへ行けるわけないよ。彼女のためだ、おまえのためじゃない。さあ、服を買いに行くぞ」

マトリックダンスに着ていく服を買うお金が欲しい、とかあさんに頼みこんだ。しぶったけど最後には折れて、服一式分として2000ランドくれた。かあさんからこんなにまとまったお金をもらったのははじめてだ。ボンガニに予算を伝えると、なんとかなる、と言う。ボンガニによると、豪華に見せるコツは、1点だけ高価なアイテムにして、あとはベーシックで見栄えのするものにすればいい、ということだった。高価なアイテムがみんなの目を引くから、実際よりお金がかかっているように見えるらしい。

当時の僕が、断然カッコイイと思っていたのは、映画『マトリックス』でみんなが着ているあの革のコートだ。ちょうど高校生のときに公開された映画で、大好きだった。主人公のネオがとにかくかっこよかった。そして僕にはわかっていた。――僕はネオだ――と。ネオは冴えないやつだ。なにをやってもだめなのに、実はめちゃくちゃかっこいいスーパーヒーロー。あとは、坊主頭の謎めいた黒人が僕の前に現れて、道を示してくれるだけでいい。今、目の前にいる、スキンヘッドの黒人のボンガニは僕にこう告げた。「おまえならできる。おまえは選ばれし者なのだ」僕はもちろん「ああ、わかっていた」って感じだった。

キアヌ・リーブス演じるネオが着ていたような、くるぶしまである黒の革のコートが欲しい、と言うと、ボンガニに即却下された。「ダメだ。実用的じゃない。かっこはいいけど、そんなの一度着たらあとはタンスのこやしになるのがオチだ」ボンガニに連れられていろいろ見て回り、結局買ったのは、ひざ下くらいの黒の革ジャケットだ。今見たら笑ってしまうかもしれないけど、当時はネオのおかげで、すごくかっこよく思えた。これだけで1200ランドした。あとは、黒のシンプルなパンツ、先の四角いスエードの靴、それにクリームホワイトのニットのセーターを買った。

一式買い揃えると、ボンガニがしげしげと、僕の巨大アフロヘアを眺めだした。70年代のマイケル・ジャクソンのような完璧アフロにしたくて、いつも四苦八苦していたけど、実際は映画『ちびっこギャング』に出てくる男の子、バックウィートみたいだった。ぜんぜんまとまらなくて、くしでとかすなんて不可能。頑固な雑草がびっしり生えているところに、熊手を突き刺すようなものだ。

「そのひどい髪を直さないと」

「どういうこと？　こういう髪なんだよ」

「いや、なんとかしなきゃダメだ」

ボンガニはアレクサンドラに住んでいた。僕をそこへ引っ張っていくと、家の近所でぶらぶらしていた女の子たちに話しかけた。

「君たちならこいつの髪をどうする？」

女の子たちが僕をじろじろ見る。

「すごいボリュームね。コーンロウにすれば？」と誰かが言うと、

「ああ、そうよ、それがいい！」とほかの子も同調する。

「えっ？　コーンロウ？　いやだよ！」と僕。

「ダメダメ、コーンロウにしなさい」

ボンガニに引っ張られて、通りの先にある美容院へしぶしぶ行く。中に入って座ると、店の女性が僕の髪に触り、首を振りながらボンガニに言う。

「こんな羊みたいな髪じゃムリ。まず髪をなんとかしないと」

「どうすればいい？」

「ストレートパーマをかけてらっしゃい。うちではやってないから」

「わかった」

ボンガニに引っ張られて、また別の美容院へしぶしぶ行く。椅子に座ると、店の女性が僕の髪を手に取り、白いクリーム状のものを塗りはじめた。女性はゴム手袋をはめていた。ストレートパーマ剤が自分の肌に触れないようにしていたのだ。それを見たときに気づくべきだった。これってあんまりいいアイデアじゃないかも、って。髪全体にパーマ剤を塗り終えた女性が言った。「なるべくこのままでじっとしていてね。だんだん熱くなってくるから。そうなったら、声をかけて。洗い流すから。でも、なるべく我慢すれば、その分、髪がまっすぐになるわよ」

完璧にしたかった僕は、椅子に座ったまま、ひたすらじっと我慢した。限界まで我慢した。我慢しすぎた。

熱くなってきたら、じゃなくて、ヒリヒリしはじめたら、と言ってほしかった。だって、実際に熱くなってきた、と感じたときにはもう、頭の皮がすっかり溶けてしまっていたんだから。ヒリヒリをとっくに通り越していた僕は、気が動転して叫び出した。「熱い！　熱い！」女性は急いで僕をシャンプー台へ連れていくと、パーマ剤を流しはじめた。このときはじめて知ったのは、やけどして本当に痛いのは、洗い流すときだということだ。火炎放射器で頭から火をぶっかけられているみたいだった。洗い流し終えたときには、酸によるやけどの痕だらけだ。

美容院にいた男性は僕だけだった。女性専用サロンだったのだ。おかげで、女性が美しく見せるために日頃からいかに苦労しているかを体験できた。――なんだってわざわざこんなことするんだろう。大変すぎる――。でも、それだけのことはあった。完全にまっすぐな髪になっている。くしでオールバックにされた僕の姿は、まるでアニメ『ブーンドックス』にでてくるあの客引きみたいだ。

それからまたボンガニに引きずられて、最初の美容院に戻る。これならコーンロウにできると言う。ゆっくりとした仕事ぶりだった。6時間かかった。ついに完成し、「はい、鏡を見てごらん」と言われて、椅子ごとぐるっと回される。鏡を見ると……見たことのない自分がいた。アメリカの映画でよくある、イメチェンのシーンのようだった。ださいやつを連れていき、ヘアスタイルも服も変えると、みにくいアヒルの子が白鳥に、っていうあれだ。女の子と付き合えるはずがない、という思い込みから、女の子にかっこよく思われようなんて考えたこともなかった。だから、かっこよく見せることができるなんて、知らなかった。なかなかいいヘアスタイルだ。

顔も、完全とは言えないけど、ましになりつつあった。膿疱《のうほう》がなくなって、ただのニキビになっていた。僕は……悪くなかった。

家に帰ると、かあさんがキャーキャー騒いだ。

「まあああああ！　いとしの息子が、かわいらしい女の子に大変身！　かわいい娘ができたわ！　なんてかわいいの！」

「かあさんたら、もう！　やめてよ」

「これってもしかして、カミングアウト？」

「え？　まさか。なんでそんなこと言うんだよ」

「ゲイだって構わないのよ」

「違うってば。ゲイじゃないよ」

一族のみんなが気に入ってくれた。よく似合う、と言ってもらえた。ただ、かあさんにだけは、とことんからかわれた。

「実に見事ね。でもちょっとかわいすぎるわね。ホント、女の子みたい」


とうとうその日の晩になった。トムがうちへ来て身支度を手伝ってくれる。髪も服もすべて完璧だ。準備が整うと、ふたりでエイブルのところへ、BMWの鍵をもらいに行った。このときすでにもう、あの晩のすべてが間違った方向へ進みはじめていたのだ。

あれは土曜の晩だった。週末ってことは、つまり、エイブルが仕事仲間といっしょに飲んでいる、ということだ。ガレージまで行ってエイブルの目を見た瞬間、ひどく酔っ払っているのがわかった。――しまった――。エイブルは、酔うとがらっと人が変わってしまうのだ。

「おお、かっこいいじゃないか!」エイブルはにんまりしながらそう言うと、僕をじろじろ見ている。「で、どこへ行くんだ?」

「どこって、例のダンスパーティーだよ」

「そうか、楽しんでこい」

「あの……鍵をもらえる?」

「なんの鍵だ?」

「車の」

「どの車だ?」

「BMWの。約束したよね。ダンスパーティーに乗っていっていいって」

「とりあえず、ビールを買ってきてくれ」

別の車の鍵を渡され、トムと僕は酒屋まで走らせた。ビールを2、3ケース買い、家に戻り、エイブルのところへ持っていく。

「じゃあ、もうBMWに乗っていっていい?」

「ノー」

「どういうこと？　ノーって」

「ノーと言ったらノーだ。あの車が要るんだ」

「でも約束したよね。乗ってもいいって」

「ああ、でも要るんだよ、あの車が」

僕は打ちひしがれながらも、トムといっしょに30分近く頼みつづけた。

「お願いします」

「ノー」

「このとおり、お願いですから」

「ノーって言ってるだろう」

これはどうやっても無理だ。とうとうあきらめた。僕たちはおんぼろマツダに乗り、バビキの家へ急いだ。迎えに行く約束の時間から、もう1時間も遅れている。バビキは完全におかんむりだった。トムが家の中まで説得しにいって、ようやくバビキが出てきてくれた。

はっとするような赤いドレス姿のバビキは、いつにも増して美しかったけど、あきらかに不機嫌だった。僕は内心はうろたえていたけど、にっこり微笑み、模範的な彼氏であろう、紳士的にベストを尽くそう、とした。車のドアを開けてバビキを乗せ、きれいだとほめちぎる。トムとバビキの妹に見送られ、僕たちは出発した。

やっと出発したと思ったら、今度は道に迷ってしまった。ダンスパーティー会場は、僕のよく知らない地区にあり、大回りした挙句、結局元いた場所に戻ってしまったりして、ぐるぐるさまよっているうちに、どこにいるのかさっぱりわからなくなってしまった。暗い夜道を1時間も、あっちへ行ったり、こっちへ行ったり、来た道を引き返したり。その間ずっと、携帯電話でいろんな人に電話しまくり、いまどのあたりにいるのか、会場までどう行けばいいのか、必死で尋ねていた。この間バビキは、助手席でずっと黙り込んでいる。いったい何を考えているんだか。着く前にもう大撃沈してるじゃないか。ダンスパーティーには遅れているし、どこに向かっているのかもわからない。僕は最低の彼氏だ。

とうとう現在位置がわかり、なんとか会場までたどり着く。2時間近く遅れていた。車を停めて急いで降り、助手席側へ回る。ドアを開けても、バビキはじっと座ったままだ。

「準備はいい？　さあ中へ入ろう」

「ノー」

「ノー？　ど、どういうこと？　ノーって」

「ノー」

「わかったよ……だけど、どうして？」

「ノー」

「とにかく中へ入らないと。ダンスパーティーは中でやってるんだよ」

「ノー」

これが20分ほどつづいた。会場に入るよう、なんとか説得しようとしても、とにかく「ノー」の一点張り。どうしても車から降りてくれない。

とうとう僕はこう言った。「わかった。すぐ戻るからね」

急いで中に入ると、ボンガニを捜した。

「どこにいたんだよ?」

「ここだよ! ババビキが車から降りようとしないんだ」

「降りようとしない? どういうことだ」

「わけわかんないよ。なんとかしてくれ」

ふたりで外に出て駐車場に向かった。車のところまで来たボンガニは、ババビキの姿を見るなり興奮してしまった。「なんてこった! こんなきれいな娘は見たことない。トレバー、美人だとは聞いていたけど、これは常軌を逸しているぞ」僕を助けにきたことなんか、すっかり忘れてしまっている。くるっと向きを変えると、また会場の中へ走っていき、みんなに呼びかけた。「みんな、聞いてくれ! 見ものだぞ! トレバーが彼女を連れてきた! それもすんごい美人だ! さあ、みんな、見に来いよ!」

20人ほどが走って駐車場に向かってきて、車のまわりに群がる。「おお、こいつはすごい!」「おい、こんなきれいな娘があのトレバーと?」連中は檻の中の動物でも見るように、ただただババビキに見入っている。いっしょに写真を撮らせろと言うやつ。もっと人を呼びに会場へ戻っていくやつ。「めちゃくちゃ美人だぞ！　トレバーの彼女！　いやいや、うそじゃない、まじだって。見にくればわかる！」

悔しかった。高校ではずっと、女の子のことで恥をかくような事態は、細心の注意を払って避けるようにしてきたのに。それがいま、よりによって卒業記念のこの大事なダンスパーティーの夜に、イベントを上回るほどの、とんだ見世物騒ぎになってしまった。あのモテない道化師のトレバーが、一番きれいな娘を連れてきたつもりが、大撃沈して炎上してやがんの。さあみんな、外に出てひと見物だ。

ババキは助手席に座ったまま、まっすぐ前を見つめて動こうとしない。僕はどんよりとした気持ちで、そのへんを行ったり来たりしていた。友達のひとりが、こっそり持ち込んでいたブランデーのボトルを手渡してくれる。「まあ、これでも飲め」こうなったらもうやけくそだ。僕はどんどん飲みはじめた。なにもかも台無しだ。ババキに嫌われた。大切な夜が終わってしまった。

そのうちに、ほとんどがまた中へぶらぶらと戻っていった。僕は歩道に腰を下ろし、ブランデーをボトルからがぶ飲みし、ハイになっていた。ボンガニがまた車のほうへ行き、最後にもう一度ババキを説得して、会場に入らせようとする。1分かそこらで、ボンガニが車の上に顔を出し、とまどった表情を見せた。

「おい、トレバー、彼女、英語を話さないぞ」

いる。

「え?」

「この娘さ、英語がぜんぜんわからない」

「ありえない」

立ち上がり、車のほうへ行った。ババキに英語で質問しても、無表情のままじっと僕を見ている。

ボンガニが僕を見る。

「英語が話せない、って知らなかったって、どういうことだ?」

「そ、それは」

「話したことなかったのか?」

「もちろん話は、あれ、待てよ……話したこと、あったっけ?」

ババキといっしょにいたときのことを思い返してみる。アパートで出会ったとき、ババキの友達といっしょに出かけたとき、エイブルに紹介したとき、ババキと話をしたか?　ノーだ。あのときは?　ノーだ。あのときもこのときも、すべてノーだった。まるで、映画『ファイト・クラブ』で、エドワード・ノートン演じる主人公が、ふと過去を思い出す例のシーンみたいだった。主人公は、ブラッド・ピット演じるタイラー・ダーデンと、ヘレナ・ボナム=カーター演じる彼女との3人が、いっしょに同じ部屋にいたことは一度もない、と気づく。いままでずっと殴っていたのは、自分自身だった。タイラー・ダーデンは、ほかならぬ自分だったのだ。バビキといっしょにいる、というだけですっかり舞い上がってしまい、出かけたり、お互いのことを少しずつ知るようになったりする間も、一度も言葉は交わしていなかった。いつもトムを介していた。

トムの野郎。

トムは、ダンスパーティーに連れていくきれいな娘を見つけてやる、と言っただけで、それ以外のことは一切保証しなかった。僕たちがいっしょにいるときはいつも、ババビキはトムにペディ語で、トムは僕に英語で話していた。バビキが英語を話すことも、僕がペディ語を話すこともなかった。エイブルはペディ語が話せる。客に応対するために、南アフリカの言語をいくつか身につけていた。だから、ババビキともごく自然に話ができたのだ。そのとき僕は、ふと気がついた。ババビキの口から出た英語といえば、「イエス」「ノー」「ハーイ」「バーイ」、これ以外は聞いたことがなかった。「イエス」「ノー」「ハーイ」「バーイ」だけだったのだ。

そもそもババビキはすごく内気だから、あまり話さなかったし、僕は僕で、女の子に対して不器用だったから、どう話せばいいかもわからなかった。女の子と付き合ったことなんてなかったし、そもそも「彼女」とはどういうものかさえ知らなかった。きれいな娘とぽんと腕を組まされて、「さあ、おまえの彼女だ」と言われ、その美しさと、彼女だというイメージに惑わされていた。だから、話しかけようなんて思いもしなかった。パソコンで出会う裸の女の子たちには、話しかけたり、意見や考えを尋ねたりする必要が一切ない。それに、下手に口でも開いて、すべてを台無しにしてしまうのが怖かった。だから、うなずいたりにっこりしたりするだけで、話は全部トムに任せていた。

ババキのお姉さんは3人とも英語が話せたし、妹のレラトも少し話せた。だから、ババキの姉妹や友達といっしょにいるときの会話は、ほとんどが英語だった。そうじゃないときは、すぐ横でペディ語やソト語が飛び交っていたけど、南アフリカではごく普通のことだったから、ぜんぜん気にならなかった。それに、話の要点は英語で説明してもらえていたから、なんの話をしているかくらいは、十分わかった。さらに、僕の脳はことばを処理するときに、耳から入るのが何語であっても、英語のフィルターを通して理解している。だから、記憶は英語で残る。台所の床にうんちをした悪魔を追い払うと言って、おばあちゃんたちが神様に必死にお祈りしたあの一件も、すべてコサ語だったけど、脳は英語で記憶している。思い出すときも英語だ。そんなわけで、夜ベッドに寝転がって、ババキと過ごした時間を思い返すときも、すべて英語だった、と錯覚していた。ババキが何語を話せて、何語を話せない、なんてことは、トムから一切聞かされていなかった。トムにはどうでもいいことだからだ。CDをただで手に入れ、ババキの妹と付き合えればそれでよかった。そんなわけで、1カ月も付き合っていながら（しかもはじめての彼女だとかたく信じていたその女の子と）、一度も会話したことがなかった、というわけだ。

そうなると、その晩の一部始終が見えてきた。ババキの立場になってみれば、車から出たがらないのも無理なかった。そもそも、僕とダンスパーティーに出かけるのは気乗りしなかったのかもしれない。トムになにか借りがあったのかもしれない。トムなら人にどんなことだってさせられる。おまけに1時間も待ちぼうけを食わせられて、おかんむりだった。それでもようやく車に乗り込み、はじめてふたりきりになってみれば、僕はちょっとした会話もできないときた。そのまま車で連れ回され、夜道で迷ってしまった。若い女性がひとりきりで、ちょっと変な男と車に乗っていて、いまどこにいるのか、これからどこへ連れていかれるのかもわからない。相当怖かったはずだ。会場に着いてみれば、誰ひとり言葉がわかる人がいない。知っている人はひとりもいない。僕のことすらよく知らないのだ。

ボンガニと僕は車の外に突っ立ったまま、互いの顔をじっと見ていた。どうしたものか。知っているかぎりの言語で話しかけてみたけど、どれも通じない。バビキがわかるのはペディ語だけなのだ。もう破れかぶれで、しまいには身振り手振りでなんとか伝えようとした。

「プリーズ。ユー、ミー、インサイド、ダンス。イエス?」

「ノー」

「インサイド、ダンス。プリーズ?」

「ノー」

ペディ語を話せるか、とボンガニに訊いたけど、ダメだった。僕は会場へ走っていき、ペディ語を話せるやつがいないか探し回った。バビキを説得してくれるやつは誰かいないか。「ペディ語話せる？　君、ペディ語は？　ねえ、ペディ語話せる？」ひとりもいなかった。

そんなわけで、マトリックダンスパーティーには、結局参加できなかった。あの晩、ダンス会場にいたのは、ペディ語を話すやつを探して走り回った3分間だけだ。あとはずっと、駐車場にいた。パーティーがお開きになり、赤のおんぼろマツダにまた乗り込んで、バビキを家まで送っていく。道中ずっと、気まずい沈黙のままだ。

ヒルブロウのアパートの前に車を停め、エンジンを切ったあと、しばらくじっとしていた。礼儀正しく、かつ紳士的にこの晩を締めくくるには、どうすればいいか、考えていたのだ。すると、バビキが突然身を乗り出してきて、僕にキスした。本物の、ちゃんとしたキスだ。その晩の大惨事を一切忘れさせてくれるようなキスだった。すっかりとまどってしまい、どうしたらいいかわからなかった。バビキが姿勢を元に戻したとき、その瞳をじっと見つめながら思った。――女の子なんてさっぱりわからない――。

車を降りて助手席側へ回り、ドアを開ける。バビキがドレスの裾をさっとまとめて、車から降り、アパートへ向かう。僕はこれがもう最後、と思いながら、そっと手を振った。

「バーイ」

「バーイ」

第３部

ドイツの子供たちは、高校を終えるまでに、ホロコーストのことを必ず教わる。こんなことがありました、だけじゃなく、どんなふうに、なぜ、そんなことが起こったのか、その重大さや意味するところを学ぶ。その結果、ドイツ人はこの問題をちゃんと認識し、申し訳なく思うようになる。英国の子供たちが植民地政策のことを教わるときも、だいたいこれと似ている。大英帝国の歴史の一切に、なんとなくある種の拒否感を覚えながら学んでいく。「やっぱり、こういうのは恥ずべきことだった。そうだよね？」

南アフリカで、アパルトヘイトの極悪非道さをこんなふうに教わったことはない。よく考えてみよう、でもなければ、恥ずべきことでした、でもなかった。南アフリカの歴史の授業は、アメリカの歴史の授業とそう変わらない。アメリカの人種差別の歴史の授業はこんな感じだ。「奴隷制度がありました。それから黒人隔離政策。それからマーティン・ルーサー・キング牧師の登場と暗殺。でも、もう済んだことです」南アフリカの授業も同じだ。「アパルトヘイトは間違っていました。ネルソン・マンデラが釈放されました。はい、では次に進みます」実際にあったことを少し教えるだけで、人の気持ちや道義的な意味を教えることは一切なかった。教師の多くは白人で、まるで指令でも受けていたみたいだった。「なにがあろうと、絶対に、生徒たちを怒らせるな」と。

15 いいぞ、ヒトラー！

サンドリンガム校の9年生のとき、中国人が3人転校してきた。ボロ、ブルース・リー、ジョンと呼ばれていた。全校生徒1000人のうち、中国人はこの3人だけだ。ボロはあだ名だ。ジャン＝クロード・ヴァン・ダムの主演映画『ブラッド・スポーツ』のボロ・ヤンに似ていたのだ。ブルース・リーは本名だというから、大騒ぎだった。中国人、物静かでハンサム、引き締まった体、しかも名前がブルース・リー。――奇跡だ。神様どうもありがとう。ブルース・リーをここに寄越してくださって――って感じだ。ジョンはジョンというありきたりの名前で、あとのふたりと比べると、逆に変な感じだった。

ボロと知り合うようになったのは、僕の売店事業のお得意さんだったからだ。ボロの両親は海賊版販売で生計を立てていた。ビデオゲームの海賊版をフリーマーケットで売っていたのだ。息子のボロも同じように、プレイステーションゲームの海賊版を学校で売りはじめた。ボロにゲーム機を預けると、数日後には、海賊版ゲームで遊べるようチップを入れた状態で持ってきてくれて、そこで売買成立、というわけだ。ボロには、やはり海賊版ビジネスをしていたアンドリューという白人の友達がいて、こちらは海賊版CDを売っていた。アンドリューは僕の2学年上で、正真正銘のパソコンおたくだった。CDレコーダーまで持っていた。当時、そんなの誰も持っていなかった。

あるとき、売店ボーイとしてランチを届けて回っていると、アンドリューとボロが、黒人生徒のことで愚痴をこぼしているのが耳に入った。黒人生徒は「あとで払うから」と言って、アンドリューやボロからモノを受け取れば、もう代金を払わずに済むことに味をしめていた。アンドリューもボロも黒人が怖くて、払えとは言えないからだ。僕はふたりの会話に割って入った。「心配しなくて大丈夫だよ。黒人はお金がないから、なるべく少ないお金でなるべくたくさん手に入れようとするのは、ごく当たり前のことなんだ。僕に任せて。君たちのブローカーになるよ。モノを渡してくれたら、僕が売って、代金の回収も僕がする。そのかわり、売った分の分け前をくれればいい」ふたりはこのアイデアをたちまち気に入り、こうして僕たちは商売仲間になった。

売店ボーイの僕の立ち位置はバッチリだった。ネットワークはすでにあるから、あとはそれを活用するだけでいい。CDやビデオゲームを売って稼いだお金を貯めて、パソコンに新たなパーツを追加したりメモリを増設したりできた。パソコンおたくのアンドリューが、そのやり方も、パーツをなるべく安く買えるところも、組み立て方や修理の仕方も教えてくれた。それだけじゃない。ビジネスのやり方、曲のダウンロードの仕方、CD‐RWをまとめ買いできるところ、といったことまで教えてくれた。あと僕にないのは、CDレコーダーだけだった。これが一番高かったのだ。あの当時、CDレコーダーだけでパソコン一式とほぼ同じ、2000ランドほどした。

ボロとアンドリューのブローカーを1年くらいした頃、ボロが退学した。うわさによると、両親が逮捕されたようだった。それからは、アンドリューのブローカーをしていたけど、もうすぐ大学に進学するアンドリューも、この事業から足を洗うことになった。「トレバー、君は本当にいいパートナーだった」アンドリューはそう礼を言うと、CDレコーダーを僕に譲ってくれたのだ。あの頃、パソコンを使っている黒人はほとんどいなかった。それだけでも珍しい。CDレコーダーなんて、あの伝説の、みたいなレベルだった。それをアンドリューにもらったあの日から、僕の人生は変わった。CDの製作から販売、流通まで、すべて僕がコントロールすることになった。この海賊版ビジネスを揺るぎないものにするために、必要なものがすべて揃ったのだ。

僕にはビジネスの素質があった。なにかを売るのが楽しかったし、誰もが欲しがり、ほかの誰にも提供できないものを売っていた。製作した海賊版CDは、30ランドで売っていた。3ドルほどだ。店で正規のものを買えば、100ランドから150ランドくらいする。一度僕から買うようになると、もう誰も正規CDなんて買おうとしなくなる。実においしい商売だった。

ビジネスの勘はあっても、当時の僕は音楽のことをなんにも知らなかった。知っているのは相変わらず、教会のキリスト教音楽だけだ。かあさんと暮らしている間はそれしか許してもらえなかったのだ。アンドリューにもらったCDレコーダーは1倍速のもの、つまり、コピーするのに再生と同じ時間がかかる。毎日学校から帰ると、自分の部屋で5、6時間はCDをコピーしていた。専用のサラウンドシステムも自作した。エイブルが庭に置いている廃車からカースピーカーをいくつか持ってきて、部屋中に吊るしたのだ。CD再生中はずっとその場にいながら、まともに曲を聴くことはなかった。ディーラーの掟に反するからだ。自分が扱うブツでハイになるべからず。

インターネットのおかげで、どんなリクエストにも応じられた。人の音楽の好みをうんぬんしたことは一度もない。ニルヴァーナの新アルバムが欲しいと言われればそれを売り、DMXの新アルバムをと言われればそれを届ける。南アフリカの音楽も人気があったけど、みんなが欲しがったのは、ヒップホップやR&Bなど、アメリカにいる黒人の音楽だった。ジャギド・エッジや112が大人気だったし、モンテル・ジョーダンもすごく売れた。モンテル・ジョーダン様様だ。

このビジネスをはじめた頃は、ダイヤルアップ接続、しかも24Kモデムだった。アルバム1枚ダウンロードするのに、1日かかっていた。でもテクノロジーは進化しつづけ、僕もこのビジネスへの投資を怠らなかった。56Kモデムにアップグレードし、もっと速いCDレコーダー、次はマルチCDレコーダー、と手に入れていった。ダウンロードする曲数が増え、コピーする枚数も増え、CDの販売枚数も増えだした。その頃ブローカーになってもらっていたふたりが、ノースビュー校に通っていた友人のトムと、アレクサンドラに住むボンガニだ。

ある日、ボンガニがやってきてこう言った。「もっと儲かる方法を教えてやろうか。アルバムを丸ごとコピーするんじゃなく、何枚かのアルバムのベスト・トラックだけを1枚のCDにコピーするんだ。みんなが聴きたいのはベスト・トラックだけだから」それはいいアイデアだと思った。だからさっそく、ミックスCDをつくるようになった。これがよく売れた。数週間後、またボンガニがやってきて言った。「曲と曲の間が途切れずにビートがつづくように、クロスフェードをかけられるか？　DJがひと晩中途切れずプレイしているような感じで」これまたいいアイデアだと思った。だからさっそく、BPMという、テンポを計るソフトをダウンロードした。2枚のレコードを左右に並べたようなグラフィカル・ユーザ・インタフェースで、曲をミックスしたりフェードをかけたりと、DJがライブですることは、ほとんどなんだってできた。こうして、パーティー用CDを製作するようになると、これまた飛ぶように売れ出した。

大当たりだった。最上級生になる頃には、週500ランドは軽く稼いでいた。これがどの程度の金額かというと、南アフリカのメイドには、いまでもこれより給料が少ない人もいる。家族を養うにはぜんぜん足りないけど、親の家に住み、たいした出費もない16歳の僕にしたら、夢のような金額だ。

生まれてはじめてお金を手にして、すごく解放された気分になった。お金があることでまず気がついたのは、いろいろ選択できる、ということだ。人はお金持ちになりたいわけじゃない。選べるようになりたいのだ。お金があるほど選択肢も広がる。それが、お金のもたらす自由なのだ。

お金を手にした僕は、それまでとはまったく違うレベルの自由を味わった。マクドナルドだ。アメリカ人にはわからないと思うけど、アメリカ発のチェーン店が第三世界の国でオープンすると、それはもう大騒ぎになる。いまでもそうだ。バーガーキングが2013年に南アフリカにはじめてオープンしたときなんて、1ブロック分も長蛇の列ができたくらいだ。みんなが話題にしていた。「バーガーキングへ行ってみなくちゃ。知ってた？　アメリカ発なんだって」面白いのは、列に並んでいるのはほとんどが白人だったこと。白人はバーガーキングに夢中だった。一方、黒人にとっては、どうでもいいニュースだった。黒人にバーガーキングは必要ない。僕たちの心は、ケンタッキーフライドチキンとマクドナルドとともにある。黒人がマクドナルドに夢中なのは、南アフリカに1号店がオープンするずっと前から、映画なんかで目にして知っていたからだ。マクドナルドが南アフリカにできるなんて、夢にも思っていなかった。僕たちにとって、マクドナルドはアメリカ的なものの象徴で、アメリカ人だけのものだから、ほかの国にできるはずがない、と思っていたのだ。まだ味わったこともないうちから、マクドナルドが大好きになることはわかっていたし、実際、そうなったわけだ。一時期なんて、南アフリカのマクドナルドの店舗数は世界一だったほどだ。マンデラの釈放で自由がもたらされ、自由のおかげでマクドナルドがやってきた。うちから2ブロックのところにマクドナルドができたのは、ハイランズノースに引っ越してまだ間もない頃だ。だけどかあさんは、絶対にマクドナルドを食べさせてくれなかった。だから自分のお金を持って、いそいそと店に行った。よし決行だ。当時はまだ「スーパーサイズ」がなくて、一番大きいのは「ラージ」だ。自分のしていることに感動を覚えながら、カウンターへ行き、お金を出す。「1番のラージをください」

　僕はすっかりマクドナルドに夢中になった。マクドナルドは僕にとって、まさにアメリカの味だった。アメリカそのものだ。広告を見て、すごくおいしそうだと思う。無性に食べたくなり、買ってみる。最初のひと口で大興奮だ。思っていた以上においしい。半分ほど食べたところで、それほどじゃないな、と気づく。さらに2、3口食べると、――うーん、これってどうかな――と思いはじめる。でも食べてしまうと、また無性に食べたくなって、結局また食べにくるのだ。

　アメリカの味を覚えてしまった僕は、家でごはんを食べなくなった。口にするのはマクドナルドだけだ。来る日も来る日も、とにかくマクドナルドしか食べなかった。かあさんは毎晩、なんとかして僕に夕食を食べさせようとしていた。

「夕食は鶏レバーよ」

「いらない、マクドナルドにするから」

「今夜はドッグボーン」

「たぶんまたマクドナルドにするつもり」

「今日の夕食は鶏の足」

「うーん、わかった、食べるよ。でも明日はマクドナルドにするからね」

お金はどんどん入ってきていたから、使いたい放題だった。たとえば、コードレス電話を買った。みんなが携帯電話を持つ以前の話だ。このコードレス電話は、電波の届く範囲が広かった。台を部屋の窓側に置いておけば、2ブロック先のマクドナルドまで歩いていって、1番のラージを注文し、歩いて家に戻り、自分の部屋でパソコンを立ち上げる、そのあいだずっと通話中、なんてことができたのだ。アンテナを最大限に伸ばしたバカでかい電話を耳に当て、友達と話しながら通りを歩いていくキザなやつだった。「ああ、ちょっとマクドナルドまでな」

楽しい毎日だったけど、そのどれもが、アンドリューなしにはありえなかった。アンドリューがいなければ、海賊版CDの世界を牛耳り、マクドナルドに通い詰めることはなかった。アンドリューがしてくれたことは、個人レベルではあるけれど、土地や財産を弾圧によって没収され、権利を奪われた人々に力を与えることが、いかに重要か示していると思う。アンドリューは白人だ。アンドリューの家庭には、教育も財産もパソコンもあったわけだ。何世代にもわたり、白人が大学に進学するために勉強している一方で、黒人は粗末な小屋みたいなところに詰め込まれ、歌を歌わされていた。「ににんがし、にさんがろく、ラララララ♪」アンドリューの家では当たり前だったことが、わが家にはなかった。僕には人に物を売る素質はあったけど、知識も手段もなかったら、いったいなにができただろう。貧しい人はよくこんなふうに責められる。「自己責任だ！　自分でなにかはじめればいい！」と。だけど、いったいなにを元にしてはじめろと言うのだろう？

「魚を与えれば1日で食べてしまうけど、釣りを教えれば一生食べていける」とはよく言われる。だけど「釣りざおも与えたらいいんじゃないか」とまで言う人はいない。このたとえ話には、そこが欠けているのだ。アンドリューといっしょに作業したことで、僕ははじめて気づいた。恵まれた世界の人から教わる必要があるのだ。「さあ、これが必要なもので、やり方はこうだよ」と。才能だけあったところで、アンドリューからCDレコーダーを譲り受けていなければ、なにもできなかったはずだ。「そんなの施しと変わらない」と言う人もいるけど、それは違う。CDレコーダーがあったって、お金を稼ぐにはやっぱり働く必要があるからだ。CDレコーダーなしには、そのチャンスすら生まれない。

ある日の午後、部屋でCDをコピーしていたときのこと。CDを取りにやってきたボンガニが、パソコン上で曲をミックスしている僕を見て言った。

「うそだろ。ライブでやってるのか？」
「そうだよ」
「トレバー、おまえ、わかってるのか。宝の持ち腐れじゃないか。そんなの人前でやらなくちゃ。俺のタウンシップに来てDJライブをやるんだ。パソコンでプレイするDJなんて、まだ誰も見たことないぞ」

ボンガニはアレクサンドラに住んでいた。ソウェトが政府計画による広大なスラム街であるのに対し、アレクサンドラはごく狭い密集スラム街で、アパルトヘイト以前の時代からある。軽量ブロックと波トタンでできた掘っ建て小屋が、ほぼ重なり合うようにして何重にも並んでいる。別名ゴモラ。悪徳のために天の火で焼き滅ぼされた、聖書に出てくる町の名前だ。そう呼ばれているのは、ここで開かれるパーティーの乱痴気さといい、犯罪の深刻さといい、治安の悪さが群を抜いているからだ。

アレクサンドラといえば、なんといっても、路上パーティーだ。天幕を持ってきて道路のど真ん中に張り、道路を独占すれば、もうパーティーになる。招待状や招待者リストなんてものは一切なし。何人かに声をかけておけば、あとは口コミで伝わって、人が集まってくる。道路の使用許可なんてものもない。天幕さえあれば、家の前の道路で堂々とパーティーを開くことができる。その角まで入ってきた車がパーティーを目にし、先へ進めないとわかれば、あきらめてUターンする。誰も怒ったりしない。人の家の前をふさぐときは、その家の人が来ればお酒をふるまうのが唯一のルール。お開きになるのは、誰かが銃で撃たれるか、瓶で顔を殴られるかしたときだ。それが正しいお開きの流儀で、そうでなきゃパーティーとは言えない。

当時のＤＪがスピンできるのは、２、３時間が限度だった。手持ちのレコード枚数が限られていたからだ。パーティーはひと晩中だから、ダンスミュージックを途切れさせないためには、ＤＪが５、６人必要になる。でも、僕のハードドライブにはＭＰ３の曲が大量に入っていた。だからボンガニは、ミキシング中の僕を見て興奮した。この市場を独占できると踏んだわけだ。

「どのくらいの曲が入ってるんだ?」

「メディアプレーヤーによれば、１週間でもプレイしつづけられる」

「よし、これで大儲けするぞ」

初ライブは大晦日のパーティーで、サンドリンガムを卒業した夏だった。ボンガニと僕は、パソコン、大型モニター、キーボード、マウス、ケーブル一式を抱えてミニバスに乗り込み、アレクサンドラまで運んだ。ボンガニの家の前の道路を占拠し、家から電気を引いてきて、パソコンやスピーカーをセットする。借りてきた天幕を張ると、人が集まってきた。大盛況だった。日付が変わる頃には、その道路の端から端まで人でいっぱいになった。アレクサンドラで開かれたその年の年越しパーティーで最大の人出だった。アレクサンドラで最大といったら半端じゃない。ひと晩中、あちこちから続々と人が集まってきた。「色の浅いやつがパソコンで音楽をプレイしてるんだ。あんなの見たことないよ」とうわさが広まったのだ。僕はひとりで夜明けまでＤＪした。その頃にはもう、僕たちはかなり酔っ払ってくたくたになり、ボンガニの家の前の芝生でのびていた。大成功だったおかげで、このあたりでたちまち評判になり、まもなく、あちこちから依頼が舞い込むようになった。

これはありがたかった。

ボンガニと僕は高校を卒業しても、仕事を見つけられなかった。僕たちが就けるような仕事がなかったのだ。僕がお金を稼げるのは、海賊版のＣＤ製作とパーティーＤＪだけだった。高校を卒業してからは、ＣＤを買ってくれる最大にして唯一の客は、アレクサンドラのミニバス運転手と、ぶらぶらしている若者になった。ＤＪライブを一番頻繁にしていたのもアレクサンドラだったから、お金を稼ぐために自然とそっちへばかり行くようになった。白人の子たちはたいてい、卒業後に大学に入るまで自由に過ごす、ギャップイヤーというのをとっていた。「ギャップイヤーをとってヨーロッパへ行くんだ」というのが白人の決まり文句だった。だから僕もこんなふうに言っていた。「僕もギャップイヤーをとるよ。それで1年間、アレクサンドラへ行ってぶらぶらするんだ」そして実際にそうすることになった。

ボンガニの家の前にある道路の中央分離帯には、低いレンガ塀があった。ボンガニと僕は仲間たちといっしょに、毎日その塀に腰掛けていた。持ってきたＣＤをかけたり、ダンスの練習をしたり。昼間は海賊版ＣＤを売りさばき、夜はパーティーでＤＪをする。ほかのタウンシップからも、ライブの依頼が入りだすようになっていた。

パソコンとモデムがあったおかげで、ほかの人がまだ聴いたことのないような曲でも、手に入れられた。ただ、そのことによる課題もあった。パーティーで新しい曲をかけると、みんなの動きが止まってしまうのだ。「なんだよ、この曲。どうやって踊ればいいんだよ」たとえば「ウォッチ・ミー(ウィップ/ネイ・ネイ)」をかけたとしよう。たしかに覚えやすい曲だけど、ウィップってなに？ ネイ・ネイってなに？ ってことになる。ウィップとネイ・ネイの動きを知らないことには、曲の人気も出ないのだ。みんながそれに合わせて踊れないと、せっかくの新曲もパーティーで受けない。ボンガニは、曲に合わせてステップを披露するダンスグループが必要だと考えた。僕たちは、来る日も来る日も1日中、CDをかけてダンスの動きを練り上げることばかりしていたから、近所の連中は曲を全部知っていた。だから、その連中にダンスグループになってもらうことにした。なかでも、滑るような動きで抜群にうまかったのが、ボンガニの近所に住むヒトラーだ。

ヒトラーとは大の仲良しだった。こいつの踊りときたら、まったくすごいのだ。見ていて惚れ惚れする。物理的にありえないようななめらかな動きは、クラゲが陸の上を歩いたらこんな感じ、と思わせるほどだった。おまけにすごいイケメンで、背が高く、しなやかでたくましい体つき、すべすべの見事な肌、大きな歯を見せてにっと笑い、よく笑い声をあげていた。そんなやつがひたすらダンスばかりしていたのだ。朝起きると大音量でハウスやヒップホップを流し、1日中ダンスの練習をしていた。

アレクサンドラでは、このダンスグループのなかで誰が一番うまいか、知らない者はいなかった。ヒトラーは僕たちのステータスシンボルのような存在だった。貧しくて車もおしゃれな服もなくても、ダンスがうまければ彼女ができる。だからそういうやつといっしょにいたほうがいい。僕たちにとってはヒトラーがそういうやつだった。パーティーではダンスコンテストになることもあり、地区ごとに、一番踊りがうまいやつを連れてくる。僕たちは毎回、ヒトラーを連れていき、毎回のように優勝していた。

そんなわけで、ボンガニと僕がダンスグループのステップをつくりあげるときも、誰を目玉に持ってくるかに疑問の余地はなかった。ヒトラーを中心に全体の構成を考えた。僕が2、3曲かけてパーティーを盛り上げたところで、ダンスのメンバーがステージに登場し、数曲踊ってみせる。パーティーがいよいよ本格的になってくると、ダンスメンバーが半円形に広がり、その中心を空けておいて、ヒトラーの登場を待つ。僕がボリュームを上げてレッドマンの「レッツ・ゲット・ダーティ」をかけ、さらにみんなを盛り上げる。「準備はいいか!? 聞こえないよ! みんなの声を聞かせてくれ!」みんなが叫びだすと、半円になったダンスメンバーのちょうど真ん中からヒトラーがぱっと登場し、みんながわあっと沸く。ヒトラーがダンスを披露している間、ほかのメンバーはそのまわりを囲んでかけ声をかける。「いいぞ、ヒトラー! いいぞ、ヒトラー! いいぞ、ヒトラー! いいぞ、ヒトラー!」しかもヒップホップだから、みんな腕を前に突き出してまっすぐにした手の平を、ビートに合わせて上下させる動きをするわけだ。

「いいぞ、ヒトラー！　いいぞ、ヒトラー！　いいぞ、ヒトラー！　いいぞ、ヒトラー！」熱狂した無数の観客も一丸となって、手を宙に突き出して連呼している。「いいぞ、ヒトラー！　いいぞ、ヒトラー！　いいぞ、ヒトラー！」

ヒトラーという名前は南アフリカでは珍しいけど、まったくないわけじゃない。これには、黒人の名前のつけ方が関係している。黒人が伝統名を選ぶときは細心の注意を払う。名前のそれぞれに深い意味があるからだ。でも、植民地時代からアパルトヘイト時代にいたるまでずっと、南アフリカの黒人は、英語名というか西洋式の名前もつけるよう命じられていた。要するに、白人が発音できる名前をつけろ、ということだ。だから正式な姓名は、西洋名・伝統名・姓となる。パトリシア・ノンブイセロ・ノアのように。西洋名は十中八九、適当につけられた。聖書からなんとなくとった名前、ハリウッドの有名俳優の名前、ニュースでよく聞く政治家の名前。僕の知り合いには、ムッソリーニやナポレオンという名前のやつもいる。そしてもちろん、ヒトラーも。

このことに欧米人はショックを受けたりとまどったりするけど、実は自分たちが蒔いた種なのだ。ヨーロッパ列強はアフリカを分割し、黒人に労働を強制して、教育もまともに受けさせなかった。白人は黒人と話もしない。そんな状態で、黒人が白人の世界の出来事を知っているわけがない。だから、南アフリカの黒人の多くは、ヒトラーがどういう人物だったのかあまりピンとこないのだ。僕のおじいちゃんだって、「ヒトラー」とかいうのは、ドイツが勝ち進むのに一役買った戦車かなにか、くらいに思っていた。ラジオのニュースを聞いてそう理解したのだ。南アフリカの黒人が聞かされていたのは、ヒトラーというやつがいて、そのために連合国が苦戦を強いられている、という程度だ。このヒトラーというのがあんまり強いものだから、一時期、ヒトラーと戦っている白人を助けるために、黒人が動員されたほどだった。白人が恥も外聞もなく、黒人に助っ人を頼まなくちゃいけないくらいなら、そのヒトラーってやつは、史上最強のタフガイに違いない。というわけで、飼い犬にタフであってほしければ、ヒトラーと名づけるし、息子にたくましく育ってほしければ、ヒトラーと名づける。親戚にひとりくらい、ヒトラーという名のおじさんがいてもおかしくない。その程度なのだ。

サンドリンガム校は、タウンシップの学校にくらべれば、第2次世界大戦のことをまだ教えていたほうだけど、それでもごく基本的なことだけだった。ヒトラーや反ユダヤ思想やホロコーストについて、じっくり考えさせるような授業じゃなかった。たとえば、アパルトヘイトを考え出した人たちがヒトラーを崇拝していたことや、アパルトヘイトのさまざまな政策が、ナチスドイツの人種差別主義政策にある程度ヒントを得たものであったことも、教わらなかった。自分たちの社会がヒトラーと関係がある、そのことをどう考えるべきかを教わることはなかった。そもそも考えるということを教わってこなかったのだ。それに尽きる。教わったのは、ヒトラーが1939年にポーランドに侵攻、1941年にソ連に侵攻、1943年にもなにかした、というのだけ。史実の羅列に過ぎない。それをテストのために暗記したり、ノートに書き留めたりしたら、あとはもう忘れてしまう。

考えるべきことが、もうひとつある。ヒトラーという名前に対して、南アフリカの黒人は別に不快感を覚えたりしない。最悪のことを連想させる名前じゃないからだ。どの国でも自国の歴史が一番重視されるものだけど、欧米は特にそうだ。でも、南アフリカの黒人が時代をさかのぼって誰かひとり殺せるなら、ヒトラーの前にまず、セシル・ローズを思い浮かべるはずだ。コンゴの黒人が時代をさかのぼって誰かひとり殺せるなら、ヒトラーより、ベルギー国王のレオポルド2世をまっさきに思い浮かべるだろう。ネイティブアメリカンだったら、クリストファー・コロンブスか、第17代米大統領アンドリュー・ジョンソンあたりじゃないだろうか。

人類史上もっとも残虐な行為は、間違いなく、ホロコーストだ、と主張する欧米人は多い。たしかにぞっとする行為だった。だけど、僕はよくこう考える。コンゴで黒人が受けた残虐行為はどのくらいひどかっただろうか。ユダヤ人にあって、アフリカの黒人にはないのは、証拠となるものだ。ナチスはこと細かに記録をつけ、写真を撮り、記録映像を制作していた。その影響はとても大きい。ホロコーストの犠牲者が特に重視されるのも、ヒトラー側が犠牲者の数を数えていたからだ。600万人が殺された。この数字を見れば、誰だってぞっとする。だけど、アフリカの黒人に対する残虐行為の歴史を読んでも、そこには殺された人の数が書かれていないから、推測するしかない。推測でぞっとするのは難しい。ポルトガルがアンゴラから、ベルギーがコンゴから略奪していたとき、虐殺した黒人の人数をどちらも数えたりしなかった。コンゴで天然ゴムの採取中に亡くなった黒人の数は？　トランスヴァール共和国の金鉱やダイヤモンド鉱で亡くなった黒人は、いったい何人いただろうか。

そういうわけで、欧米ではたしかにヒトラーが史上最悪の狂人かもしれない。だけどアフリカでは、歴史の教科書に出てくる独裁者のひとりに過ぎない。僕が友人のヒトラーといっしょにいたときも、「なんだってまたヒトラーなんていう名前なんだろう」と不思議に思ったことは一度もなかった。おかあさんがそう名づけた。だからヒトラーなのだ。

ボンガニと僕のＤＪチームにダンスグループが加わると、さらに爆発的に人気がでた。僕たちふたりは「ザ・ブラック・アンド・ホワイト・ボーイズ」、ダンスグループは「スプリングボック・ボーイズ」と名づけた。あちこちから出演依頼が舞い込むようになった。余裕ができた黒人の家族は、郊外の住宅地へ引っ越していったけど、若い子たちは引っ越した先でも今まで通りタウンシップ流のパーティーを開きたがった。だから、そういう子たちからもパーティーへのＤＪ出演を依頼されたのだ。そうやって口コミでどんどん広がり、そのうちにほかの郊外住宅地からも依頼されるようになっていった。白人とも知り合い、白人のパーティーでもＤＪするようになった。

アレクサンドラで知り合ったある子のおかあさんが、学校の異文化理解プログラムの作成に携わっていた。アメリカで言う「文化の多様性プログラム」みたいなやつだ。こういうものが急に、全国で行われるようになっていた。ポスト・アパルトヘイト時代、お互いのことを学んで受け入れ合いましょう、というわけだ。このおかあさんが、リンクスフィールドにある学校の文化祭に出演しないかと僕たちに訊いてきた。リンクスフィールドといえば、サンドリンガムの南にある富裕層の多い地域で、相棒だったあのテディが住んでいたところだ。いろんなダンスや音楽が披露され、みんなでいっしょにさまざまな文化を楽しむのだという。お金ももらえるというので、ふたつ返事で引き受けた。送られてきた詳細に、日時と場所、それに学校名が書いてある。キング・ダビデ校。ユダヤ人の学校だ。

文化祭の日、僕たちはミニバスを予約し、機材一式を積んで学校へ向かった。到着し、講堂の後ろのほうで出番を待つあいだ、舞台上の出し物を見物する。いろんなグループがパフォーマンスを順に披露していく。フラメンコ、ギリシャの民族舞踊、ズールー族の伝統音楽。その次が僕たちだ。プログラムには「ヒップホップ・パンツーラ・ダンサーズ——南アフリカのBボーイ」と紹介されている。音響システムを舞台に設置しながら、観客のほうを見ると、ヤムルカを頭にかぶったユダヤ人ばかりだ。みんなワクワクして待っている。

僕はマイクを手にとった。

「準備はいいかい!?」

「イエ————イ!」

「もっと声出していこうぜ！」

「イエ――――イ！」

ＤＪタイムのスタートだ。低音が唸り、ダンスメンバーが踊る。観客みんながすごく楽しんでいるのが見えた。教員、保護者、父兄、それに数百人の生徒たちが無我夢中で踊っている。

持ち時間は15分と決められていたから、10分ほどたったところで、僕が「レッツ・ゲット・ダーティー」をかけてスターダンサーを登場させ、ビシッと決めることにしていた。

曲をかけ、ダンスメンバーが半円状に広がったところで、マイクをとる。

「みんな、準備はいいか⁉」

「イエ――――イ！」

「まだまだだ！　本当に準備いいのか⁉」

「イ――エ――――イ！」

「よーし！　さあ拍手喝采で迎えてくれ、ヒ――――トラ――――‼」

半円の中心からヒトラーが飛び出し、とどめを刺しにかかる。まわりのダンサー全員がかけ声をかける。「いいぞ、ヒトラー！　いいぞ、ヒトラー！　いいぞ、ヒトラー！　いいぞ、ヒトラー！」前に突き出した腕をリズムに合わせて上下に弾ませる。「いいぞ、ヒトラー！　いいぞ、ヒトラー！　いいぞ、ヒトラー！」僕もマイクでリードする。「いいぞ、ヒトラー！　いいぞ、ヒトラー！　いいぞ、ヒトラー！　いいぞ、ヒトラー！」

講堂全体の動きが止まった。誰ひとり踊っていない。教員、保護者、父兄、ヤムルカをかぶった数百人のユダヤ人生徒、みんなかたまってしまい、驚愕した様子で僕たちを見つめている。僕は気にしなかったし、ヒトラーも同じだった。僕たちはパフォーマンスをつづけた。ゆうに30秒は、音楽のビートと、マイクに向かって叫ぶ僕の声だけが講堂に流れていた。「いいぞ、ヒトラー！　いいぞ、ヒトラー！　いいぞ、ヒトラー！　さあ、みんなもヒトラーに手を上げてくれ！」

女の先生が走ってきて僕の後ろへ回り、システムをつないでいたプラグを壁から引き抜いた。講堂がしーんとなる。先生が僕に食ってかかった。怒り狂っている。「よくもまあ！　許せません！　あんたたちは本当に恐ろしい、とんでもない邪悪な生き物だわ！　まったく、よくもまあ！」

いったいなんのことを言われているのだろうと、必死で考えた。そして、ピンときた。ヒトラーのダンスには「オ・スパナ・バ」という独特の動きがある。「機能するところ」という意味で、腰をくねらせたり突き出したりする、かなりセクシーな動きだ。まあ言ってみれば、空気とファックしているような感じなのだ。ちょうどその動きをしているときに、この先生が走ってきた。ってことは、こんなに嫌悪感を露わにしているのは、あのダンスのことにちがいない。だけどこれは、アフリカの黒人ならよくする動きだ。僕たちの文化なのだ。それを今日、この文化祭で披露しているだけなのに、許しがたいと言われている。先生は気分を害していたけど、僕だって、気分を害しているこの先生に気分を害していた。

「先生、少し落ち着かれたほうがいいと思いますが」

「これが落ち着いてなんていられますか！　よくもうちの学校まで来てわたしたちを侮辱できるわね!?」

「誰も侮辱なんかしていません。これが僕たちのやり方なんです！」

「出ていきなさい！　あんたたちみたいな人間は最低よ」

ああ、そういうことか。「あんたたちみたいな人間」、これでなんのことかやっとわかった。この先生は、人種差別主義者だったのだ。黒人男性のいやらしい踊りを目にして、腹を立てずにはいられなかったのだ。機材を片づけはじめても、僕たちはまだ言い争っていた。

「いいですか、先生、僕たちはもう自由なんです。自分たちがやりたいことをします。僕たちを止めることはできません」

「覚えておきなさい。わたしたちは、あんたたちみたいな人間を前にも止めたことがあるんです。だからまた止められますとも」

もちろん、先生は、第2次世界大戦でナチスを阻止したことを言っているのだった。でも僕はそうはとらなかった。南アフリカではユダヤ人も、結局は白人だ。僕には、白人女性が前に黒人を叩きのめしたように、また叩きのめしてやる、とわめいているようにしか聞こえなかった。

「もう二度と止められるもんですか」

そう言ってから、最後の切り札を出した。

「絶対に止められません。だって今の僕たちには、あのネルソン・マンデラがついてるんですから！　マンデラが、僕たちならできるって言ったんですから！」

「なんですって⁉」

先生はうろたえきった様子だった。もううんざりしていた僕は、さんざん毒づいた。「ちくしょう。こんな文化祭クソくらえ。学校もクソだ。みんなくたばっちまえ。さあ行くぞ、みんな！　とっとと帰ろう！」

歩いて退場、なんてことはしなかった。踊りながら出ていってやった。路上に出てからも、踊りながら、何度もこぶしを宙に突き上げた。「いいぞ、ヒトラー！　いいぞ、ヒトラー！　いいぞ、ヒトラー！　いいぞ、ヒトラー！」ヒトラーがとどめを刺してくれたからだ。ヒトラーのかつてないほど最高にワルなダンスで、あの白人たちは心臓が止まりそうになったに違いない。

アレクサンドラはもともと農場だった。農場主の妻の名が地名の由来だ。アパルトヘイト以前に、白人の居住地域に黒人がところどころ住みつくようになったソフィアタウンなどと同じで、アレクサンドラも当初は、ヨハネスブルグに仕事を探しにやってきた黒人たちが無断で住みつくようになった集落だった。ただ、アレクサンドラが独特なのは、この白人農場主が、黒人の小作人たちに土地を切り売りしていたことにある。黒人が土地を所有することが違法になる前の話だ。そんなわけで、ソフィアタウンやほかの黒人スラム街が完全に破壊され、白人居住区として再建されたのに対し、アレクサンドラは抵抗し、持ちこたえ、住みつづける権利を強く主張した。サントンのような裕福な白人居住区が周辺にできても、アレクサンドラはそのままだった。無断で住みつく人が次から次へとやってきては、その場しのぎの掘っ建て小屋を建てていった。アレクサンドラは、ムンバイのスラムやリオデジャネイロのファベーラとよく似ている。リオのファベーラをはじめて見たとき、僕は思わずこう言った。「丘の上版のアレクサンドラだ」

それにくらべたら、ソウェトはずっとましだった。民主化後、ソウェトは目に見えて発展していった。まともな都市に生まれ変わっていった。住まいも、全部で3部屋だったのが5部屋になり、寝室が3つにガレージも、と広げられていった。広げることができたのは、家を建てるために政府が用意した土地だったからだ。アレクサンドラではそうはいかない。どっちを向いても身動きがとれないほど密集しているから、住まいを広げようがないし、掘っ建て小屋だから、上に建増しすることもできない。

民主化とともに、アレクサンドラにはホームランドから人が押し寄せ、すでにある掘っ建て小屋のすぐ裏に新たな掘っ建て小屋が建てられ、その小屋の裏にまた別の小屋がくっついているといった感じで、どんどんぎゅうぎゅう詰めになっていった。その結果、20万人近くが、ごくわずかな面積の地区に暮らすことになった。アレクサンドラはいまでも変わっていない。変われないのだ。そのままでいるしかない、変化の起こり得ない場所なのだ。

16 チーズボーイ

友人のボンガニは背が低く、スキンヘッドで、筋骨隆々だった。ずっとそうだったわけじゃない。小さい頃からずっとガリガリだったのが、あるときひょんなことからボディービルディングの雑誌を手にし、そこから人生が変わったらしい。ボンガニは、相手が誰でも、その人の一番いいところを引き出すタイプだ。相手を信頼し、ほかの誰も気づかなかった可能性を見出す。だから、タウンシップの多くの若者がボンガニに引き寄せられたわけだし、僕も彼のそういうところに引き寄せられた。ボンガニは昔から人気があったけど、その人気に火がついたのは、学校でかなり有名だったいじめっ子をぶちのめしたのがきっかけだ。この一件で、タウンシップの若者たちのなかでの親分的地位がかたまった。

ボンガニのタウンシップはアレクサンドラだ。学生のときにボンガニの家へ遊びに行ったことはない。いつもボンガニのほうが、ハイランズノースの僕の家へ遊びにきていたからだ。

アレクサンドラには用事でちょっとだけ行ったことがあるだけで、まとまった時間をそこで過ごしたことは一度もなかった。夜にいたことはなかった、と言っておこう。アレクサンドラは、昼間行くのと夜行くのとでは、ぜんぜん違う。ここがゴモラと呼ばれていたのには、ちゃんと理由があるのだ。

もうすぐ卒業というある日の放課後、学校の中庭にいた僕のところへボンガニがやってきた。

「おい、うちのフッドへ来いよ」

「うちのフッド?」

はじめはなんのことかさっぱりわからなかった。「フッド」ということば自体はラップで聴いたことはあったし、黒人が住むタウンシップはアレクサンドラのほかにもいくつか知っていた。だけど、「うちのフッド」と呼んでほかと区別したことはない。

アパルトヘイト崩壊の時期は、アメリカのヒップホップの爆発的ブームとちょうど重なっていた。ヒップホップのおかげで、フッド、つまりスラム街出身であることがカッコいいとされるようになった。以前は、タウンシップに住んでいるのは恥ずかしいことだった。最底辺を意味したからだ。それが、『ボーイズン・ザ・フッド』や『ポケットいっぱいの涙』といった映画のおかげで、フッドがクールなところに見られるようになった。映画の登場人物やヒップホップのスターがフッドを肯定したのだ。あちこちのタウンシップの若者たちも、自分たちのアイデンティティを誇らしく思うようになった。もうタウンシップ出身じゃない。フッド出身だ。

アレクサンドラに住んでいるほうが、ハイランズノースに住んでいるより、同世代の若者から一目置かれた。だから「うちのフッドへ来いよ」と言われたとき、ボンガニがどういうニュアンスでこのことばを使っているのか興味を持った。もっと知りたくなったのだ。

ボンガニは僕を連れていくとき、たいていの人がするように、サントン地区から入っていった。ヨハネスブルグでも屈指の富裕層が住んでいるこの地区には、広大なお屋敷や豪邸が建ち並んでいる。次にワインバーグ産業地帯を抜けていく。金持ち白人地区と貧しい黒人地区はここで遮断されているわけだ。アレクサンドラへの入口には、だだっ広いミニバス乗り場とバスターミナルがある。007シリーズに出てくる、第三世界の騒々しい混沌とした市場のような感じだ。ニューヨークのグランドセントラル駅の野外版と言い換えてもいい。すべてに勢いがある。あらゆるものが動いている。どれひとつとして、昨日もそこにあったし明日もそこにある、とは思えないのに、毎日なぜかまったく同じ景色に見える。

ミニバス乗り場のすぐ隣にはもちろん、ケンタッキーフライドチキン。どこにでも必ずあるのが、いかにも南アフリカだ。ケンタッキーフライドチキンは黒人のハートをつかんだ。他のファストフードみたいに焦らすなんてこともしなかった。マクドナルドやバーガーキングが来る前から、誰よりも先にフッドにいたのだ。「よお、いつだって俺がついてるぜ」って感じだ。

ミニバス乗り場を過ぎると、いよいよアレクサンドラそのものに入る。アレクサンドラほど、ビビッときたところはあまりない。人の営みが絶えず、活気にあふれ、1日中、人々が行き来している。ギャングがいかさまをし、男たちが街角でなにをするでもなくそこにいて、若者が走り回っている。これだけのエネルギーの行き場がどこにもなく、ガス抜きするしくみがまったくない。だから、暴力沙汰や熱狂的なパーティーで定期的に発散するのだ。穏やかな午後、のんびりしたり、それぞれ好き勝手にしていると思っていたら、次の瞬間にはパトカーがギャングを追って通りを疾走していき、銃撃戦になったり、ヘリコプターが頭上を旋回していたりする。その10分後にはもう、なにもなかったかのように、みんなまた元どおり、のんびりしたり、いかさまをしたり、慌ただしく行き来したり、走り回ったりしている。

アレクサンドラは碁盤の目になっていて、大通りが何本もある。車道は舗装されているけど、歩道はたいてい土のままだ。街全体は軽量ブロックと波トタンの色合い、つまりグレーとダークグレーで、そこに鮮やかな色彩が点在している。ライムグリーンで塗られた塀、テイクアウト店の真っ赤な看板、誰かがたまたま拾ってきた真っ青な板金。基本的な衛生設備はないも同然だ。ゴミがいたるところに落ちていて、どこかの脇道で家庭ゴミを燃やしている風景もよく見かける。フッドでは常になにかが燃えているのだ。

通りを歩いていると、ありとあらゆる匂いがしてくる。道端で料理している人、テイクアウトしてきたものを食べている人。人の掘っ建て小屋の裏にくっつけて、間にあわせでつくった掘っ建て小屋に住んでいるような家族もいる。そういう家には水道なんてないから、外の蛇口からバケツに汲んだ水で体を洗い、道路に流す。それが、頻繁に起こる下水道の詰まりによって、すでにそのあたりを流れている汚水に合流する。車を修理している男がいる。本人は修理しているつもりだけど、まったくでたらめだ。古くなったモーターオイルを道路に捨てている。そのオイルがさっきの汚水に合流し、なんとも言えない状態になって流れていく。たいていヤギもそのあたりにいる。必ずヤギがいるのだ。音も押し寄せてくる。暮らしの音、十数にのぼるさまざまな言語の、おしゃべりの声、押し問答の声、言い争う声。音楽も絶えず流れている。南アフリカの伝統音楽がどこかから聴こえてきたと思ったら、別のところでは誰かがドリー・パートンの歌を大音量で鳴らしていたり、ノトーリアス・B・I・Gをボリュームいっぱいにかけた車が走り過ぎていったりする。

フッドは僕の五感を圧倒した。この無秩序の中にも秩序があり、ある種のシステム、住んでいるところによるヒエラルキーがあった。1番街はすぐ隣がミニバス乗り場でうるさいからアウト。2番街にはいわゆるセミデタッチドがあるからまあまあ。入植がまだ秩序だっておこなわれていた時代に建てられた一棟二軒式の住宅だ。3番街、4番街、5番街はさらにましになる。もちろん、アレクサンドラのなかでは、ということだけど。このあたりの家族は代々ここに住んでいて、お金もある。6番街以降になると劣悪な環境で、掘っ建て小屋やバラックが多くなってくる。アレクサンドラには学校もサッカー場もいくつかあった。宿泊施設も2、3あった。政府の大型プロジェクトで出稼ぎ労働者用に建てられたものだ。このあたりには絶対に足を踏み入れちゃいけない。本物のギャングがいるからだ。行くのは自動小銃AK47を買うときくらいだ。

20番街を過ぎると、ユクスケイ川に出る。ルーズベルト通り橋を渡ったその向こう側が、イーストバンク。フッドで一番新しくてましなところだ。このあたりは、政府が介入して、それまで無断で住んでいた住民とその掘っ建て小屋を一掃し、まともな住宅を建てはじめた場所だった。低所得者向けであることに変わりはなかったけど、寝室が2つと、狭いながらも庭もあり、まずまずの住宅だ。イーストバンクに住んでいる家庭はお金に少し余裕があったから、アレクサンドラ以外のもう少しましな学校に子供を通わせていた。サンドリンガム校もそのひとつだった。ボンガニの両親はイーストバンクの、ルーズベルト通りとスプリングボッククレセント通りが交差するところに住んでいた。僕たちはミニバス乗り場からフッドをずっと歩き、ボンガニの家まで来ると、家の外でぶらぶらしていた。スプリングボッククレセント通りの中央分離帯にある低いレンガ塀に腰掛け、なにをするでもなく、たわいない話をした。そのときは知る由もなかったけど、僕はその後の3年間を、まさにここで過ごすことになる。

高校を卒業したとき、僕は17歳だった。その頃には家で暮らすのが我慢できなくなっていた。継父のエイブルのせいだ。かあさんも僕が引っ越したほうがいいと考えていたから援助してくれた。引っ越し先はゴキブリの多い安アパートで、家からすぐの距離だった。僕のとりあえずの計画は、大学で勉強してプログラマーになることだったけど、学費を払う余裕はない。だからまずお金を稼がないといけない。僕が稼げる唯一の方法は海賊版CDを売ることで、売るのに一番ふさわしい場所が、ミニバス乗り場のあるこのフッドだった。ミニバスの運転手はいつも新しい曲を探していた。いい曲をかけることが客寄せになるからだ。

　フッドにはほかにもいい点があった。なにをするにもものすごく安上がりなのだ。ただ同然でなんとか暮らしていける。フッドで買える食べ物に「コータ」というのがある。4分の1《クォータ》斤のパンのことだ。そのパンの中をかきだしたところに、フライドポテト、安物のプレスハム、「アチャル」というマンゴーのピクルスをつめてある。これで2、3ランドだ。払う額によって、どんどんアップグレードもできる。もうちょっと払えるなら、ソーセージを追加で入れられるし、もっと払えるなら、本場ドイツ式のちゃんとしたソーセージや目玉焼きを追加できることもある。全部のせの特大版なら、優に3人は食べられる。

　僕たちにとって究極のアップグレードは、スライスチーズを1枚入れることだった。チーズがいつも僕らの指標だった。すごく高かったからだ。金本位制なんて目じゃない。フッドはチーズ本位制なのだ。どんなものでもチーズがからむと高くなる。ハンバーガーを買えるだけでもクールだけど、チーズバーガーを買えるのは、ただのハンバーガーを買うやつより余裕があるってこと。サンドイッチにチーズ、家の冷蔵庫にチーズ、それは暮らしに余裕があることを意味した。南アフリカのどのタウンシップでも、ちょっとお金があると、「ああ、チーズボーイか」

と言われる。つまり、チーズを買う余裕のある家庭なんか本物のフッドじゃない、と言いたいのだ。

ボンガニと仲間たちは、アレクサンドラでもイーストバンクに住んでいたから、チーズボーイと見なされていた。皮肉なことに、ボンガニたちが住んでいたのは、川を渡ってすぐの通りだったから、イーストバンクでは不良と見なされる。同じイーストバンクでも、もっと高台にある、もう少しいい家に住んでいる子たちは、よりチーズ臭いチーズボーイというわけだ。ボンガニたちは、自分たちがチーズボーイだとは絶対に認めようとしなかった。「俺たちはチーズじゃない、フッドだ」といつも言い張っていた。本物のフッドの連中から「ふん、おまえらフッドじゃねえよ。チーズだよ」と言われようものなら、「チーズじゃない。チーズはあいつらだ」と、イーストバンクの高台のほうを指差すのだった。誰がフッドで誰がチーズかなんて、まったくばかばかしい見栄の張り合いだった。

ボンガニは親分格としてみんなをまとめ、物事を動かしていた。ボンガニの腰巾着はンズィというやつだ。小柄で、どこにでもついてきて人とつるんでいたがる。ほかには酒飲みのベキ。いつもどこかから酒を調達してくるし、飲む口実に欠いたことがない。カコアツィは、ミスター・ナイスガイという意味をこめてみんなからGと呼ばれていた。Gは女の子に目がない。つるんでいる中に女の子がいると、すぐ口説きにかかった。そして最後に、パーティーの主役であるヒトラー。ヒトラーはとにかく踊っていた。

アパルトヘイトが終わると、チーズボーイたちはチーズボーイならではのジレンマに陥っていた。フッドで生まれ育った人間は、自分は一生ここから出ることはない、と思っている。それはまだましだ。チーズボーイたちは、フッドの外の世界を見せられてきている。親がちゃんとしてくれているおかげで、住む家もあるし、まともな学校に通わせてもらい、ひょっとすると大学まで行かせてもらっているかもしれない。ただ、可能性はより多く与えられてきているけど、機会をより多く与えられているわけではない。外の世界を知ることはできても、その世界に到達する手立てを与えられているわけではないのだ。

南アフリカの失業率が、厳密に言えばアパルトヘイト時代のほうが「低かった」のは、当たり前だ。奴隷が全員雇用と見なされていたからだ。民主主義がはじまると、法律上の最低賃金が定められた。国内の労働コストが上がり、突然、何百万人もの人々が失業した。アパルトヘイト後、黒人若年層の失業率は急増し、ときに50パーセントにもなった。若者の多くは、高校を卒業しても大学へ行く余裕はないし、フッド出身で見た目も話し方もそれっぽい、となると、小売店のちょっとした仕事でさえなかなか就けない。そんなわけで、南アフリカ中のタウンシップの若者の多くにとって、自由とはこうだ。毎朝目を覚ます。親が仕事に出かける人もいれば、家にいる人もいる。どちらにしても本人は外に出ていって、路上でどうでもいい話をしながら1日中ぶらぶらする。実際、自由だし、釣りの仕方も教わっている。でも、釣りざおをくれてやろうとする人が誰もいないのだ。

フッドでまず気づいたのが、一般市民と犯罪者は紙一重、ということだ。世の中には善良な人間とそうじゃない人間がいる、と誰しも思いたがるし、郊外のちゃんとした住宅地に住んでいれば、そう思うのも無理はない。常習犯と知り合うようになることがまずないからだ。だけどフッドに行くと、一般市民と犯罪者は白黒はっきりつけられるものじゃなく、そのあいだにさまざまなグレーゾーンがあるのがわかる。

フッドでは、ギャングといっても友人や近所の人、つまり知り合いなのだ。道端で言葉を交わしたり、パーティーで見かけたり、要するに同じ世界の人間だ。ギャングになる前からその人を知っている。「おい、あいつはクラックの密売人だ」じゃなくて、「おやおや、あのジミーちゃんがクラックを売るようになって」の世界だった。奇妙なのは、こういうギャングたちはみんな、一見そっくりなこと。みんなが同じような赤いスポーツカーに乗り、18歳前後の同じようなきれいな女の子と付き合っている。不思議だった。それぞれの個性がなく、ひとつの個性を共有しているような感じだ。ある人と別の人を入れ替えたところで、なんの問題もなさそうだった。どうすればあんなギャングになれるか、互いに観察し合っていたのかもしれない。

たとえ常習犯じゃなくても、フッドでは犯罪行為がなんらかの形で暮らしに入り込んでいる。犯罪にもさまざまなレベルがある。家族を養うため、トラックの積荷から落ちたという触れ込みの食品を買う母親から、軍事用の武器兵器を売るギャングにいたるまで、みんななにかしらに手を染めている。フッドで犯罪行為がまかり通っているのは、政府がしてくれないことをしているからだと僕は気づいた。犯罪が面倒を見てくれる。地域住民に根ざしているのだ。犯罪は、支えが必要な若者を見つけて手を差し伸べてやる。犯罪には見習い期間も、夏限定の仕事もあるし、出世する機会だってある。犯罪は地域社会に関わっている。犯罪は差別をしない。

僕の犯罪行為は、海賊版CDの路上販売という、ちょっとしたことからはじまった。そのこと自体が罪だったし、曲を盗用してしまったミュージシャン全員に借りがある、といまは思っている。だけどフッドの基準で言えば、違法とすら見なされなかった。当時の僕たちは誰ひとりとして、悪いことをしている自覚がなかった。CDをコピーしちゃいけないなら、なんだってCDレコーダーなんかつくるんだ?

ボンガニの家のガレージはスプリングボッククレセント通りに面していた。僕たちは毎朝、そのガレージの扉を開け、延長コードを道路まで延ばしてきて、台にプレーヤーを置き、音楽をかけた。通りかかる人が尋ねてくる。「なんていう曲? 1枚もらえる?」ここはちょうどミニバス運行ルートの終点だったから、ここでUターンしてミニバス乗り場へとって返す運転手が大勢いた。ちょっと立ち寄って注文だけして、また戻ってきたときに、注文したCDを受け取っていく。立ち寄る、注文する、戻ってくる、受け取る、という流れだ。僕たちは運転手たちの注文を急いでとると、ガレージに戻ってCDを作成し、また道路に出て売る、ということを1日中やっていた。この道路を曲がったところに改造コンテナがあり、レンガ塀に座り飽きると、よくそのあたりでたむろし、中に設置されている公衆電話から電話していた。客足がまばらなときは、コンテナとレンガ塀のあいだを行ったり来たりしながら、真昼間でもひまそうな人たちと話をしたりしてぶらぶらしていた。ヤクの売人やギャングとも話をした。たまに警官が猛ダッシュで駆け抜けていくこともあった。フッドでのある日の出来事《ア・デイ・イン・ザ・ライフ》だ。毎日、同じことの繰り返しだった。

　CDがあまり売れなくなってくると、だんだんといかさまを働くようになっていった。ボンガニがいろんな角度から考えたうえで、人に付け込むのがうまかったからだ。ボンガニもトムと同じで、いかさま師だった。トムの場合は単発のいかさまだったけど、ボンガニはいろいろと周到に案を練った。これをやってあれを手に入れる、そしたらそれをさっと売って別のものを手に入れる、といった具合で、要するに、より大きなものを手にするレバレッジ手法なのだ。たとえば、ミニバス運転手の中には前金で払えない人もいる。「いまシフトに入ったばかりで金がない。でも新しい曲がいるんだ。貸しってことにしてくれないか？　ただで乗せてやるよ。シフトが終わったらちゃんと払う。この週末でいいかな？」僕たちは掛け売りするようになり、ちょっぴり利子も乗せた。

　儲けが増えだした。といっても一度に数百ランドか1000ランドがせいぜいだったけど、すべて手持ちの現金だ。自分たちの立場にボンガニが気づくのは早かった。現金こそ、フッドの誰もが必要としているものなのだ。つけの支払い、罰金の支払い、ちょっとしたやりくりなど、少しのあいだだけお金を借りられないだろうかとみんな思っている。そんな人たちが、金を貸してくれ、と言いにくるようになった。たいてい、ボンガニが話をまとめてから、僕に伝えにくる。「おい、この男と取引だ。100ランド貸して、この週末に120ランド返してもらうことにする」僕はたいていオーケーと言うだけだ。その後、その男が120ランド返しにくる。またお金を貸す。そのあとまた貸す。こうして手元の現金が2倍、3倍になっていった。

フッドが物々交換の社会だということも、現金を持つ僕たちに有利にはたらいた。人通りの多いところに立っていたら、ものを売りつけられるというのは、フッドの常識だ。「ねえ、ねえ、ねえ、君。ヤク、どう?」「ビデオカセットレコーダー、買わないか?」「DVDプレーヤー、欲しくないかい?」「やあ、テレビ売るよ」とまあ、こんな具合なのだ。

ふたりの男が値段のことで押し問答しているとしよう。ヤク中がDVDプレーヤーを売りつけようとしている。相手の労働者らしき男は買いたいけど給料日前でお金がない。ふたりは押し問答しているけど、ヤク中はいますぐ現金が欲しいから待てない。全額即金でもらうことしか頭にない。そこでボンガニが割って入り、労働者らしき男を脇へ連れていく。

「いまは払えないようですけど、いくらなら買うつもりですか?」

「120ランドなら」

「わかりました」

次にヤク中を脇へ連れていく。

「それ、いくらで売りたいんですか?」

「140ランド」

「よし、こうしましょう。あなたはヤク中で、これは盗品ですよね。50ランド払いますよ」

相手はちょっと文句を言っているけど、結局は50ランドを受け取る。ヤク中だから。ヤクを買う現金がすぐに必要だから。ヤクのことしか考えられないからだ。それからボンガニがまた労働者のところへ行く。

「大丈夫。120ランドで取引しましょう。はいこれ。もうあなたのですよ」

「でもいま払えないんだ」

「構いません。いま持っていってもらっていいですよ。120ランドじゃなくて140ランド、給料が入ったときに支払ってさえもらえれば」

「いいだろう」

こうして、ヤク中に50ランド払い、労働者から140ランド手に入れるわけだ。だけどボンガニはそこからまた転売して、さらに増やす策を練るのだった。いまDVDプレーヤーを買った男が靴屋で働いているとしよう。ボンガニがこう尋ねる。

「従業員割引だと、ナイキのシューズ、一足いくらになるんですか?」

「150ランドで買える」

「じゃあ、いま10ランド渡しますから、140ランド支払ってもらうかわりに、従業員割引でナイキのシューズを一足買ってきてください」

　こうしてこの男はＤＶＤプレーヤーと、おまけに10ランドをポケットに、いい取引をした気分で立ち去るわけだ。その後ナイキのシューズを受け取った僕たちは、イーストバンクの高台に住む、よりチーズ臭いチーズボーイのひとりに話を持ちかける。「おい、ナイキジョーダンの新モデルが欲しいそうだな。店で３００ランドするやつを２００でどうだ？」シューズを売って帰るときには、６００ランドの投資が２００ランドになっているわけだ。

　これがフッドのやり方だ。売り手と買い手は常にいるから、そのあいだになんとかして入り込むことばかり考えているのがいかさまなのだ。合法なモノはひとつもなかった。どこからきた品物なのか、誰も知らない。ナイキのシューズを持ってきた男にしても、はたして本当に「従業員割引」があったんだろうか。誰にもわからないし、誰も訊かない。「ねえ、こんなの手に入れたんだけど」「いいね、いくら？」訊かないのがこの世界のルールなのだ。

　はじめの頃、僕はこのルールを知らなかった。いつだったか、カーステレオかなにかを買い取ったことがあり、そのとき僕は尋ねた。

「これ、誰のだったんですか？」

「ああ、そんなこと心配しなくていい。白人には保険があるんだから」

「保険？」

「そうさ。白人はモノをなくしても保険があるから、その分の金を払ってもらえるんだ。つまり、なにもなくしていないのと同じだ」

「へえ、そうなんですか。それはいいな」

僕たちは、モノをなくしてもお金がもらえるなんて、白人にはそんな特権まであるのか、くらいにしか考えていなかった。

とられるものがあるくらい豊かな暮らしをしている人が、犯罪を頭ごなしに非難するのは簡単だ。だけど僕がフッドで学んだのは、なにが正しくてなにが間違っているか、どういうのを犯罪と呼ぶのか、どの程度の犯罪行為なら関わるのをためらわないかは、人によってさまざまだということだ。スーパーの裏口から輸送用ケースごと盗んだコーンフレークを、通りがかりのヤク中から見せられた貧しい母親は、——買えば犯罪を助長することになる——なんて思わない。ぜんぜん思わない。——家族を食べさせなくちゃ。いまここにコーンフレークがある——そう考えて買うのだ。

僕のかあさんだってそうだった。超信心深く、法に従うあのかあさん、やれルールを守らない、やれ行儀が悪い、と言っては僕をよく叩いていたあのかあさんでさえ、そうだったのだ。忘れもしない。ある日家に帰ると、冷凍のバーガーパテが入った大きな箱が台所に置いてあった。200個くらい入っていたと思う。ブラックステアというテイクアウト店のものだった。この店のハンバーガーは、少なくとも20ランドくらいする。

「なに、これ?」

「ああ、職場の人が持ってきて売ってたの。すごくお買い得だったのよ」

「その人はどこから手に入れたの？」

「さあ。たしか知り合いの誰かがどうのこうのって」

「かあさん、これ盗品だよ」

「そうと決まったわけじゃないでしょ」

「そうに決まってるじゃないか。これだけのバーガーパテをいったいどこから手に入れてくるって言うんだよ、売るあてもなしに」

もちろん、僕たちはそのバーガーを食べた。それから、食べるものを与えてくださった神様に感謝した。

ボンガニから「フッドへ来いよ」とはじめて誘われたときは、フッドでCDを売ったりパーティーDJをしたりするんだと思っていた。それが結局すぐに、フッドでお金を貸したり質屋まがいのことをしたりするのがメインの商売になって、CDやパーティーDJはそのための元手づくりに変わっていった。

フッドでは毎日同じことの繰り返しだった。僕は毎朝早起きしていた。ボンガニが僕のアパートにやってくると、でかいパソコンの本体や、重くてかさばるモニターなどを一式抱えて、アレクサンドラ行きのミニバスに乗る。それをボンガニの家のガレージで組み立てて、CDをコピーしはじめる。それから、19番街とルーズベルト通りの角まで歩いていって朝食を買う。

お金をなるべく貯めようと思うなら、食べるものには慎重にならなくちゃいけない。よく考えないと、せっかくの儲けを食ってしまう。だから、僕たちの朝食はいつも「フェトクック」と決めていた。揚げパンみたいなもので、ひとつ50セントくらいと安いのだ。これならたくさん買えて、その日ずっとエネルギーを保っていられる。

買ってきたら、いつもの場所に腰を下ろして食べる。食べているあいだも、通っていくミニバス運転手からCDの注文を受ける。食べ終わったらガレージに戻り、音楽を聴いたり、ウェイトリフティングをしたり、CDをつくったりする。10時か11時頃になると、ミニバスの運転手が朝のルートから戻ってくるから、注文のCDを持っていって渡せるようにする。それが終わると、そのままそのあたりでぶらぶらしたり、うさん臭い人物と会ったり、通り過ぎる人を眺めたり、今日はどんな1日になりそうか様子を見たりしていた。買い手と売り手。どんなふうになるかわからない。

昼食時はいつも大忙しだった。僕たちはアレクサンドラ中を飛び回っては、店や街角でいろんな人と取引していた。ミニバスにはよくただ乗りした。ぱっと乗って、どんな曲が欲しいか尋ねて回りながら、実はひそかにただ乗りしていたのだ。「こんにちは。僕たち、注文を伺っています。運転中にお話しさせてください。どういうのが要りますか？　どんな曲をお探しですか？　マックスウェルの今度の新曲はどうです？　わかりました。マックスウェルの新曲を用意しておきます。じゃあ、またのちほど。ここで降ります」それからまた別のミニバスにただ乗りして、行きたいところ、どこへでも行っていた。

昼食時を過ぎると、商売も下火になってくるから、そこで僕たちも昼飯にする。なるべく安く済ませるために、たいていスマイリーとコーンミールあたりに落ち着いた。スマイリーは、ヤギの頭部を茹でてチリペッパーをかけたものだ。肉をすっかり食べてしまうと、皿の上のヤギの頭蓋骨がこっちにスマイルしているように見えるから、スマイリーという。頬肉とタンはすごく美味しいけど、目玉はいただけない。口の中ではじけるのだ。口に入れて噛むと汁がはじける、ただそれだけだ。コリコリしているわけでも、噛みごたえがあるわけでもない。味気ないとしか言いようがない。

昼飯を食べ終えるとガレージに戻り、のんびりしたり、腹ごなしの昼寝をしたり、CDをコピーしたりしていた。午後からは母親たち、つまりママ客が多かった。ママたちにはかわいがってもらったし、いいお客さんだった。家計のやりくりをしているのはママたちだから、トラックの荷台から「落ちた」石鹸をケースごと買おうとするし、同じ買うなら、ヤク中からじゃなく、僕たちから買いたがる。ヤク中から買うのは気分的にいいものじゃない。その点、僕たちはちゃんとしていて、言葉遣いもきちんとしたイーストバンクの若者だ。そういう安心感が加味されているから、料金を高めにすることもできた。短期でお金を借りる必要が一番多いのも、ママたちだ。家族のためになにかと支払いがあるからだ。ここでもやっぱりギャングから高利で借りるより、僕たちから借りるほうがいいと考える。返せなくても、僕たちなら足を骨折させるようなまねはしない、とわかっているからだ。僕たちも、そういうのはよしとしなかった。そもそも、できる器じゃなかった。その点は忘れちゃいけない。だけどそこに目をつけたボンガニは実にすばらしい。返済が遅れている相手からなにを提供してもらえるか、常に把握していたのだ。

たとえば、とびきりすばらしいこんな取引をしたことがあった。フッドのママたちは自分の娘のガードがかたい。きれいな娘ならなおさらで、完全に箱入り娘状態だ。学校から寄り道もせずにまっすぐ帰宅したら、外出は一切禁止されている。男子はその子に話しかけることも、家の近くをうろつくこともできない。家から出してもらえない女の子のことが好きな男がいる。「すっごくきれいな娘なんだ。あの娘と付き合えるならなんだってするのに」無理な話だった。そんなこと誰にもできない。

その女の子のママに、お金が必要になった。僕たちからお金を借りたそのママは、返済してしまうまでは、僕たちを無下に追い払うわけにもいかない。僕たちはちょっと家に立ち寄ってたむろしたり、ママとしゃべったり、世間話をしたりする。娘がすぐそこにいても、「この若者に話しかけるんじゃありません!」とは言えない。お金を貸していることでママと信頼関係を築く機会が得られるわけだ。食事に呼ばれることもあった。僕たちが気さくできちんとした若者だとわかってもらえたら、娘をパーティーに連れていくことに同意してもらえる。もちろん、家まで安全に送り届けます、と約束してのことだ。そうなったら今度は、この女の子に会いたくて仕方がない例の男に話を持っていく。

「おい、取引しよう。あの娘をおまえのパーティーに連れてきてやる。いっしょに過ごせるぞ。いくら払える？」

「金はないけど、ビール数ケースならある」

「いいだろう。じゃあ今晩のパーティーに行くから、ビールを2ケース用意しておけ」

「わかった」

こうしてその女の子を誘ってパーティーへ行く。女の子は母親の監視の目から逃れられるからウキウキだ。男はビールを用意することで、その女の子といっしょに過ごせる。僕たちは感謝の印にママの借金を帳消しにし、もらったビールを売って貸した分を取り戻す。うまくいく方法は、いつだってなにかしらあるものだ。さまざまな観点から考えて難問を解いていき、なにがどこへ動くか、誰がなにを必要としているか、誰と誰を結びつければお金が手に入るかをよく観察する。そうやって方法を考えだすときが、一番楽しかった。

ピーク時には、たぶん1万ランドほどの元手があったと思う。貸して出ていくお金もあれば、利子で入ってくるお金もあった。転売するために買ったナイキジョーダンやDVDプレーヤーの在庫もあった。その一方で、ブランクCDを買ったり、DJライブへ出かけるためのミニバスをチャーターしたり、5人の仲間に日に3度の食事もさせたりしなくちゃいけなかった。そういうこと一切はパソコンで管理していた。かあさんと暮らしたおかげで、エクセルの使い方を知っていた僕は、お金を貸した相手の氏名、貸した金額、返済期限や返済の遅れなど、すべて記録していた。

そうした事務仕事が終わる頃、商売がまた活気づいてくる。注文した最後のCDを受け取りにくるミニバス運転手、仕事帰りの男たち。男たちが欲しいのは、石鹸やコーンフレークじゃない。DVDプレーヤー、CDプレーヤー、プレイステーションのゲームソフトといったものだ。モノを売りにくる人も増える。1日中、詐欺や盗みを働いて入手したものを売りにくるのだ。携帯電話を売りつけようとする男、革のジャケットを売りつけようとする男、靴を売りつけようとする男。その中に、アニメ『ザ・シンプソンズ』に出てくるバーンズ社長の黒人版、といった風貌の男がいた。仕事が終わると必ず寄って、役に立たないものばかり持ち込んできた。充電器のない電動歯ブラシといった類のものだ。あるときは電気シェーバーを持ってきた。

「なんですか、これ?」

「電気シェーバー、だろ?」

「電気シェーバー? 僕たち黒人ですよ。こんなのを使ったら肌荒れするじゃないですか。このあたりで電気シェーバーを使ってなんともない人なんかいませんよ」

どこからこんなものばかり手に入れてくるのか、僕たちはまったく知らなかった。訊かないからだ。それでも話をつなぎ合わせていくうちにだんだんわかってきた。男は空港で働いていた。乗客の荷物からくすねてきたものばかりだったのだ。

夕方のラッシュがだんだんおさまってくると、僕たちもくつろぐときだ。今日最後の集金、CDの在庫確認、残高計算もこのときにする。その晩にDJを依頼されているパーティーがあればその準備をはじめるし、そうでなければビールでも買ってきてぼうっとしながら飲み、その日あったことを話したり、遠くの銃声に耳をすませたりしていた。銃声は毎晩聞こえていたから、どんな種類の銃かよく当てっこした。「今のは9ミリ銃だな」とか言って。たいてい警察が誰かを追いかけていて、盗難車で逃げる犯人を追うパトカーがすっ飛ばしていく。仲間はみんな家に帰って家族と夕飯を食べる。僕はパソコンを抱えてまたミニバスに乗り、家に帰って寝る。次の日また戻ってきて、同じことの繰り返しだ。

1年がたち、2年がたった。大学へ行く計画はもうあきらめていた。貯まったお金も入学金にはほど遠かった。

フッドで気をつけなくちゃいけないのは、いつも働いて働いて働いて、それでなにかを実現しているような気になっているけど、実際にはなにも実現していない点にある。僕は毎日午前7時から午後7時までフッドにいて、来る日も来る日も、10ランドをどうやって20ランドにするか、20ランドをどうやって50ランドに、50をどうやって100に、ということばかりしていた。仕事が終わると、そうやって稼いだお金で、なにか食べたり、ビールを飲んだりする。それから家に帰り、翌日また戻ってきて、10ランドをどうやって20ランドに、20ランドをどうやって

50ランドに、を繰り返す。それっぽっちのお金のために1日仕事だった。歩き回り、動き回り、頭を回さなくちゃいけない。人のところへ行く、人を探す、人に会う必要もあった。結局はふりだしに戻るはめになった日が少なくなかったのに、いつもすごく稼いでいるような気になっていた。

いかさまと仕事の関係は、ネットサーフィンと読書の関係と同じだ。1年間にネットで読んでいるツイート、フェイスブックの投稿、ランキングなどを全部合わせると、本何冊分にも匹敵する文字数になるのに、実際には年に1冊の本も読んでいない。いま振り返ってみれば、いかさまはそれと同じだった。いかさまは、最大限の努力を最小限の利益に注ぎ込むことだ。ハムスターの回し車のようなものだ。あれだけのエネルギーをすべて勉学に注いでいたら、僕はいまごろMBAを取得していたはずだ。僕が専攻していたいかさまに、学位をくれる大学なんてあるはずもない。

はじめてアレクサンドラに足を踏み入れたとき、そのビビッとくる感覚や興奮にも引きつけられたけど、それ以上に大きかったのが、自分を受け入れてもらえたことだった。サンドリンガム校やほかのどこよりも受け入れてもらえた。最初は眉をひそめる人もいなくはなかった。「このカラードは何者なんだ?」と。だけど、フッドの人はあれこれ言わない。いたいならいればいい、というスタンスだ。僕は住んでいたわけじゃないから、厳密にはフッドではよそ者だったのに、生まれてはじめて自分がよそ者だと感じなかった。

それに、フッドはストレスが少なくて快適なところだ。なんとか暮らしていくことだけで頭がいっぱいだから、自分は何者か、どんな人間になるべきか、十分努力しているのだろうか、なんて小難しいことを考える必要がない。フッドにいれば、大の男が40歳になっても母親の家で暮らしながら、人にお金をせびっていたって、見下されたりしない。自分は落伍者だと感じることもない。もっとひどい状況の人が必ずいるからだ。もっとがんばらなくちゃ、と思うこともない。ものすごく成功したところで、どのみちいまとそう大きくは変わらないからだ。フッドにいるかぎり、半分寝ているような状態でも構わないのだ。

すばらしい連帯感もある。ヤク中から警察官にいたるまで、みんながみんな顔見知りだ。互いに面倒を見合う。フッドでどこかのママから用事を頼まれたら、断っちゃダメだ。「おつかい頼める?」というのが決まり文句。みんなが自分の母親であり、自分はみんなの子、という感じだ。

「おつかい頼める?」

「はい。なにが要ります?」

「ミルクとパンを買ってきてちょうだい」

「ええ、まかせてください」

こうしてお金を預かってミルクとパンを買いに行く。忙しいわけでも、自分が損するわけでもないかぎり、断ったりしない。

フッドの一番いいところは、なんでも分け合うことだ。自分ひとりが金持ちになることは許されない。お金があるなら、どうしてほかの人を助けてやらない？　町内のおばあさんが困っていれば、みんなで助ける。ビールを買うなら、みんなの分を買って配る。自分の暮らし向きがいいことが、なんらかの形で地域のためになっていることを、みんなに知らせる必要があるのだ。そうじゃないと標的にされてしまう。

監視も自分たちでおこなう。窃盗犯を見つけたら自分たちで対処するし、押し入りにも自分たちで対処する。レイプ犯は、地元の人に捕まる前に、警察が捕まえてくれるよう神様に祈ったほうがいい。ただ女性が殴られてもフッドの人は立ち入ったりしない。わからないことだらけだからだ。なんのことで争っているのか。原因は誰にあるのか。どちらが先に手を出したのか。でもレイプと盗みはそうはいかない。地元のみんなを冒涜したことになるからだ。

フッドは妙に居心地が良かったけど、居心地の良さにはリスクがつきまとう。支えてくれる代わりに、出る杭は打たれる。仲間のGは、みんなと同じように無職でぶらぶらしていたけど、あるとき、きちんとした衣料品店で仕事に就いた。毎朝仕事に向かうGを、仲間はからかった。すっかりめかして出かけていくGを笑ったのだ。「よお、G、上等な服着て、まったく見違えたよ！」「よお、G、今日はあの白人の男に会いに行くんだろ？」「よお、G、図書館でちゃんと本借りてこいよ！」

衣料品店で働くようになってから1カ月ほどたったある朝、僕たちがいつものレンガ塀のあたりでぶらぶらしていると、Gが靴下に室内履きのままで出てきた。どう見ても仕事に行く格好じゃない。

「よお、G、なんだよ、仕事はどうした？」

「ああ、もう働いてない」

「どうして？」

「盗みをはたらいたって言われて、首になった」

Gはわざとやったに違いない、と思ったことが忘れられない。仲間にまた受け入れてもらいたくて、自分でチャンスを潰したのだ。

フッドにはある種の引力がある。絶対に置いてきぼりにされないけど、去っていくことも絶対に許されない。去る選択をすることは、自分を育て、一人前にし、一度も見捨てなかったこの街を侮辱することになる。そうなればこの街は反撃に出る。

フッドで物事がうまくいきだしたら、もう出ていく潮時だ。そうしないと、必ず引き留められてしまう。なんとしてでも。どこかから盗んできたものを車の中にこっそり入れられて、警察に見つかるように仕向けられる、なんてこともありうる。いつまでもここにはいられないのだ。いられるはず、と思うかもしれない。でも、羽振りがよくなってきて、フッドの友人をフッドの外のおしゃれなクラブにでも連れていくとしよう。ふと気がつくと、誰かがけんかをはじめていて、自分の友人が銃を取り出して、誰かが撃たれている。こっちはその場に突っ立ったまま、

「いまなにがあったんだ?」と言うばかり。

フッドはそういうところなのだ。


ある晩、僕がパーティーでDJをしていたときのこと。会場はフッドじゃなく、フッドを出てすぐの、ロンバルディイーストという、中流階級の黒人が住んでいる地区だった。音がうるさいと苦情を受けた警察が、暴動鎮圧用の装備で機関銃を突きつけながら入ってきた。これが南アフリカの警官隊だ。軽装備の警官隊がいて、さらにこういう重装備の部隊がいるわけじゃない。アメリカで言う特殊任務部隊(SWAT)みたいなものが、ごく普通の警官隊に相当する。

音の出どころを探しにきたのだ。音は僕のところから出ている。警官がひとり、パソコンのそばにいる僕のほうへやってくると、バカでかい突撃ライフルを僕に向けた。

「いますぐそれを止めろ」

「わかりました、わかりました。いま終了させていますから」

僕が使っていたのはウィンドウズ95だった。ウィンドウズ95は終了させるのに気が遠くなるほど時間がかかる。開いていたウィンドウをすべて閉じ、プログラムを終了させているところだった。シーゲイト製のやたら重いハードドライブはすぐに傷つくから、電源を切って損傷させるようなことはしたくなかった。でも警官にはそんなことはどうでもよかったにちがいない。

「止めろ! 止めるんだ!」

「やっています！　閉じているところなんです！　プログラムを終了させないといけないんです！」

パーティーを楽しんでいたみんなが怒り出し、警官がピリピリしだした。僕に向けていたライフルをすっと動かして、コンピュータを撃った。この警官がパソコンのことをなにも知らないことだけは明らかだ。モニターを撃ったのだ。モニターが吹き飛んでも音楽はまだ鳴りつづけている。もう大騒ぎだ。音楽が鳴り響く中、銃声にうろたえたみんなが逃げ回り、パニックに陥った。僕はパソコンの本体から電源コードを引き抜いて終わらせた。警官隊は催涙ガスを発射しはじめた。

催涙ガスは、僕や音楽を止めるためにだしてきたんじゃない。黒人地区のパーティーを終わらせるための、警察の常套手段にすぎない。クラブが照明をつけてみんなに帰るよう促すようなものだ。

ハードドライブがやられてしまった。撃たれたのはモニターだったけど、吹き飛んだときの衝撃でオーバーヒートでもしたんだと思う。コンピュータは立ち上がったけど、ハードドライブを読み込めなかった。僕の音楽ライブラリが消滅してしまった。新しいハードドライブを買うお金があったとしても、あれだけの曲を集めるのに何年もかかったのだ。元どおりにするのは無理だった。ＤＪ業が終わってしまった。ＣＤ販売業も終わってしまった。僕たちの主な収益源が突然なくなってしまったのだ。あとはいかさましかない。以前にも増していかさまを働き、手元のわずかな現金をなんとか倍にしようとしたり、これを買って転売してあれを手に入れたり、といったことを繰り返した。それまでの蓄えにも手をつけるようになり、1カ月もたたないうちにすっからかんになっていた。

そんなある日、仕事帰りの夕方、空港で働いている例の黒人版バーンズ社長が立ち寄った。

「なあ、こんなのあるんだけど」

「なんですか？」

「カメラだよ」

そのカメラのことは忘れられない。デジタルカメラだった。そのカメラを買い取り、電源を入れてみた。幸せそうな白人家族が、休暇を楽しんでいる写真がいっぱい入っているのを見ているうちに、気分がすっかり落ち込んだ。それまでに買い取ってきたほかのものは、持ち主のことなんて一度も気にならなかった。ナイキのシューズ、電動歯ブラシ、電気シェーバー。気にするやつなんていない。たしかに、コーンフレークが荷台ごとスーパーからなくなったことで、首になった人がいたかもしれないけど、そんなこと考えるやつはいない。でもこのカメラには顔があった。カメラに入っていた写真を次々と見る。自分にとって家族の写真がどれほど大切か考えながら。――僕はカメラを盗んだんじゃない。誰かの思い出を盗んだんだ。誰かの人生の一部を盗んでしまった――。

実に不思議な話だけど、いかさまをしていた2年間、それが犯罪だとは一度も思わなかった。

正直言って、悪いことだとも思わなかった。――所詮誰かが見つけてきたモノだし、白人には保険もあるし――。なんとでも言い訳できた。世間で人々がひどいことをし合うのは、その影響を受ける相手の存在に気づいていないから。相手の顔が見えていないから。相手を人として認識していないからだ。それこそが、フッドがそもそもできた理由でもある。アパルトヘイトで虐げられた人々を目にしないようにしていれば、気にならないというわけだ。白人が一度でも黒人を人として見れば、奴隷制度がいかにとんでもないかに気づいてしまっていただろう。いまの世の中では、自分がほかの人にしていることとの影響に気づくことがない。住む世界が違うからだ。投資銀行で働いている人が、サブプライムローンで騙すのだって、騙している相手と同じ世界に住まなければならない、となれば、はるかにやりにくいはずだ。お互いの痛みに気づいて共感し合うことができれば、犯罪をおこなう意味なんて、そもそも絶対にあるはずない。

どんなにお金が必要でも、このカメラは決して売らなかった。すごくやましくて、売ったら罰が当たると思ったのだ。ばかげているとは思うし、持ち主に返せるわけじゃないけど、とにかく売るなんてことはできなかった。自分が今していることの向こう側には人がいる、その事実をこのカメラに突きつけられたのだ。僕のしていることは間違っていた。

ある晩、僕たちはソウェトでのダンス対決に招待された。我らがヒトラーが競う相手はヘクターというやつだ。ソウェトのトップダンサーで、当時の南アフリカでもずば抜けて踊りがうまかった。この招待は超ビッグなことだった。僕たちがフッドを代表してソウェトまで出かけていくのだ。アレクサンドラとソウェトは昔からずっと対抗意識が強い。ソウェトはお高くとまったタウンシップ、アレクサンドラは薄汚いタウンシップ、と見られていた。ヘクターは、ソウェトでも余裕のある人たちが住んでいるディップクルーフの出身で、ここは民主化後はじめて、高級住宅が建てられた地区だ。「おい、俺たちはもうタウンシップじゃないぞ。立派な家が建ってるんだから」とまあ、鼻持ちならないところのやつと競うわけだ。ヒトラーはまる1週間、ダンスの練習に没頭した。

ダンスコンテストの日、僕たちはミニバスでディップクルーフに向かった。僕、ボンガニ、ンズィ、ベキ、G、ヒトラーだ。勝利したのはヘクターだった。そのうちに、Gが相手グループの女の子とキスしているところを見つかってけんかになり、すべてが台無しになった。夜中の1時頃の帰り道、ディップクルーフを出て高速に入ろうとしたあたりで、乗っていたミニバスが警察に停止させられた。乗客全員が降りるように言われ、警官が中を調べる。僕たちがミニバスの外で並んで立っていると、警官がひとり、中から降りてきた。

「銃があった。誰のものだ?」

みんな肩をすくめる。

「知りません」と僕たち。

「そんなはずない。知っているやつがいるはずだ。そいつの銃だからな」

「おまわりさん、僕たち本当に知らないんです」

そう言ったボンガニの顔を警官が思いっ切りひっぱたく。

「でたらめ言うな！」

警官は並んでいる僕たちの顔をひとりずつひっぱたき、銃のことで叱りつけた。僕たちはそこでじっと耐えているしかなかった。

「おまえらは人間のクズだ。どこの者だ？」

「アレクサンドラです」

「おおお、そうか、そういうことか。アレクサンドラの犬どもか。このあたりまでやってきて、強盗、レイプ、車の乗っ取り《カージャック》か。どうしようもないチンピラどもが」

「違います、僕たちはダンサーです。僕たち――」

「どうだっていい。おまえらみんなブタ箱行きだ。銃の持ち主がわかるまではな」

そのうちに僕たちは、これがなんなのかに気がついた。警官は賄賂を巻き上げようとしているのだ。「抜き打ち罰金」と遠回しに言われているやつだ。手の込んだ芝居がかった話を警官としながら、それとなくほのめかすのだ。

「なんとかなりませんかねえ？」とまず言ってみる。

「どうしろと言うのかね？」

「本当に申し訳ありません、おまわりさん。どうさせていただきましょう？」

「話を聞こうか」

そこでなにか話をでっち上げ、自分がいまいくら持っているか、警官にそれとなく伝える。ただ、僕たちはお金をぜんぜん持っていなかったから、それはできない相談だった。そんなわけで、僕たちは留置場へ連れていかれた。あれは公共のバスだったから、みんなが疑われてもおかしくなかったのに、アレクサンドラの人間だけが逮捕された。あとはみんな行ってよしだった。警察署へ連れていかれ、みんな留置場にぶち込まれてから、ひとりずつ取り調べに呼ばれていく。僕の番になり、住所を尋ねられ、ハイランズノースと答えると、警官は、さっぱりわけがわからない、という顔をした。

「アレクサンドラじゃなかったのか。あの悪党どもといっしょになにやってるんだ？」答えようがない。警官が僕をじっとにらみつける。「いいか、よく聞きなさい、お坊ちゃん。あいつらと遊びまわって楽しんでいるつもりか？　これはもうお遊びじゃないんだぞ。あの連中と銃のことを正直に話せば釈放してやる」

断ると、また留置場にぶち込まれた。僕たちはひと晩そこにいた。翌日、友人に電話をかけると、父親にお金を借りてみんなを出してやると言う。その日遅くなってから、友人の父親がやってきてお金を払ってくれた。警官は「保釈金」だと言っていたけど、あれは賄賂だった。正式に逮捕されたわけでも、書類送検されたわけでもない。調書は一切作成されなかった。

釈放されて万事解決、とはいえ、この一件で僕たちは自信をなくしてしまった。毎日街へ繰り出していかさまをはたらき、ある意味、ギャングと同じようにふるまっていたつもりだったけど、本当はいつまでたっても、フッドではなく、チーズ側の人間だったのだ。ギャングの真似ごとをしていたのは、この世界でなんとか生きていくための、一種の防衛本能だった。ボンガニも、イーストバンクのほかの仲間も、住んでいるところとその外見のせいで、とにかく希望が持てなかった。あの状況では、選択肢はふたつしかない。ひとつは、マクドナルドでバーガーを焼く、といった小売店の仕事に就くこと。そんな機会があるだけでも、ごく限られたラッキーな人間だ。もうひとつは、タフになり、ギャングっぽく見せかけることだ。フッドを出ていくことができないなら、フッドのルールでなんとかやっていくしかない。

僕はあの世界で生きていくことを選んだつもりだった。でもあの世界の人間じゃなかった。それどころか、身分をかたっていた。ほかのみんなと同じように毎日フッドにいたけど、みんなと僕が決定的に違うことに、心の底では気づいていた。僕にはほかにもいろいろと選択肢があった。僕は出ていけた。でも、みんなは出ていけなかったのだ。

10歳のとき、イェオビルのオヤジの家で遊んでいて、おもちゃに入っていた電池が切れてしまったことがある。かあさんには新しい電池をずっと買ってもらえなかった。理由はもちろん、お金のムダだという考えだったから。そこで僕は、家をこっそり抜け出して店へ行き、電池1パックを万引きした。店から出ようとしたところを警備員につかまり、事務所まで連れていかれた。警備員がかあさんに電話をかける。

「おたくの息子さんが電池を万引きしましてね。迎えにきてください」

「いいえ、参りません。ブタ箱にでも入れておいてください。言うことを聞かないとどうなるか、わからせないといけませんから」

かあさんはそう言って電話を切ってしまった。警備員は困った顔で僕をじっと見ている。そのうちに、帰っていいと言われた。手に負えない孤児、とでも思われたんだろう。だって、10歳のわが子をブタ箱へ入れようとする母親なんている?

17 世間は守ってくれない

かあさんは僕に対して一歩も譲らなかった。なにか問題を起こすたびに、愛の鞭、お説教、罰、尻叩き。黒人の親ならたいていそうだ。法に罰せられないように、親が罰しておこうと思うのだ。「警察に絞りあげられないように、親が絞りあげておかないと」わが子が外を歩けるようになったその日から、黒人の親はみんなそう考えている。外には法が待ち受けているからだ。

フッドでは、逮捕されることは避けられない現実だった。日常茶飯事すぎて、逮捕されたというジェスチャーがあったほどだ。両手首をぽんぽんと合わせて、手錠をかけられている仕草をすれば、誰にでもわかった。

「ボンガニは？」

手首をぽんぽん。

「ちくしょう。いつ？」

「金曜の晩」

「くそっ」

かあさんはフッドを嫌っていた。フッドに住む僕の友達のことも気に食わなかった。家に連れてきても、中に入ってくるのを嫌がったほどだ。「あの子たちはどうも好きになれない」と、よく言っていた。個人として嫌っていたわけじゃなく、友達に象徴されるものが気に入らなかったのだ。「あんたたちはくだらないことばっかりして」「付き合う相手をよく考えないと。どういうところにいるかで、どんな人間になるかが決まってしまうことだってあるんだから」

フッドを嫌う一番の理由は、僕に向上心を強いないから、と言っていた。もっと従兄といっしょに過ごしてほしがっていた。従兄は大学に通っていた。

「大学にいようが、フッドにいようが、同じことじゃないか。大学にいたって学生になれるわけじゃないんだから」

「それはそうだけど、大学の雰囲気が影響してくるわよ。あんたのことだから、学生たちが成長していくのを、ただ見てるなんてことはしないはず。前向きで向上心のある環境にいれば、自分も自然とそうなってくるのよ。生き方を変えなさい、ってこれだけ言ってるのに、変えないのね。そのうちに警察に捕まることになりますよ。そうなっても、電話なんかしてこないで。警察には、懲らしめるために閉じ込めておいてください、って伝えるから」

実際そういう黒人の親はいた。わが子の保釈金も払わない、弁護士も雇わない。究極の愛の鞭だ。ただし、いつもうまくいくとは限らない。愛の鞭じゃなく、守ってくれる愛が必要なときだってあるのだ。ちょっと懲らしめるだけのつもりが、結局無期懲役になってしまった、なんてこともありえるのだから。

ある朝、新聞を見ていると、携帯電話の在庫一掃セールの案内広告が出ていて、それがとんでもない破格だった。買ってきてボンガニといっしょにフッドで転売したら儲かる、と思った。その店は家からかなり離れた郊外にあり、歩いていくには遠いし、辺鄙《へんぴ》なところだからミニバスも走っていない。幸い、うちの裏庭には継父エイブルの修理作業場とぽんこつ車がいろいろある。

エイブルのぽんこつ車をこっそり運転していたのは、14歳の頃からだ。ちゃんと修理されているか確認するための試運転をしていた、とでも言っておこう。でもエイブルにしてみたら冗談じゃない。何度も見つかって、そのたびにかあさんの逆鱗に触れていた。でもそんなことで思いとどまる僕じゃない。

うちにあったぽんこつ車のほとんどは、公道を走れるものじゃなかった。ちゃんと登録されていなかったり、正規のナンバープレートじゃなかったりしたのだ。これまた幸いにも、古いナンバープレートが修理作業場の裏に山ほど積まれていた。それをぽんこつ車に付ければ出かけられる、とひらめく。二十歳そこそこだった僕は、その結果どうなるかなんてなんにも考えていなかった。誰もいないときを見計らってエイブルの作業場へ行く。選んだのは、マトリックダンスのときにも乗った赤のマツダだ。古いナンバープレートを取り付けて、格安携帯電話を買いに出かけた。

車を止められたのは、ヒルブロウを走っているときだ。南アフリカの警察は、車を止める理由を説明なんてしない。警察には車を止める権限があるから止める。それだけだ。アメリカの映画には、警察が車を止めるときに、こんなふうに言う場面がよく出てくる。「ウィンカーが出ていませんでした」とか「テールランプが壊れていますよ」とか。いつも不思議に思っていた。――なにもうそつかなくたっていいのに――。その点、南アフリカは、うそをつく必要性を感じるほど、社会がまだ洗練されていないのがありがたい。

「なぜ止めたかわかるか？」

「あなたが警官で、僕が黒人だから？」

「そのとおり。免許証と登録証を」

車を止められたときは、できればこんなふうに言ってやりたかった。「わかってますよ、どうせ人種に基づいた職務質問でしょう！」でもそんなことを言うわけにはいかない。このとき僕のしていたことは、実際、法律に違反していたからだ。運転席の窓に近づいてきた警官にお決まりの質問をされる。どこへ行くのか。自分の車か。誰の車か。答えられなかった。完全にかたまってしまった。

変な話、まだ若かった僕が心配していたのは、法律よりも、親と面倒なことになるほうだった。警察と口論になったことは、アレクサンドラやソウェトでもあったけど、どちらかと言うといつも状況的なものだった。パーティーを途中で切り上げさせられたり、乗っていたミニバスを調べられたり。警察はそこらじゅうにいたけど、僕個人としては、まだ一度も罰せられたことがなかった。自分が厄介になった経験がないうちは、警察も筋が通っているように見えるものだ。警官にはイヤなやつが多いけど、仕事でしているんだから仕方ないと思える。

ところが、親というものはぜんぜん筋が通っていない。子供の頃は、親がずっと、裁判官兼陪審員兼死刑執行人だ。ちょっといたずらをするたびに、終身刑でも命じられたような気分になる。車を止められたとき、恐れるべきは警察だったのに、僕の頭の中はひたすら――まずい、まずい、まずい。うちに帰ったらやばいことになる――だった。

警官は電話でナンバープレート確認を依頼し、この車と照合しないことに気づくと、いよいよ本腰を入れてきた。「おまえの名前で登録されてないじゃないか！ ナンバープレートはどうしたんだ!? 車から降りろ！」ここでようやく僕は気づいた。――あああああ、まずい。これは本当にやばい――。車から降りると手錠をかけられ、盗難車運転の容疑で逮捕する、と告げられた。連行され、車は押収された。

ヒルブロウ警察署は、南アフリカのほかのどの警察署とも見た目がまったくいっしょだ。アパルトヘイトがピークだった時代に、警察国家の中枢システムの拠点として、同じ建設業者が建てたのだ。目隠しをされて別の警察署へ連行されても、場所が変わったとは気づきもしないだろう。無味乾燥で画一的な建物、蛍光灯と安っぽいフロアタイル、まるで病院だ。警官に連れられ、入口の受付があるところに座らされた。取り調べられ、指紋をとられる。

このあいだ、車の調べも進んでいて、こちらもまずい状況になりつつあった。エイブルの修理作業場から車を失敬するときは、客から預かっている車じゃなく、ぽんこつ車をいつも選ぶようにしていた。そのほうが面倒になりにくいと思っていたのだ。だけどそれが間違いだった。エイブルのあのぽんこつマツダには持ち主がいない。持ち主がちゃんといれば、警察がその人に電話をかけ、修理に預けたことがわかるから、万事解決となったはずだ。でも持ち主がいないんじゃ、盗んだんじゃないことが証明できない。

当時、南アフリカでは車の乗っ取り《カージャック》がよくあった。あんまり頻繁だから、驚きもしないくらいだ。夕食に来るはずの友人から電話がかかってくる。

「すまん。カージャックされた。遅れる」

「おー、最低だな。おい、みんな！　デイブがカージャックされたって」

「気の毒に、デイブ！」

みんなはそのまま夕食をつづける。これは命が助かった場合の話だ。助からない場合もあった。車を盗られるときに撃たれて命を落とすことがしょっちゅうあったのだ。僕は、車を盗んだんじゃないことを証明できないばかりか、そのために誰かを殺したりしていないことも、証明できなかった。警官が厳しく問い詰めてくる。「誰かを殺してあの車を手に入れたんじゃないのか？　おい、そうなのか？　殺したのか？」

事態はかなり深刻だった。頼みの綱はただひとつ、親だ。電話1本かければ、それですべて解決したはずだ。「継父が車の修理工をしていて、そこにあった車を借りました。いけないことでした」一件落着。最悪でも、無登録車を運転した軽い罰で済むはずだ。だけどうちに帰ったらいったいどんな目に遭わされるか。

警察署に連行された（しかも車の窃盗容疑で逮捕され、カージャックか殺人のほぼ確実な容疑者とされている）というのに、親に電話したほうがいいか、ブタ箱に入るほうがましかを思案していた。エイブルの場合は——下手すると本当に殺されるかもしれない——。僕のなかではそれが現実的なシナリオだった。かあさんの場合は——事態がさらに悪くなるだろう。いま性格証人になられたら困る。そもそも助けてくれるはずがない——。日頃からこう言われていた。「逮捕されたって、電話なんかしてこないで」って。必要なのはこの窮地に同情してくれる人だ。それはかあさんじゃない。だから親には電話しなかった。親の助けは借りるまい、と腹をくった。僕はもう大人だ。自分でなんとかしよう。従兄に電話し、どうすべきか考えがまとまるまでこのことは誰にも言わないで、と伝えた。さあ、これからどうしたものか。

逮捕されたのは夕方遅くだったから、手続きがおこなわれている頃にはもう消灯時刻が迫っていた。どっちみち、留置場でひと晩過ごすことになる。そう考えていると、警官に脇へ連れていかれ、これからどうなるかを聞かされた。

南アフリカの法律では、逮捕されると署内の留置場に入れられ、保釈聴聞会があるまでそこにいる。聴聞会では、裁判官が告発状を見て、双方の主張を聞いてから、告発を棄却するか、保釈金額と裁判の日を決定する。保釈が認められれば、保釈金を支払って家に帰れる。ただし、さまざまな要因で、保釈聴聞会がまずい方向に進む場合もある。たとえば、つけられた公選弁護人が告発状をろくに読みもせず、内容を把握していない、家族が保釈金を払えない、裁判所が手一杯ってことすらある。「申し訳ないけど、もう手一杯。今日の聴聞会はここまで」まあ理由はどうだっていい。問題は、一度留置場を出ると、もう戻れないことだ。その日に解決しなければ、今度は監獄で審理待ちになる。監獄といっても、審理待ちのほかの未決囚といっしょに収容されるので、受刑者といっしょになるわけじゃない。とはいえ、未決囚が収容されているところも相当やばい。交通違反者から筋金入りの常習犯まで、さまざまだからだ。そういう人たちといっしょに閉じ込められた状態が、数日か数週間か、ひょっとすると数ヵ月に及ぶかもしれない。アメリカのしくみと変わらない。貧しい人や法律のしくみを知らない人はどんどん後回しにされて、ふと気がつくと、この奇妙な煉獄《れんごく》にいるというわけだ。牢屋に入っているわけじゃないけど、自由の身でもない。まだ有罪になったわけじゃないけど、拘束されて外に出られないのだ。

警官はこう言った。「いいか、保釈請求はしないほうが身のためだ。内容を把握していない公選弁護人をつけられるのがおちだからな。おまえに関わっている暇なんてないから、判事に審理の延期を求めるに決まっている。そのあと、保釈されるかもしれないし、されないかもしれない。本当だ、やめておいたほうがいい。君は好きなだけここにいられるんだ。弁護士と面会して申し立てたほうがいい。裁判所や判事には一切関わらずに済ませたほうがいいぞ」警官は親切心から忠告してくれたわけじゃなかった。どこかの被告人弁護士とつながっていて、依頼人を紹介してキックバックを受け取っていたのだ。警官から弁護士の名刺を手渡され、その弁護士に電話をし、引き受けてもらった。弁護士には、万事うまくやるからじっとしていろ、と言われた。

さあ、お金が必要だ。弁護士というのは、どんなにいい人でも、ただではなにもしてくれない。僕は友人に電話をし、父親からお金を借りられないか尋ね、なんとかしようと言ってもらえた。友人が父親に頼み、翌日には弁護士に手付金が支払われた。

弁護士に引き受けてもらったことで、自分がこの状況をコントロールしている気になっていた。我ながらなかなかやるじゃないか、と。この厄介な状況にうまく対応しているし、なにより、かあさんとエイブルには知られていない。

消灯時刻になり、警官がやってきて、僕の所持品を持っていった。ベルト、財布、靴ひもまで。

「どうして靴ひもまで？」

「首でも吊られたら困るからな」

「なるほど」
そのときもまだ、ことの重大さを十分には理解していなかった。署内の留置場へ向かうときも、そこにいるほかの6人の男性を目にしたときも――たいしたことない。すべてうまくいく。すぐ出られるんだから――そう思っていた。僕のすぐうしろで扉がガシャンと閉められ、「消灯！」と看守が大声を上げた瞬間までは。そこでやっと実感が湧いてきたのだ。――あー、くそっ。まじだよ、これ――。

看守から渡されていた、マットとちくちくする毛布をコンクリートの床に敷いて、なんとか楽にしようとした。それまでに観た、劣悪な監獄を舞台にした映画が頭の中を駆け巡る。――レイプされる、絶対――と思って怯えていた。もちろん、レイプなんかされなかった。ここは監獄じゃないからだ。ここは留置場で、それが大きな違いであることは、まもなくわかるようになる。

次の朝、目を覚ましたときは、すべて夢だったような感じがした。でもそれもつかの間、あたりを見回して夢じゃないことを思い出した。朝食が運ばれてきた。僕は落ち着いて待つことにした。

留置場では1日の大半が静かだった。看守がときどきやってきて、罰当たりな言葉を浴びせながら点呼を取るくらいだ。中のみんなは押し黙っている。留置場に入ってくるとき「みなさん、こんにちは！　僕ブライアンです！」なんて言うやつはいない。みんな怖いし、弱そうなやつと思われたくないからだ。誰だって、レイプされたくない。殺されたくない。僕だって、交通違反で捕まったただのガキとは思われたくなかったから、監獄の囚人はこんな感じ、という固定観念を記憶から総動員し、そんなふうにふるまおうとした。

南アフリカでは、カラードのギャングが一番容赦なく残忍なことで知られている。そういう固定通念をずっと吹き込まれているのだ。とりわけ悪名高いのが「ナンバーズギャング」で、26番、27番、28番といった分派があり、監獄を支配している。冷酷な暴力をふるうことで知られ、障害が残るほどの重傷を負わせるか、拷問、レイプ、頭部切断をおこなう。金のためじゃなく、自分たちの冷酷さ、残忍さを見せつけるためにおこなうあたり、メキシコの麻薬密売組織と似ている。というよりも、メキシコギャングのやり方を真似ているのだ。外見までそっくりだ。靴はコンバース・オールスター、パンツはディッキーズ、シャツのボタンは一番上しか留めない。

ティーンエイジャーの頃、警官や警備員から職務質問されるのはたいてい、僕が黒人だからじゃなく、カラードだと思われたからだった。従兄のンルンギシとその友人と僕の3人でクラブへ行ったときもそうだ。クラブの用心棒は、まずンルンギシをボディチェックし、入ってよしと手で合図。次に友人をチェックし、入ってよしと合図。僕をチェックすると、顔を近づけてきてこう言うのだ。

「ナイフはどこだ？」

「ナイフなんか持っていませんよ」

「隠しているのはわかってる。どこに隠した？」

用心棒はさんざん調べた挙句、とうとうあきらめて入れてはくれたけど、厄介なやつ、という目で僕を見ていた。

「おかしな真似するんじゃないぞ！　いいな？」

そんなわけで、留置場に入っている僕のことを周囲は、その手のカラードで、いずれ監獄送りになる凶悪犯、と思うはずだと考えた。だからそういうふりをした。典型的ギャングを演じたわけだ。警官になにか訊かれるたびに、強いカラードなまりの片言アフリカーンス語で答える。まあ言ってみれば、アメリカにいる白人が、ラティーノと言っても通用する浅黒い肌を利用して、映画に出てくる凶悪なメキシコギャングの口調を真似ているようなものだ。「とっちめてやる、ロコ、エセ」。まさに、その南アフリカ版。それが、この状況を生き延びるための僕なりの名案だった。意外と効果があった。僕といっしょに入っていたのは、飲酒運転、家庭内暴力、けちな盗みで捕まったような人たちだ。本物のカラードギャングがどういうものかまったく知らない人たちだった。誰も僕にちょっかいを出してこなかった。

誰もがなにかのふりをしていたのに、誰もそのことに気づいていなかった。僕が入ってきたとき、みんなから「俺を怒らせるとただじゃおかないぞ」という目でにらまれたから、「やばい、みんな常習犯だ。こんなところにいられない。僕は犯罪者じゃないんだから」と思った。それが次の日には逆の立場になる。ひとり、またひとりと、聴聞会のために出ていく。僕は弁護士からの連絡待ちだったから、そのうちに新顔が入ってくる。僕はもう古顔だ。カラードギャングの定番演技をし、新顔を同じようににらむ。「俺を怒らせるとただじゃおかないぞ」今度は新顔が「やばい、こいつ常習犯だ。こんなところにいられない。僕はこいつとは違うんだから」と思うわけだ。その繰り返しだった。

あるときふと思った。ここに入っている人たちはみんなひとり残らず、ワルのふりをしているだけかもしれない。みんなそれぞれちゃんとした地区に住み、ちゃんとした家族のいるまともな人間で、駐車違反の罰金を払わなかったといったような、ちょっとした違反で捕まっただけ。いっしょに食事したり、トランプしたり、女の子やサッカーの話をしたりして、楽しく過ごせたかもしれない。でもそうはならなかったのは、みんながみんなワルのふりをしていたからで、その偽りのワルをみんながみんな怖がって誰も話さなかったからだ。いずれはここを出て家に帰り、家族に話すのだ。「いやもう、きつかったよ。凶悪犯といっしょだったんだ。カラードのやつがひとりいてさ、きっと殺人犯だよ」

この見せかけごっこに気づいた僕は、心の安定を取り戻した。――大丈夫だ、たいしたことじゃない――。ここの食事はそう悪くなかった。朝食は、分厚いパンにピーナッツバターを塗ったサンドイッチ、昼食は鶏肉とご飯。お茶はやけどしそうに熱く、お茶というより白湯だったけど、飲めなくはなかった。長い拘束後にもうすぐ仮釈放される人たちが、特別任務として、掃除をしたり、本や雑誌を配ったりしている。結構のんびりしていた。

食事をしながらこう考えたこともあったくらいだ。――こんな生活もそう悪くないかも。いろんな人と知り合えるし。家事も支払いも一切ない。ああしろ、こうしろ、とやかましく言われることもない。ピーナッツバターサンドイッチか。まったく、こればっかりだな。甘すぎるんだ、これ。まあ食べられるけどな――。うちに帰ったら、どんなにこっぴどくどやされることか。それを思うと怖くて、監獄に入ることを真剣に考えたほどだった。こんなふうに思うことさえあった。「2、3年姿をくらましてからうちに戻り、誘拐されていた、ってことにしよう。そうすれば、かあさんはなんにも知らないまま、僕にまた会えて喜ぶだけだ」

3日め、警官に連れてこられたのは、見たこともない大男だった。まさに巨漢。ムキムキの筋肉、黒い肌、強張った顔つき。ここにいる全員を皆殺しにできそうだ。僕も、それまで互いにワルを装っていたほかのみんなも、この巨漢が入ってきた瞬間に、タフガイの定番演技をやめてしまった。みんな怯えて、じっとこの巨漢を見た。「これはやばい……」

この男性は、逮捕されたとき、どういうわけか半裸状態だったので、警官が署内でなんとか見つけてきたものを着せられていた。破れたランニングシャツはちんちくりん、ズボンは短すぎてカプリパンツか、といった感じで、超人ハルクの黒人版みたいだ。

ハルクは隅のほうへ行ってひとりで座っていた。誰もひと言も発しない。なにをするだろうかと、みんな緊張して固唾を呑んで見守っている。そのうちにまた警官がやってきて、この男性を呼んだ。確認すべきことがあったのだ。警官がいろいろ質問しはじめると、ハルクは首を振り、わかりません、と言うばかり。警官はズールー語、ハルクはツォンガ語を話していた。黒人同士とはいえ、どちらも相手の言っていることがわからない、まさにバベルの塔だ。南アフリカでツォンガ語を話す人は少ないけど、エイブルがツォンガ族だったから、僕は自然に覚えていた。このふたりがぜんぜん理解し合えないまま、言葉だけが行き交っているのを見て、僕はあいだに入って通訳をし、話を整理した。

かつてネルソン・マンデラがこう言っていた。「相手が理解できる言語で話しかければ、相手の頭には届く。でも、相手の言語で話しかければ、相手の心に届く」本当にそのとおり。相手の言語を話す努力をすることは、たとえごく簡単な言い回しをちらほら交える程度であっても、相手にこう伝えていることになる。「あなたには、わたしのよく知らない独自文化があることを知っています。あなたをちゃんとひとりの人間として見ています」

ハルクともまさにそうだった。僕が話しかけた瞬間、あんなに怖そうに見えていた顔が、感謝の気持ちでぱっと輝いたのだ。「アー、ナケンサ、ナケンサ、ナケンサ。フィウェナマニ？　ムファナワムカァディィ　ウ　シチエラクウィニ　シツォンガ？　ウ　フマ　クウィニ？（あー、ありがとう、ありがとう、ありがとう。君は誰？　カラードがどうしてツォンガ語を知っているの？　どこの出身？）」

話しはじめてすぐに、ぜんぜん、超人ハルクなんかじゃないのがわかった。穏やかで心の優しい大男、世界一大きなテディベアだ。純朴な人で、学校は出ていなかった。僕はこの人が、そのクマのような大きな素手でどこかの一家を皆殺しにでもして、ここに入れられたと決めてかかっていたけど、ぜんぜんそんなんじゃなかった。プレイステーションのゲームソフトを万引きして捕まったのだという。仕事がなく、それでも故郷にいる家族には送金しないといけない。プレイステーションのソフトはよく売れているようだから、ちょっと盗んで白人の子供にでも売れば、結構なお金になると思ったという。その話を聞いたとき、この人は常習犯じゃないなと思った。海賊版のことならよく知っている。盗品のゲームソフトはまったく価値がない。違法コピーのほうが安上がりで、危険も少ないからだ。同級生だった中国人のボロの両親もそうしていた。

僕はこの人を少し手助けしようと思い、自分の作戦を話した。保釈聴聞会を先延ばしにして、弁護のための材料を集めているところだ、と。その結果、この人もここに残って、時機を待つことになった。僕たちはすぐに打ち解けて、数日間いっしょに楽しく過ごし、お互いの話をするようになった。ほかのみんなは、僕たちの関係をどう判断していいかわからなかっただろう。冷酷非情なカラードギャングに、恐ろしい超人ハルクの友人。ハルクは身の上話をしてくれた。僕もよく知っている、典型的な南アフリカの黒人の身の上話だ。アパルトヘイトの時代に育ち、農場で働いていた。といっても、強制労働の奴隷と変わらない。ただ、生き地獄とはいえ、少なくともなにかしら食べるものはあった。雀の涙だったけど、少なくともお金がもらえることはもらえた。どこどこへ行ってこれこれをしろ、起きているあいだはそうやって絶えず命令される毎日だった。ところが、アパルトヘイトが廃止されると、それすらなくなってしまった。なんとかしてヨハネスブルグへ出てきて、仕事を探し、故郷にいる子供たちを養おうとしたけど、どうにもならない。学歴もないし、手に職もない。どうすればいいのか、どこへ行けばいいのかもわからない。世間から怖がられるけど、実際には、この人のほうが世間を怖がっていた。世渡りするために必要なことが一切身についていないからだ。じゃあどうするかといえば、ばかなまねをするわけだ。こそ泥をし、留置場に入れられて出てくる。運よく建設作業員の仕事が見つかるけど、その後解雇される。数日後、どこかの店に入るとプレイステーションのソフトが目に入り、つかむ。価値のまったくないものを盗んだとは知らずに。それくらいなにも知らないのだ。

僕はこの人が気の毒で仕方なかった。留置場にいるあいだにますます、法のしくみはまったく理にかなっていないと思うようになっていた。くじ引きと変わらない。すべては肌の色、持っているお金、担当弁護士、担当判事によるのだ。プレイステーションのソフトを盗んだ罪は、偽ナンバープレートで車を運転した罪よりも軽い。罪を犯したとはいえ、凶悪犯じゃないのは僕と同じだった。違いは、この人には手を差し伸べてくれる友人も家族もいないことだ。お金がないから公選弁護人に頼るしかない。被告席に立たされ、英語を話すことも理解することもできず、みんなに悪人だと思い込まれる。しばらく監獄にいたあと釈放されても、仕事がないことに変わりはない。この人はたぶん35歳から40歳くらいだったと思う。あと35年から40年は同じことが繰り返されるのだ。

聴聞会の日がやってきた。この新しい友人に別れを告げ、幸運を祈る。その後、手錠をかけられ、警察の護送車の後部に乗せられて、裁判所へ連れていかれた。いよいよ僕の運命が決まる。南アフリカの裁判所は、被疑者が人の目に触れたり逃げたりするのを防ぐため、巨大な待機房が法廷の真下にあり、そこで自分の番を待つ。つまり、護衛されて廊下を歩いていって出廷するんじゃなく、階段を上がっていくと被告席に出るようになっている。この待機房には、何週間も何カ月もずっと審理待ちの状態で監獄に入っていた人たちもいるわけだ。公金横領や収賄といった知能犯罪者から、検問で捕まった全身入れ墨の筋金入り犯罪者まで、さまざまな人間が奇妙に入り混じっている。まるで、映画『スター・ウォーズ』に出てくる酒場、カンティーナのシーンを見ているようだ。バンドが演奏し、店の隅っこにはハン・ソロがいて、宇宙のあちこちからやってきた悪党や賞金稼ぎでがやがやしているあの酒場。クズや極悪人どもの掃き溜めみたいなところは、まさにあのシーンどおり。違うのは、音楽もなく、ハン・ソロもいないことだけだ。

ここにはほんの束の間しかいなかったけど、それだけでも、留置場と監獄の違いがよくわかった。つい違反してしまった人と犯罪者の違いがよくわかった。顔にその苛酷さが見て取れたのだ。少し前までの自分がいかに世間知らずだったかに気付いた。監獄に入るのもそう悪くない、なんとかなるだろう、くらいに思っていたのだ。自分はこれからどうなるのか、今になって本気で心配になってきた。

待機房に足を踏み入れたときの僕は、すべすべの肌をした童顔の若者だ。当時はでかいアフロヘアを後ろで縛り、ポニーテールみたいにするしかまとめようがなく、女の子っぽかった。ミュージシャンのマクスウェルみたいだった。看守が扉を閉めると、気味の悪い年上の男がズールー語で大声をあげるのが背後から聞こえてきた。「ハハハ！　ヘマドダ！　アンガーゼ　ンギボネ　インドダ　エンレ　カンガカ！　グフィーノナムシャンジェ！（おいおいおい！　どうだい、みんな。こんなきれいなやつは見たことないぜ。今夜が楽しみだ！）」

まじかよ――――。

入ってすぐのところにいた若者は、完全に取り乱していた。独り言を言ったり泣き叫んだりしている。ふと目が合い、僕なら気が合いそうだと思われたのか、まっすぐこっちに向かってくると、泣きながら自分のことを話しはじめた。逮捕され、監獄に入れられたいきさつ、そこでギャングに服も靴も取り上げられ、毎日レイプされ、殴られたこと。この若者はゴロツキなんかじゃなかった。言葉遣いのきちんとした教養人だ。もう1年も審理待ちで、死んだほうがましだと言っていた。おかげで僕まで怖くなってしまった。

待機房を見回すと、ざっと100人はいる。それぞれ分かれてかたまっているのは、明らかに、紛れもなく、人種別だ。大勢いる黒人はあのコーナー、カラードは別のコーナーにいる。インド人が2、3人向こう側に、白人が5、6人、その反対側にいる。護送車でいっしょだった人たちは、ここに入った瞬間、無意識にさっと、自分と同じ人種が集まっているほうへ歩いていった。僕はかたまってしまった。

どこへ行けばいいかわからない。

カラードがいるほうを見ると、南アフリカでも悪名高い、凶悪な監獄ギャングがいる。僕は見かけはカラードだけど、実際はそうじゃない。あっちへ行ってギャングのふりをしてばれたらまずい。ダメだ、ダメだ。ギャングごっこはもう終わり。カラードギャングとやりあうなんて死んでも嫌だ。

じゃあ、黒人のほうへ行けばどうなる？　僕自身は自分が黒人の子だと知っているし、黒人のつもりだけど、見た目はそうじゃない。なぜ僕が近づいてくるのか理解してもらえるだろうか。それに、面倒なことになるかもしれない。カラードだと思われる人間が黒人のほうへ行けば、カラードギャングのふりをしてカラードに近づく以上に、カラードギャングを怒らせる可能性がある。今までずっとそんな目に遭ってきているのだ。黒人といっしょにいるのを見たら、カラードはけんかを売ってくるに違いない。この待機房で人種間の争いがはじまってしまうのは目に見えている。

「おい！　おまえ、なんだって黒人とつるんでる？」

「僕が黒人だからです」

「なんだと？　おまえはカラードじゃないか」

「ああ、そうですね、たしかにそう見えますよね。まあ、話を聞いてくださいよ。まったくおかしな話なんですけど、父が白人で、母が黒人でしてね、まあ人種ってのは社会的な構成概念ですから、つまり……」


なんて話が通用するわけがない。ここじゃムリだ。

こういう想像が全部一瞬のうちに、頭を駆け抜けた。スパコン並みの計算をしていたわけだ。そこにいた人たちをよく観察し、房内を見渡し、すべての不確定要素を考慮する。——こっちへ行けばこうなる、あっちへ行けばああなる——。それまで体験してきたことが頭に浮かんだ。校庭、ソウェトのスパザ、エデンパークの路上。カメレオンになり、人種の異なるグループのあいだをうまく渡り歩き、自分が何者かをわかってもらわなければならなかった、あのときこのとき、あの場所この場所が、頭をよぎる。アメリカ映画に出てくる高校のカフェテリアみたいなものだ。ただし、その最悪バージョンだけど。間違ったテーブルに着けば、殴られたり、刺されたり、レイプされたりするかもしれない。僕は今までにないほど震えた。それでも選ぶ必要があった。人種偏見がある以上、どこにつくかを選ばなければならないのだ。自分はどこにもつかないつもりでも、選ぶよう強いられるときが人生には必ずある。

この日、僕は白人についた。痛い目に遭わされることがなさそうだったからだ。ごく普通の中年男性が5、6人いるほうへ歩いていった。しばらくいっしょにいて、少しだけ雑談をした。ほとんどが知能犯で、金銭絡みの詐欺やゆすりの罪で入っている人たちだ。もし誰かがやってきて面倒なことをはじめたりしたら、まったく頼りにならないどころか、この人たちまでこてんぱんにやられてしまうに違いない。それでも、僕に手出しをすることはまずなさそうな人たちなのが、安心だった。

ありがたいことに、時間がたつのはあっという間だった。1時間ほどそこにいただけで法廷に呼ばれた。いよいよ、保釈か監獄で裁判待ちかが決まるのだ。行こうとすると、白人のひとりが僕のほうへ手を伸ばして言った。「ここには絶対に戻ってこないように。必要なら、泣き落としでもなんでもするんだ。いったん上に行ってまたここへ戻されたら、人生が狂ってしまうぞ」

法廷へ上がっていくと、僕の弁護士がいた。従兄のンルンギシも傍聴席にいる。計画どおりにいけば、ンルンギシがすぐに保釈金を払ってくれるはずだ。

裁判所の職員が僕の事件番号を読み上げると、裁判官が目を上げて言った。

「ハウアーユー？」

僕は取り乱した。1週間近くずっとタフガイのふりをしてきていたけど、もう限界だった。

「よ、よくありません、裁判官。調子よくありません」

裁判官がとまどった顔をする。

「はあ!?」

「調子よくありません、裁判官。かなりつらいです」

「なぜそんなことを言うのですか?」

「ハウアーユー、と尋ねられたからです」

「誰が尋ねましたか?」

「裁判官ご自身です。たったいまそうお尋ねになりました」

「ハウアーユーなんて言っていませんよ。フーアーユーと言ったのです。調子はどう、なんて尋ねて時間を無駄にするわけがないでしょう。監獄ですから、下ではみんなつらい思いをしていることくらいよくわかっています。いちいちハウアーユーと尋ねていたら、丸1日あっても足りません。フーアーユー、記録のために氏名を言ってください」

「トレバー・ノアです」

「よろしい。でははじめます」

法廷にいたみんなが笑い出し、僕もつい笑ってしまった。でもすぐに恐怖でかたまった。笑うなんて態度が不謹慎だと思われたくなかった。

結局、それは杞憂に過ぎなかった。聴聞会はものの数分で終わった。弁護士が担当検事に話をつけて、すべて事前に段取りを済ませていたのだ。弁護士が申し立てをおこない、僕には前科もなく、危険人物でもないことを主張した。検察側からの反論はなかった。裁判官が審理の日と保釈金額を決めて、晴れて自由の身となった。

外に出ていくと、日の光が顔に当たる。「ああよかった。もうここへは二度と戻らないぞ」留置場にいたのは、たった1週間だった。すごく居心地が悪かったわけでもないし、食事だってそんなにはまずくなかった。それでも、拘束された状態での1週間はとてつもなく長い。靴ひものない1週間はとてつもなく長い。時計も太陽も目にすることのない1週間は、永遠のように感じられる。それよりさらにひどいこと、監獄に入れられるなんて、想像すらできなかった。

車でいっしょにンルンギシの家へ行き、そこでシャワーを浴びてから一夜を過ごした。次の日、かあさんの家まで送ってもらった。なにげない感じで車の乗り入れ道をゆっくり歩いていく。ンルンギシの家にしばらく泊まっていた、と言うつもりだった。なにもなかったような顔をして家に入る。「かあさん、ただいま！ 元気？」かあさんはなにも言わなかった。なにも尋ねてこない。――よし、大丈夫だ。問題ない――。

その日はほぼ家にいた。午後も遅くなってから、かあさんと台所のテーブルで話をした。ンルンギシといっしょになにをしていたか、でっちあげ話をこと細かにいろいろ話していると、かあさんが僕をじっと見て、頭をゆっくり振っている。いままで見たことのない表情だ。「いつか、必ず捕まえてやる」の表情でも、怒りや非難の表情でもない。がっかりしている表情だった。傷ついていたのだ。

「なに？　どうしたの？」

「あんたね、誰が保釈金を払ったと思っているの、え？　誰が弁護士の費用を払ったと思っているの？　わたしをバカだと思っているの？　誰もわたしの耳に入れないとでも思っていたの？」

真実が一気にあふれ出てきた。もちろん、かあさんは知っていた。車だ。あの車が行方不明になっていたからだ。留置場での日々をなんとかやり過ごし、証拠隠しに夢中になっていたあまり、証拠がすぐそこにあることをすっかり忘れていた。あの赤のマツダがなくなっていることが、なによりの証拠だったのだ。それに、僕が電話をかけた友人が父親にお金を借りようとしたとき、なにに使うのかを白状させられていた。その父親も人の親である以上、かあさんにすぐ電話したのは言うまでもない。弁護士費用を友人に渡したのも、保釈金を従兄に渡したのも、かあさんだった。留置場で過ごした丸1週間、自分はなかなかのやり手だと思っていた。だけどそのあいだにもかあさんは、すべてお見通しだったのだ。

「どうせ、いつも小言ばっかりのうるさいババアだって思ってるんでしょ。だけど忘れてもらったら困るよ。きつく叱ったり、たっぷりお説教したりするのは、あんたを守ってやりたいから、愛しているからに決まっているでしょう。いままでしてきたことは全部、あんたのためを思えばこそなんだから。わたしが懲らしめなければ、世間にもっとこっぴどく懲らしめられることになるのよ。世間は守ってくれない。警察に捕まったって、警察が守ってくれるわけじゃない。わたしが叩くのは、あんたのためを思ってのことだけど、世間が叩くのは、あんたを潰そうと思ってのことなんだから」

子供の頃、カスタードゼリーが大好物だった。いまでも僕の定番デザートだ。アメリカのジェローに似ている。ある土曜日、かあさんが一族の祝いごとのためにカスタードゼリーを大きなボウルいっぱいにつくり、冷蔵庫に入れておいた。赤、緑、黄と、いろんな味のミックス版だ。どうしても食べたくなってしまった僕は、その日1日、冷蔵庫の前を通るたびに、スプーン片手にちょっとずつ盗み食いをした。すごく大きなボウルだったから、一族全員が1週間は食べられる量だ。それをひとりで、1日で、平らげてしまった。

その晩、ベッドで蚊に刺されまくった。蚊は僕の血が大好物だ。まだ小さかった僕はひどい目にあった。蚊に殺されるところだった。目が覚めると蚊に刺された痕があちこちにあり、胃はムカムカするし、全身がかゆくてたまらない。しかもよりによって日曜の朝だ。体中に蚊に刺された痕、胃はカスタードゼリーでぱんぱんで、ベッドから起き上がれない。吐き気もする。そんな状態のときに、かあさんが部屋に入ってきた。

「着替えなさい。教会へ行きますよ」

「僕、具合が悪い」

「だから教会へ行くのよ。行けばイエス様が治してくださるわ」

「うーん、それは違うんじゃないかなぁ」

イエス様がどんなふうに助けてくださるか、僕とかあさんとでは考え方が違うのだ。かあさんは、イエス様に祈ればイエス様がやってきてこちらの願いを叶えてくださる、という考えだった。僕はもっと現実的な考えだ。

「まず薬を飲んで、それからイエス様にお祈りして、薬をつくってくれた人たちに感謝するっていうのはどう？　だって、具合がよくなるのは薬のおかげで、イエス様のおかげじゃないもん」

「イエス様がついていれば薬なんて必要ないのよ。必ず治してくださるんだから。イエス様にお祈りすればいいの」

「だけど、薬だってイエス様のお恵みでしょ？　そのせっかくの薬を飲まないなんて、お恵みは要りません、って言っていることになるんじゃない？」

イエス様のことで議論になると、いつだってこうだ。このときもらちがあかなかった。

「トレバー、教会へ行かないと、もっと具合が悪くなりますよ。今日が日曜日でよかったわね。これから教会へ行って、イエス様にお祈りすれば、治してくださるんだから」

「それはいい考えだけど、とにかく、うちにいちゃダメ？」

「ダメです。着替えなさい。教会へ行きますよ」

18 母の命

マトリックダンスのためにコーンロウにしてから、生まれてはじめて女の子に注目してもらえるようになった。何度かデートもした。前より見た目がよくなったからかな、と思ったり、見た目をよくする努力を女の子並みにしているところが気に入られたのかな、と思ったり。どっちにしても、うまくいくとわかったからには、この公式をくずすつもりはない。例のヘアサロンに毎週のように通い、数時間かけて縮毛を伸ばし、それからコーンロウにしてもらっていた。かあさんはいつも呆れかえっていた。「女のわたしよりも髪に時間をかける男なんて、わたしだったら絶対に付き合わない」

かあさんは月曜日から土曜日まで、オフィスで働くときも、庭いじりするときも、ホームレスみたいなみすぼらしい格好をしていた。それが日曜の朝になると、教会へ行くために髪を整え、ちゃんとした服を着て、ハイヒールを履くもんだから、すごくきれいだった。支度が整うと、僕をからかわずにはいられなかった。いつものように、ちょっとした言葉のジャブを繰り出し合う。

「さてと、家族でルックスナンバーワンなのは誰かしら、ね。この1週間、あんたがかわいこちゃんだったけど、それもおしまいね。ビューティークイーンのお戻りよ、ベイビー。あんたはヘアサロンに4時間もいてそれだけど、わたしなんてシャワーひと浴びなんだから」

僕をからかって楽しむのだ。だいたい、自分の母親がどんなに魅力的かなんて、言いたがる息子はいない。でも正直言って、かあさんはきれいだった。外見も中身も美しい。かあさんには僕にはない自信があった。泥だらけのスモック姿で庭いじりをしていても、すごく素敵な女性だった。

かあさんが若かりし頃、振った男性はひとりやふたりじゃなかったはず、と僕は勝手に思っているけど、僕が生まれてからは、かあさんの人生に登場する男性はふたりだけだった。オヤジとエイブルだ。イェオビルにあったオヤジの家のすぐそばに、マイティ・メカニクスという自動車修理工場があった。例のおんぼろフォルクスワーゲンがしょっちゅう故障していたから、かあさんはよくそこで修理してもらっていた。そこで知り合ったかっこいい男性が、修理工として働いていたエイブルだ。車を取りに行くときによく見かけた。車はよく故障していたから、そこへはよく行っていた。そのうちに、車が故障していなくても、なんとなくそこにいる感じになっていった。当時6歳か7歳くらいだったから、どうなっていたのか、全部把握していたわけじゃない。ふと気がつくといつもこの人がいる、と思っただけだ。エイブルは背が高く、痩せてひょろっとしているけど、力持ちだ。長い腕に大きな手で、車のエンジンとギアボックスを抱えることができた。端整な顔立ちだけど、イケメンという感じじゃない。かあさんはエイブルのそんなところが気に入っていて、イケメンじゃなくても女性を魅きつける顔というものがあるのだとよく言っていた。かあさんはエイブルをエイビーと呼び、エイブルはかあさんの名前であるノンブイセロを縮めて、ンブイと呼んでいた。

僕もエイブルが好きだった。愛想がいいし、すごくおもしろいし、笑顔が人なつこくて優しかった。人助けが大好きで、困っている人は放っておけない。高速道路で車が故障しているのを見かけたら、車を停め、なにかできることがないか見てあげる。「止まれ、泥棒!」という叫び声を耳にしたら、すぐさま追いかける。隣のおばあさんが引越しの手伝いが必要とあれば、手伝う。いつもみんなから好かれようとしていた。そのことが、エイブルの虐待への対処を余計に難しくした。怪物だと思えることがあっても、世間が聖人みたいに言っているのを聞くと、ひょっとしたら悪いのはこちらなのかも、と思えてしまうのだ。――こうなるのは自分のせいに違いない――。そうじゃなきゃ、なぜ自分ばかりがエイブルの激しい怒りを買うのかわからないからだ。

エイブルは僕を邪険にしたりしなかったし、父親づらするわけでもなかった。僕もオヤジとはまだ接触があったから、代わりを求めてもいなかった。エイブルのことは――かあさんのかっこいい友達――くらいに思っていた。やがて、エイブルがエデンパークの僕たちの家に泊まっていくようになる。オレンジグローブの、ガレージを改造したエイブルの家に泊まっていけと言われて、そうしたこともあった。その後、僕がその白人の家で火事を起こして燃やしてしまったから、もうそこへ行くこともなくなった。それからエデンパークでいっしょに暮らすようになったのだ。

ある晩、祈祷集会の最中に、かあさんがちょっと、と言って僕を連れ出した。

「あのね、話しておきたいことがあるの。エイブルと結婚することになったわ」

僕は思わずとっさにこう言った。

「それはどうかな」

動揺とかそういうのじゃなかった。あの男にはなにかある、と感じていたのだ。一種の勘だ。あの桑の木事件の前からすでに感じていた。あの事件は、エイブルに対する僕の考えを変えるどころか、エイブルの人間性、エイブルがやりかねないことを見せつけられたという感覚だった。

「いやなのはわかるわよ。新しいおとうさんなんて、いらないもんね」

「違う、そうじゃない。エイブルのことは好きだよ。大好きだ。でも、結婚はしないほうがいいと思う」

このときはまだ「邪悪」という言葉を知らなかった。もし知っていれば、そう言っていたと思う。

「とにかく、まともじゃないなにかがあるんだ。僕は信用していない。いい人だと思えない」

かあさんとエイブルが付き合っていることは、それまでなんとも思っていなかったけど、家族としてずっといっしょに暮らすことになるかもしれないなんて、考えたこともなかった。トラの保護区へはじめて行ったとき、子トラと遊べてとても楽しかった。エイブルといっしょにいるのも、それと同じだ。子トラが気に入ったし、いっしょに楽しく遊んだけど、だからといって家に連れて帰ろうとは思わない。

なにか疑わしいところがエイブルにあったとするなら、それははじめからずっと僕たちのすぐ目の前にあった。名前だ。エイブルは、聖書に出てくるあのよききょうだい、よき息子である、アベルの英語読みだ。実際、エイブルもその名を裏切らなかった。初子、孝行者で、母親や妹弟の面倒をよく見た。エイブルの一家はエイブルのことを誇りに思っていた。

ただし、エイブルというのは英語名だ。エイブルの出身部族ツォンガの名前は、ンギサベニだった。意味は「恐れよ」だ。

かあさんはエイブルと結婚した。式も指輪交換もなし。書類にサインしておしまいだ。1年かそこらで弟のアンドリューが生まれた。ぼんやりとしか覚えていないけど、かあさんがしばらく家にいないと思っていたら、帰ってきたときにはもう、この生き物が家にいて、泣いたり、うんちしたり、お乳を飲んだりしていた。それでも年が9つも離れていたから、弟が生まれたからといって、特に大きな変化はなかった。僕がオムツ替えするわけでもないから、相変わらずゲームセンターで遊んだり、近所を走り回ったりしていた。

弟ができたことによる変化を強く感じたのは、その年のクリスマス休暇に、エイブルの一族にはじめて会いに行ったときのことだ。エイブルの家族は、ガザンクルのザニーンという町に住んでいた。ガザンクルは、アパルトヘイト時代にツォンガ族のホームランドだったところだ。ザニーンは高温多湿の熱帯性気候だから、このあたりの白人農場が栽培している果物はすごい。マンゴー、ライチ、見たこともない見事なバナナ。南アフリカからヨーロッパに輸出している果物は、みんなここで栽培されている。ところが、ここから車で20分ほど行ったところにある黒人の土地は、耕作や放牧のし過ぎで土地が荒れてしまっている。エイブルのおかあさんも妹たちもみんな昔ながらの専業主婦だから、エイブル、それに警官の弟が、一族を養っていた。みんなとても親切で気前がよく、僕たちはすぐに一族の一員として迎え入れられた。

ツォンガ族はものすごく男性上位だ。女性が男性に挨拶するときはお辞儀しなければならない、という社会なのだ。男女の接点はごく限られている。男が獲物を仕留め、女が料理する。男子厨房に入るべからずなんて、9歳だった僕にはすばらしいことに思えた。要するにお手伝い禁止、だからだ。うちではいつも皿洗いや掃除を手伝わされていたけど、かあさんがここザニーンでも同じことを僕にさせようとすると、家の女たちが反対するのだ。

「トレバー、ベッドを整えなさい」とかあさんが言えば、

「まあ、そんなこと、とんでもない」とエイブルのおかあさんが反対する。

「トレバーは外で遊ばせなくちゃ」

そんなわけで、エイブルの姪たちが掃除や料理を手伝わされているときも、僕だけ外で遊んでいられた。天国だった。

かあさんはこんなところにいるのが苦痛でしかたなかった。エイブルにしてみれば、長男である自分がそのまた長男を連れて帰ってきたわけで、すごく意味のある訪問なのだ。ホームランドでは、長男が父親と夫の代わりを務めざるをえない。父親は街へ出稼ぎに行って不在だから、長男が一家の長になる。長男がきょうだい全員の面倒を見る。父親代わりの長男に対して、母親もある種の敬意を払う。このときはわが子アンドリューを連れての大事な帰郷だったから、エイブルはかあさんにも女性の伝統的役割を果たすのを期待していた。でもかあさんはそんなのお断りだった。

ザニーンの女性は1日に多くの仕事をこなす。朝食の支度、お茶の用意、昼食の支度、掃除洗濯。男は一家を支えるために街で1年中働いているから、ここにいるあいだは休みみたいなものだ。特にすることもなく、女性に世話されていた。ヤギなどの動物を潰すといった、男の仕事があればするけど、それが終われば、男しか出入りできないところへ行き、お酒を飲んで

ぶらぶらしている。そのあいだ、女性は料理や掃除に追われている。でも、かあさんだって街で1年中働いているわけだし、パトリシア・ノアは人の台所にこもっていられるようなタイプじゃない。自由に動き回る人なのだ。街中まで歩いていっては、男たちがたむろしているところへ入って対等に話をする、といったことを繰り返していた。

かあさんは、女性が男性にお辞儀する伝統そのものがばかばかしい、と考えていた。だからといって、お辞儀するのを拒んだわけじゃない。大げさにお辞儀することで、その伝統をからかったのだ。ほかの女性ならちょっと丁寧な会釈程度のところを、かあさんは屈みながら後ずさりし、相手が神様であるかのようにひれ伏して、しばらくずっとそのままでいる。それがもう、やけに長いあいだそうしているから、誰だってかなり気まずい思いをする。いかにもかあさんらしかった。体制に歯向かうな、からかえ。こういうことがエイブルの目には、自分が軽んじられている、と映った。ほかの男たちはみんな、地元の従順な女性を妻にしているのに、自分が連れてきたのは進歩的な考えの妻で、しかもよりによってコサ族だ。コサ族の女は口も尻もとりわけ軽い、と思われていた。この帰郷中、エイブルとかあさんは言い争ってけんかばかりしていたから、かあさんは金輪際ここを訪れようとしなかった。

僕はそれまでずっと、女性が仕切る世界で暮らしてきたけど、エイブルとかあさんが結婚してから、特に弟アンドリューが生まれてからは、エイブルが自分の考えを主張し、自分の考える家族のあり方を押し付けるようになった。エイブルの考える家族に僕が含まれていないことは、早くからはっきりしていた。僕の存在は、エイブルと知り合う前のかあさんの人生を思い出させるのだ。僕はエイブルとはカラーが違っていた。見た目も性格も。エイブルの家族はエイブルとかあさんとアンドリューであり、僕の家族は僕とかあさんだった。これはかえってありがたかった。僕とエイブルは、仲が良いときもあれば、そうじゃないときもあったけど、エイブルが父親づらすることはなかった。ふたりで冗談を言って笑ったり、テレビをいっしょに見たりすることはあったし、かあさんにお小遣いをもらえなかったとき、あとでエイブルがこっそりくれることもあった。でも、誕生日やクリスマスにプレゼントをもらったことは一度もない。父親としての愛情を注がれたことはない。自分がエイブルの息子だと感じたことは一度もなかった。

エイブルが家族になると同時に、新たなルールができた。まず、家の中で飼っていたフフィとパンサーが追い出された。

「犬を家の中に入れるな」

「でもいままでずっと家の中で飼ってたのに」

「これからはダメだ。アフリカ人の家では、犬は外、人が中だ」

犬を庭で飼わせることが、「これからは、しかるべきやり方でやる」というエイブルの宣言だったのだ。まだ付き合っていた頃のかあさんは、自由にしたいことをし、行きたいところへ出かけていた。それがだんだんと抑え込まれるようになっていった。僕には、エイブルが僕たちの主体性をなんとかして抑え込もうとしているように感じられた。教会へ行くことにすら腹を立てた。「1日中礼拝しているはずがない」と言うのだ。「妻が1日中外出しているなんて、世間になんて言われると思ってるんだ。『奥さんはどうして家にいないのか、いったいどこへ行ってるのか、丸1日教会へ行っているはずがない』って言われるんだぞ。ダメだ、ダメだ。それじゃあ俺の面目丸潰れだ」

エイブルはなんとかして教会へ行かせまいとした。一番効果的だったのは、かあさんの車を修理しないことだ。しょっちゅう故障していたから、そのまま放っておけばよかった。かあさんにほかの車を買う余裕なんてなかったし、かといってよそで修理してもらうわけにもいかない。夫が修理工なのによそで修理してもらうなんて、不倫よりまずかった。となると、出かけるときはエイブルを頼らざるをえないけど、たいてい断られた。かあさんは反骨精神の人だから、ミニバスに乗ってでも教会へ行くのだった。

車がないから、オヤジに会う機会も減っていった。街まで乗せていって、とエイブルに頼まないといけなかったし、その理由がエイブルは気に入らない。男がすたるからだ。

「イェオビルで用事があるんだけど」

「どんな用事だ?」

「トレバーの父親に会いに」

「なんだと? ダメだ、ダメだ。そんなところへ連れていけるか。ばかにするな。友達や家族になんて言うんだ？　妻はいまほかの男の家にいます、トレバーの父親の家です、なんて言えるわけないだろう。絶対にダメだ」

こうしてオヤジに会うことがどんどんなくなり、やがてオヤジはケープタウンへ引っ越していった。

エイブルは伝統的な妻との伝統的な家庭を望んでいた。だったらそもそもどうしてかあさんみたいな女性と結婚したのか、ずっと不思議だった。かあさんはすべての面でエイブルの望む対極なのだから。お辞儀してもらいたいなら、そうしつけられた女性が故郷のザニーンにいくらでもいたのに。かあさんはよくこう言っていた。保守的な男は女が言いなりになることを求めるけど、そういう女性に魅力を感じることはない。魅かれるのは自立心のある女性だ、と。「珍鳥コレクターと同じ。自由に羽ばたく女性に魅かれるのは、捕まえてかごに閉じ込めるのが夢だからよ」

知り合った頃のエイブルはマリファナをよく吸っていた。酒も飲んでいたけど、たいていマリファナだった。いま思えば、エイブルがマリファナ中毒だった頃がなつかしいくらいだ。マリファナのおかげでリラックスしていたから。マリファナを吸い、くつろいでテレビを見ているうちに眠ってしまうのだ。内に抱え込んでいる怒りを和らげるのに必要だと、無意識にわかっていたんだと思う。それが、かあさんと結婚してからは吸わなくなった。身体は神様がいらっしゃるところだから、とかいった宗教的な理由で、かあさんが止めさせたのだ。でも、マリファナを止めたとたんに酒がとって代わるとは思いもよらなかった。飲む量がどんどん増えていく。仕事が終わってから素面で帰ってくることなんて一度もなかった。仕事のあとにビールを6本飲むのが普通で、平日の夜はたいていほろ酔い気分だ。金曜土曜は家に帰ってこないこともあった。

エイブルは酒を飲むと目が充血して真っ赤になる。僕はそれを合図として読み取るようになった。コブラみたいだと思っていた。おとなしくじっとしていたかと思うと、次の瞬間には激昂している。わめく、怒鳴る、こぶしを握りしめる、といったことは一切ない。じっと黙っていたのが突然、暴力的になるのだ。その赤い目が、近づかないほうが身のため、という唯一の合図だ。目がすべてを物語っていた。あれはまさに悪魔の目だった。

ある晩遅く、目を覚ますと家中が煙だらけだったことがある。ベッドに入ったとき、エイブルはまだ帰っていなかった。僕は、かあさんとまだ赤ん坊だったアンドリューの部屋で寝入っていた。「トレバー！　トレバー！」僕を揺すりながら叫ぶかあさんの声で目が覚める。煙がそこら中に充満している。火事だ。

かあさんが廊下のつきあたりの台所まで飛んでいくと、やっぱりそこが燃えていた。エイブルは酔っ払い運転で帰宅していて、見たことがないほど酔い潰れていた。お腹が空いて、なにか温めようとしてコンロの火をつけっぱなしで、ソファで正体を失っていたのだ。鍋が完全に焼け焦げ、コンロのうしろの壁まで燃え広がり、煙がもくもくとあたりに広がっていた。かあさんはコンロの火を消し、空気を入れ替えるために家中のドアや窓を開けた。それからソファのところへ行き、エイブルを起こし、もう少しで家が焼け落ちるところだったと言って叱りつけた。酔っ払っていたエイブルは気にもしなかった。

かあさんが寝室に戻って受話器をとり、おばあちゃんに電話をかけて、エイブルの酒癖の悪さをいろいろ話しはじめた。「いつか殺されてしまう。もう少しで家を燃やされてしまいそうに……」

そこへエイブルが入ってきた。落ち着き払った様子でじっと黙っている。目は真っ赤で、まぶたが重そうだ。エイブルが指でフックを押し、電話を切ってしまった。かあさんの怒りが爆発する。

「よくも！　人が話をしている最中に切るなんて！　いったいどういうつもりなの!?」

「うちの中のことは人に話すもんじゃない」

「よく言うわ！　世間の目が気になるってわけ？　そんなことより家族の目を気にしたらどう！　家族がどう思ってると思うの！」

エイブルはかあさんの前にじっと立ちはだかっている。声を荒らげるわけでも、カッとなるわけでもない。穏やかな声だった。

「ンブイ、おまえは俺に敬意を払っていない」

「敬意!?　もう少しで火事になるところだったのに、敬意ですって?　まったく!　だったら敬意を払ってもらえるようになればいいじゃない!　一人前の男として敬意を払ってほしいなら、一人前の男らしくしなさいよ!　有り金全部外で飲んできて、自分の子のオムツ一枚買えないくせに。敬意なんてものは自分で――」

「ンブイ」

「あんたなんか一人前の男じゃない、子供よ」

「ンブイ」

「子供が夫なんてごめんだわ」

「ンブイ」

「まだ手のかかる子供がふたりいるのに――」

「ンブイ、黙らないか」

「いい大人が酔っ払って帰ってきて――」

「ンブイ、黙るんだ」

「子供がいる家を燃やして――」

「ンブイ、黙れ」

「それでよく父親だなんて――」

そのときどこからともなくバシッと音がした。青天の霹靂だった。エイブルが平手打ちを食らわせたのだ。かあさんは壁までぶっ飛び、レンガ壁のように崩れ落ちた。はじめて目にする光景だった。倒れてからしばらく、ゆうに30秒はそのまま動かなかった。アンドリューが甲高い声で泣き出す。アンドリューを抱き上げにいった記憶はないけど、いつのまにか僕が抱いていたことはしっかり覚えている。かあさんはふらふらしながらもなんとか立ち上がると、また食ってかかっていった。明らかに動揺していたけど、毅然とふるまおうとしていた。信じられない、という表情で。かあさんもこんな経験ははじめてだったのだ。エイブルにまた面と向かうと怒鳴りはじめた。

「いま、ぶったわね」

このあいだずっと、僕は心の中で、さっきからエイブルが繰り返し言っているのと同じことを念じていた。――黙って、かあさん、黙るんだ。火に油を注いじゃダメだ――。さんざん叩かれてきた僕には、言い返してもムダということがわかっていたのだ。でもかあさんは黙っちゃいなかった。

「いま、ぶったわね」

「ンブイ、なんど言えば――」

「ありえない！　わたしを思い通りにできると思ったら大間違いよ。自分のことも思うようにできないくせして――」

バシッと、エイブルがまたぶった。かあさんは後ろへよろめいたけど、今度は倒れなかった。

かあさんが大慌てで僕をつかみ、アンドリューを抱きかかえる。

「さあ、行くわよ」

僕たちは急いで家を出ると、道路へ向かった。真夜中で、外は寒かった。僕はTシャツとジャージしか身につけていない。エデンパークの警察署まで1キロあまり歩かされた。かあさんといっしょに中に入ると、受付に当直の警官がふたりいる。

「訴えにきました」

「訴えの内容は？」

「わたしをぶった男を訴えたいのです」

ふたりの警官の横柄で偉そうな話し方がいまでも忘れられない。

「奥さん、まあ落ち着いて。誰にぶたれたんです？」

「夫です」

「ご主人に？　奥さんがなにかしたんじゃないんですか？　ご主人を怒らせるようなことを」

「わたしが……なんですって？　いいえ。夫にぶたれたから、訴えにきたんです」

「まあまあ、奥さん。なにも事を荒立てなくたって。本気で言ってるんですか？　帰ってご主人とよく話をしてみなさい。一度訴えたらもう取り下げられませんよ。ご主人が前科者になってしまうんですよ。ご主人の人生が変わってしまうんです。本当に、ご主人を牢屋へ入れたいんですか？」

供述調書を作成してほしい、とかあさんが繰り返し言っても、警官はあくまでも拒んだ。まったく書こうとしない。

「家庭の問題ですからねえ。警察が関わらないほうがいいですよ。まあ一晩よく考えてみて、明日の朝もう一度来たらどうです」

かあさんが怒鳴りだし、警察署長と話がしたい、と言っているところへ、エイブルが入ってきた。運転してきたのだ。酔いは少しましになっていたけど、酔っていることに変わりはなく、そんな状態で警察署まで運転してきたのに、警官は気にも留めなかった。エイブルが近づいてくると、たちまち男子会の雰囲気になってしまった。昔からのダチ同士って感じだ。

「やあ、こんばんは。まあよくある話で。まったく女ってのはなにをしでかすやら。ちょっとカッとなっただけなんですよ」

「大丈夫、わかっていますよ。よくあることです。ご心配なく」

これまた、はじめて目にする光景だった。このとき9歳だった僕は、警察はいい人だとまだ信じていたのだ。困ったことがあって警察を呼ぶと、赤と青のライトを点滅させながら助けにきてくれる、そう思っていた。かあさんを見守っていた僕は、警察がちっとも助けようとしてくれないことにすごく驚き、怖かったのを覚えている。このとき、警察は僕が思っていたような人たちじゃないことに気づいた。警官である前に男なのだ。

僕たちは警察署を後にした。かあさんは僕とアンドリューを連れて、ソウェトのおばあちゃんのところにしばらく身を寄せることにした。2、3週間後、エイブルが車でやってきて謝った。いつも心の底から謝っていた。手を上げるつもりはなかった、自分が悪かった、もう二度としない、と。もう一度チャンスをやれ、とおばあちゃんもかあさんを諭す。「男はみんなそういうもの」というのがおばあちゃんの言い分だ。おばあちゃんもテンペランスおじいちゃんにぶたれていたのだ。エイブルのもとを去ったところで、同じようなことがまた起こらない保証はないし、エイブルには少なくとも謝ろうとする気持ちがある。だからかあさんはもう一度チャンスを与えることにした。4人揃ってエデンパークの家まで車で戻り、それから数年はなにも起こらなかった。エイブルがかあさんに手をあげることは何年もなかった。僕に対してもなかった。すべて元どおりになった。

修理工としてのエイブルの腕はすばらしく、当時あの界隈でもずば抜けていたと思う。高等専門学校を首席で卒業し、BMWやメルセデスから仕事の誘いがあったほどだ。腕の良さが口コミで広がって仕事は順調だった。エイブルに修理してもらいたいと、街のあちらこちらから車が持ち込まれた。ほとんど神業だったのだ。かあさんもエイブルの才能を心から信じていた。もっと力をつけさせ、その素質を十分活かせるよう手助けすれば、単なる修理工じゃなく、修理工場を構えてやっていけるはずだと考えていた。

かあさんは頑固で自立心が強いけど、与え返す女性だ。与えて与えて与えまくるのが、生まれ持った性質なのだ。エイブルの言いなりにはならなかったけど、エイブルの成功を願っていたのはたしかだ。本当の意味で対等な結婚生活を送ることができるなら、かあさんは自分のすべてを注ぐつもりだった。子供にそうしたように。あるとき、エイブルの雇い主がマイティ・メカニクスを売り払って隠退することになった。少し蓄えがあったかあさんも援助して、エイブルが工場を買い取った。イェオビルにあったこの自動車修理工場を、アレクサンドラのすぐ西にあるワインバーグ産業地帯に移し、あらたに家族経営することになった。

はじめて商売をするとき、誰も教えてくれないことがいろいろあるものだ。それが若い黒人ふたりとなれば、なおさらだ。黒人が自分で商売をはじめるなんて絶対に認められなかった時代から抜け出たばかりの、一秘書と一修理工。会社を買い取ればその借金も負うことになるなんて、誰も言わなかった。かあさんとエイブルはマイティ・メカニクスの帳簿を見てはじめて、自分たちがなにを買ったのかをはっきり認識することになった。この会社がすでにかなりの借金を抱えていたのがわかったのだ。

この修理工場が僕たちの暮らしにじわじわと影響を及ぼすようになっていった。僕は毎日、学校が終わると、5キロの道のりを歩いて修理工場へ行っていた。そこでいろんな機械や修理の音に囲まれながら、なんとか宿題をしていた。エイブルの仕事は予定より必ず遅れた。エイブルの車で移動するしかない僕たちは、仕事が終わるまで家には帰れない。はじめは「仕事がちょっと遅れているから、そのへんの車でひと眠りしていなさい。帰るときに起こしてあげるから」だった。修理待ちの車の後部座席にもぐりこみ、夜中に起こされて、それからみんなでエデンパークの家へ帰って、ベッドに直行、の毎日だ。そのうちに「ちょっと仕事が遅れているから、今日はもう車で寝なさい。明日の朝、学校に間に合うように起こしてあげるから」になった。こうして修理工場で寝泊まりするようになる。はじめは週にひと晩かふた晩だったのが、週に3、4日になっていった。その後かあさんが家を売り、そのお金もこの修理工場につぎ込んだ。もうどっぷりだった。エイブルのためにすべてなげうったのだ。

それからはずっと、この修理工場で暮らすことになる。要するに倉庫暮らしだ。もちろん、流行の先端をいく人がそのうちロフトに改装するような、そんなおしゃれな雰囲気の倉庫じゃない。とんでもない。寒々としてがらんとした空間だ。灰色のコンクリート床にエンジンオイルや機械油のシミがあり、おんぼろの車や部品がそこかしこにある。道路に通じている正面の、戸車のついた引き戸のすぐ隣には、化粧合板でこしらえた小さなオフィスがあり、事務の仕事はそこでしていた。その後ろは、シンクと携帯用コンロと戸棚だけの簡易キッチンだ。体を洗うのは、清掃用の流し台にシャワーヘッドを取り付けただけのところだった。

エイブルとかあさんはアンドリューといっしょに、このオフィスの床に薄っぺらいマットレスを敷いて寝る。僕はいろんな車の中で寝る。そのうちに車で寝る達人になった。眠りに最適な車はすべて把握している。最悪なのは、安物の車、フォルクスワーゲン、低価格の日本車だ。シートがあまり倒せないし、ヘッドレストもなく、ちゃちな人工皮革のおかげで、滑り落ちないようにするだけで睡眠時間の半分を持っていかれる。脚をゆったり伸ばせないから、目が覚めると膝が痛いなんてことはしょっちゅうだった。そこへいくと、ドイツ車、特にベンツは素晴らしかった。広々とした贅沢な本革シートはソファのようだ。革のシートは最初こそひんやりするけど、断熱効果のおかげでいい感じに暖まってくる。ベンツなら、制服のブレザーにくるまるだけで心地よく眠れた。だけど最高なのは、なんといってもアメリカ車だ。ベンチシートのビュイックの大型セダンを修理に持ってくるお客がいますように、とよく祈ったものだ。見かけた日には、――よっしゃー！――って感じだった。アメリカ車が持ち込まれることはめったになかったけど、あればもう天にも昇る気持ちだった。

　マイティ・メカニクスが家族経営になった以上、家族の一員である僕も働かなくちゃいけない。もう遊んでなんかいられない。宿題をする時間さえなかった。学校から歩いて帰り、制服を脱いで作業着に着替えて、人の車のボンネットの中を見る毎日だ。そのうちに簡単な修理ならひとりでできるようになり、実際よくしていた。「あのホンダ車は簡単な修理で済む」とエイブルが言えば、僕が修理した。明けても暮れてもそんなことの繰り返しだ。コンセント、プラグ、コンデンサー、オイルフィルター、エアフィルター。シートの交換、タイヤの交換、ヘッドライトの取り替え、テールランプの修理。パーツショップへ行き、部品を買い、修理工場に戻る。これが11歳の僕の生活だった。授業にもついていけなくなっていた。すべてが中途半端だった。先生にもよく叱られた。

「どうして宿題をしてこないの?」

「宿題《ホームワーク》している暇がないんです。家《ホーム》では仕事《ワーク》がありますから」

みんなで働きに働いたけど、どんなに長時間働いても赤字つづきだ。なにもかも失った。まともな食べ物も買えないほどだった。忘れられない1カ月がある。人生最悪の1カ月だ。お金が底をつき、毎週毎週、食べるものといえば、「モロホ」に「モパネワーム」を混ぜたものばかり。モロホは野生のホウレンソウの一種。モパネワームは蛾の幼虫。つまり毛虫だ。最貧民しか口にしない、正真正銘の一番安い食べ物だ。うちはずっと貧しかったけど、単に貧しいのと、「あれ、いま食べているのは虫じゃないか」という貧しさは別だ。モパネワームはソウェトの人でさえ「うーん……いらない」って感じなのだ。トゲトゲのある色鮮やかな虫で、大きさは手の指くらい。カタツムリにしゃれた名前をつけたエスカルゴとはわけが違う。おぞましい毛虫だ。口に入れると黒い毛先が刺さるし、噛むと、黄緑色の体液が口の中で弾けることも珍しくない。

最初のうちは、この毛虫をちょっとは楽しんでいた。食の冒険、って感じだ。でもそれが数週間にわたり、来る日も来る日もこればっかり食べさせられると、もう見るのも嫌になってしまう。忘れもしないある日のこと。モパネワームを半分に噛み切った瞬間に、黄緑色の粘液が出てきた。「僕はいま毛虫のうんちを食べている」そう思った瞬間、吐きそうになった。ぷつんと切れて、かあさんに泣きついた。「もう毛虫なんか食べたくない!」その晩、かあさんはなんとかお金をかき集めて鶏肉を買ってくれた。それまでもずっと貧しかったけど、食べるものがないなんてことは一度もなかった。

この頃が人生で一番嫌だった。夜遅くまで働いて、車の中で寝る。朝起きたら清掃用流し台で体を洗い、小さな金だらいで歯を磨く。トヨタ車のバックミラーを見ながら髪をとかし、オイルやグリースがつかないように気をつけながら制服に着替える。修理工場で暮らしていることが学校のみんなにばれないようにするためだ。本当に嫌で嫌でたまらなかった。車も大嫌い、車で寝るのも大嫌い、車の仕事も、それで手が汚れるのも大嫌いだった。毛虫を食べるのももうんざりだった。なにもかも嫌だった。

それでも、おかしなことに、かあさんを嫌いになることはなかったし、エイブルを嫌いになったりすることすらなかった。みんな一生懸命働いているのがわかっていたからだ。最初のうちは、商売のやり方がまずいからうまくいっていない、とは知らなくて、単に状況が厳しいのだと思っていた。でもだんだんと、どうして損失つづきなのかがわかるようになってきた。エイブルの代わりに車の部品を買いにあちこち回っているうちに、エイブルがつけで買っていたことに気づいたのだ。店からとんでもない料金をふっかけられていた。借金で身動きがとれなくなってくると、借金を返すどころか、わずかな現金まで酒代に消えていくようになった。修理工としては素晴らしくても、経営者としてはからきしだったのだ。

修理工場をなんとか維持しようとしたかあさんは、働いていた会社を辞めて、手伝うことにした。その事務能力をフルタイムで発揮し、帳簿をつけたり、計画表を作成したり、会計を担当したりするようになる。おかげでせっかくうまく回りはじめたのに、自分の仕事を妻に仕切られている、とエイブルが感じはじめると、もうダメだった。修理が予定どおり終わって車を受け取れる客も、期日までにつけを払ってもらえるようになった店も、口々に言う。「おい、エイビー、奥さんが切り盛りするようになってから、ずいぶん調子がよくなったじゃないか」これではエイブルの面目丸潰れだ。

修理工場暮らしが1年近くたった頃、かあさんはもううんざりしていた。なんとか力になろうとしているのに、儲けがすべて酒代に消えてしまうなら話は別だ。いつだって自立心旺盛で、自分の力で生きてきたかあさんだったのに、誰かさんの破れた夢に振り回されて、そういう自分を見失っていたのだ。あるとき「もうこれ以上はムリ。手を引きます。わたしのすべきことは終わり」と告げたのだ。その後、不動産開発会社で秘書として働くようになり、その収入と、エイブルの修理工場のわずかばかりの資産を担保に借りたお金で、どうにかハイランズノースに家を買うことができた。みんなでそこへ引っ越し、修理工場は債権者に差し押さえられ、それでおしまいになった。

僕が小さかった頃は、かあさんの旧約聖書ばりの旧式なしつけには事欠かなかった。ムチを惜しまず、子供をダメにせず、だ。ところがアンドリューにはそうしなかった。アンドリューも最初こそお尻を叩かれていたけど、だんだんとその回数が減っていき、そのうちまったく叩かれなくなった。僕は叩かれるのに、どうしてアンドリューは叩かれないのか、かあさんにわけを尋ねると、いつものように冗談で返された。「あんたを叩くのは、あんたなら耐えられるから、ってとこね。アンドリューを同じように叩くわけにはいかない。やせのおチビちゃんだから、ぽきんと折れちゃう。そこへいくとあんたのお尻は、ひっぱたくために神様がくださったようなものだからね」これはまあ冗談として、かあさんがアンドリューを叩かない本当の理由が、僕にはわかっていた。しつけに関する考え方を心から改めたのだ。変な話、それは僕から学んだことだった。

僕が育った世界には暴力があったけど、僕自身はぜんぜん乱暴な子じゃなかった。もちろん、いたずらしたり、火をつけたり、窓ガラスを割ったりはしたけど、人に暴力をふるったことは一度もない。誰かを殴ったことも、カッとなったこともない。自分はそういうタイプじゃないと思っていた。かあさんは、自分が育った環境とは違う世界を僕に体験させてくれた。自分には読む機会がなかった本を買ってくれたし、行く機会がなかった学校に通わせてくれた。そんな世界にどっぷりと浸かっていた僕は、暴力がある世界を違う目で見るようになっていたのだ。暴力のない家庭もあること、暴力のくだらなさ、暴力はそれ自体繰り返されること、暴力がもたらす被害が今度はまた別の人にもたらされること、そういうことに気づいた。

なによりも、人とのつながりを保つのは暴力じゃなく、愛だと気づいていた。愛は創造的な行為だ。誰かを愛すると、その人のために新しい世界を創りだすことになる。かあさんは僕にそうしてくれた。そして、僕が成長していろいろなことを学ぶにつれて、今度は僕がかあさんに、新しい世界やものの見方をもたらすことになった。そしてかあさんは、もう二度と子供に手を上げなくなった。残念なことに、かあさんが手を上げなくなった頃、今度はエイブルが手を上げるようになっていたのだ。

かあさんに叩かれていたときでも、かあさんを怖いと思ったことは一度もない。もちろん嫌だったし、「愛の鞭」と言われたって、必ずしもそうとは思えなかった。それでも、それがしつけであること、なにか理由があるから叩かれていることはわかっていた。でも、はじめてエイブルに叩かれたときは、それまでになかったものを感じた。恐怖だ。

あれは僕が6年生で、メリベール校にいた最後の年だった。ハイランズノースに引っ越したあとだ。学校に提出する書類にかあさんのサインをまねて自分で書き、問題になった。参加したくない行事があり、行かなくて済むように、かあさんの名前で不参加届けを出したのだ。学校からかあさんに電話があり、その日の午後、家に帰った僕は、そのことを訊かれた。罰を覚悟していたら、この件は、かあさんにはどうでもいい類のものだったらしい。ちゃんとそう言えばどのみちサインしたのに、と言われた。そのとき、いっしょに台所にいて一部始終を聞いていたエイブルが口を開いた。「おい、ちょっと話せるか」そして台所の向こうの、狭い食料品置き場に僕を連れて入り、ドアを閉めた。

エイブルは僕とドアのあいだに立っていたけど、別になんとも思わなかった。怖いと思ったりはしなかった。それまで、エイブルが僕をしつけようとしたことは一度もない。説教されたこともない。いつだって「ンブイ、お前の息子がこんなことしたぞ」と言うだけで、あとはかあさん任せだった。このときは真っ昼間で、エイブルが完全に素面だっただけに、次に起こったことは一層恐ろしく感じられた。

「どうしてサインを偽造した？」

僕は適当な言い訳をしはじめた。

「ああ、えっとその、書類を家に持って帰るのを忘れちゃって――」

「嘘をつくな。どうして偽造したんだ？」

口ごもりながらまたでたらめを口にした。どういうことになるか考えもせずに話していると、それは前触れもなくやってきた。

最初の一撃は肋骨に来た。――逃げられない！――そうとっさに思った。僕はそれまでけんかなんかしたことがなかったから、そのやり方も知らなかったけど、相手に近づいたほうがいい、と本能的に思った。この長い腕がしでかすことを、それまで見ていたからだ。かあさんを叩きのめしたときもそうだったけど、それよりなにより、大の男たちを叩きのめしたところも見ていた。エイブルは拳は使わない。拳を握りしめて人を殴るところは見たことがない。そのかわり、手の平で大の男の顔を張り倒すことができる。そのくらい力があったのだ。僕はエイブルの両腕を見ながら、――この端にいたらダメだ――と考えていた。頭を低くしてエイブルに近づく。

ずっと殴りつづけてきたけど、僕がぴったりくっついていたから、たしかな一撃は与えられない。そのうちに気づいたエイブルは殴るのをやめ、取っ組み合いをしようとつかんできた。両腕を親指と人差し指でつままれて、思いっきりひねられる。ちくしょう、痛いのなんのって。

人生最大の恐怖だった。あんなに怖い思いをしたのは生まれてはじめてだ。理由がまったくなかったからこそ、ものすごく怖かったのだ。あれはしつけなんかじゃない。愛情のかけらもなかった。かあさんのサインを偽造したことを戒めて終わるようなものじゃない。エイブルの気が済むまで、怒りがおさまるまで、終わりそうになかった。エイブルのなかにあるなにかが、僕を徹底的に叩きのめしたがっている、そんな感じだった。

エイブルは僕よりはるかに大きくて強いけど、ごく狭いところにいたことが僕に有利に働いた。エイブルが思うように動けないからだ。つかまれたり殴られたりしながら、エイブルの周囲で体をひねってよじって、なんとかドアから抜け出した。僕は素早かったけど、エイブルも素早い。すぐに追いかけてきた。僕は家を飛び出し、門を飛び越えると、あとはひたすら走りまくった。最後に見たときは、ちょうど門のところを曲がり、前庭を抜けて追いかけてくるところだった。あそこを曲がって追いかけてきたエイブルの顔は、25歳になるまで繰り返し夢に現れたほどだ。

エイブルの姿を見た瞬間、頭を低くして走った。悪魔に追いかけられているような気分だ。エイブルのほうが大きくて足も速いけど、ここは僕のシマだ。自分のシマで捕まるもんか。路地も通りも、よじ登れる塀も、抜けられるフェンスも、すべて頭に入っている。車の陰にさっと隠れ、よその庭を突っ切る。エイブルがいつ頃あきらめたかはわからない。一度も振り返らなかったから。ひたすら走りつづけ、足の力がつづく限り、なるべく遠くまで走った。ようやく足を止めたときは、3地区向こうのブラムレイまで来ていた。低木が生い茂った隠れ場所を見つけると、中まで這っていって、そこで丸くなっていた。かなりの時間そうしていたと思う。

一度懲らしめられたらもう十分だ。この日から、ひとり暮らしをはじめる日まで、僕は家でおとなしくしていた。エイブルとは同じ部屋にいないようにした。エイブルが隅のほうにいたら、僕はその対角の隅にいる。エイブルが部屋に入ってきたら、台所へ行くふりをして立ち上がる。それからまた部屋に戻ったとしても、必ず出入り口のあたりにいるようにする。エイブルが上機嫌で優しいときもあったかもしれないけど、そんなの関係なかった。エイブルが僕とドアのあいだにいるような状況はもうこりごりだ。その後もたぶん2、3度は、ついうっかりしていて、エイブルさえその気になれば、僕を殴ったり蹴ったりできる状況はあったけど、なにもされなかった。それでも、エイブルにはもう二度と、一瞬たりとも、気を許さなかった。

アンドリューは僕とは違った。アンドリューはエイブルの実の息子、血と肉を分けたわが子だ。僕より9歳下だったけど、家では実質的な長男だ。エイブルの初子として、僕はもちろん、かあさんでさえ受けたことのない敬意を受けていた。いろいろ欠点があっても、アンドリューにとっては大好きな父親だ。家族ではアンドリューだけがエイブルを恐れていなかったと思う。

アンドリューは、エイブルという猛獣の調教師だった。ほかならぬその猛獣に育てられたわけだけど。猛獣がやりかねないことを知っているからと言って、それで猛獣への愛情が薄れるわけじゃない。エイブルの怒りや狂気の兆しがちょっとでも見えたらもう、僕はその場を立ち去っていたけど、アンドリューはそこから動かず、エイブルを説き伏せようとすることがよくあった。エイブルとかあさんのあいだに割って入ることさえあった。エイブルがアンドリューの頭めがけてジャックダニエルのボトルを投げつけたことがある。ボトルは命中せず、壁にあたって割れた。ボトルを投げつけられる状態になるほど、アンドリューはしばらくそこにいた、ということだ。僕だったら、エイブルに狙いをつけられる前に、とっととその場から離れている。

マイティー・メカニクスが破産し、車を全部移動させなければならなくなった。修理工場を管理することになる人に、エイブルの資産に対する先取特権があったからだ。まったく大変だった。このときから、エイブルがうちの裏庭で修理業をはじめるようになる。それと同時に、かあさんはエイブルと離婚した。

アフリカ文化には、法律上の結婚と慣習上の結婚がある。法律上離婚したからといって、もう夫婦じゃなくなるわけじゃない。エイブルの借金や管理能力のなさが、自分に対する銀行からの信用度や子供の扶養能力にまで影響を及ぼすようになると、かあさんはこう言って離婚を望んだのだ。「わたしには借金もないし、信用度も悪くない。あなたの商売の道連れになるわけにはいかない」家族であることに変わりはなく、それまでどおり夫婦だったけど、資産を分けるために離婚したのだ。かあさんは旧姓に戻った。

無許可の修理業を住宅地域ではじめたものだから、近所のある人が申し立てをした。するとかあさんは、自宅敷地内でも営業できる免許を申請した。そのおかげで残ることができたのに、エイブルのやり方は相変わらずめちゃくちゃで、儲けはすべて酒に消えていった。その頃かあさんは、勤め先の不動産会社で昇進し、より責任のある立場になるにつれて、給料も上がっていった。エイブルの修理業はもうほとんど道楽の世界だった。アンドリューの教育費と家の食費はエイブルが払うことになっていたのに、それさえもだんだん後回しになり、そのうちに、かあさんがすべて払うようになっていった。電気代もかあさん、家のローンもかあさん。エイブルはまったくなにも支払わなかった。

それがきっかけだった。かあさんがもっと稼ぐようになり、自分の収入で暮らしていけるようになると、あの恐ろしい怪物がまた姿を現すようになったのだ。酒の量が増え、どんどん暴力的になっていった。エイブルがかあさんを2度めに殴ったのは、食料品置き場で僕に暴力をふるってから間もない頃。詳しいことは思い出せない。その後起こったほかの暴力の記憶といまはもうごちゃまぜになっているからだ。警察を呼んだのは間違いない。このときは警察がうちまで来たけど、またしても男子会になってしまった。「やあ、どうも。まったく女ってやつはそうでしょ」調書も作成されず、訴えも受理されなかった。

エイブルがかあさんを殴ったり僕に手を出したりするたびに、かあさんはあとで泣いている僕をそっと呼んで、いつも同じことを言って聞かせた。

「エイブルのために祈ってあげて。わたしたちのことが憎いんじゃないのよ。自分が憎いのよ」

子供にわかるはずがない。「そんなの、自分が憎いなら、自分で自分を蹴飛ばせばいいのに」

酒で意識が朦朧としているときのエイブルは、その目を覗き込んでも、もう同じ人間とは思えない。そういうタイプの酒飲みだった。ある晩、ぐでんぐでんに酔っ払って帰ってきて、家の中でふらついていた。よろよろと僕の部屋に入ってきて、ぶつぶつひとり言を言っているので僕が目を覚ますと、ペニスをひょいと出して床に小便しはじめた。トイレに入ったつもりなのだ。家の中でさえ、どこにいるのかわからなくなるほど、酔っ払うことがよくあった。夜、自分の部屋のつもりで僕の部屋に入ってきて、僕をベッドから叩き出すと、そのまま正体をなくして眠りこけてしまう、なんてことが何度あったか。怒鳴りつけたって、ゾンビに話しかけているようなものだ。仕方ないから、僕がソファで寝た。

仕事のあとは毎日、裏庭でスタッフたちと飲んで酔っ払うようになり、そのうち誰かとけんかになることもしょっちゅうだった。エイブルの気に入らないことを口にしたスタッフは、こてんぱんに殴りつけられた。殴られたその人は、1、2日は仕事に来なくても、3日めには戻ってくる。仕事を失いたくないからだ。数週間ごとに、まるで計ったように、まったく同じことが繰り返された。

飼い犬も蹴飛ばされた。フフィがたいていターゲットにされた。パンサーはお利口だから寄りつかなかったけど、愛すべきおバカなフフィは、いつもエイブルと仲良くしようとしていた。エイブルがちょっと酔っ払っているときに、フフィがその前を横切ったり邪魔したりしようものなら、思い切り蹴飛ばされる。蹴飛ばされたフフィはいつも、しばらくどこかに隠れていた。フフィが蹴飛ばされるのは、厄介なことが起こる前兆だ。エイブルの怒りに最初に触れるのはたいてい、庭にいた2匹の犬かスタッフだったから、そうなったら、じっとしているべきだとわかるのだ。僕はいつも、フフィがどこに隠れていても探しにいって、いっしょにいてやった。

不思議なことに、フフィは蹴飛ばされても、きゃんきゃん鳴いたり吠えたりは絶対にしなかった。耳が聴こえない、と診断されたとき、触覚も十分に発達していないことがわかった。痛みを感じないのだ。だからいつも、毎日が新しい日とばかり、エイブルとまた仲良くしようとしていた。蹴飛ばされてしばらく隠れていても、次の日の朝にはまたしっぽを振って近づいていく。「ねえ、また来たわよ。やりなおすチャンスをあげる」

そんなふうに、エイブルはやりなおすチャンスをいつも与えられていた。魅力的で感じのいい面がなくなってしまったわけじゃないのだ。飲酒の問題を抱えてはいたけど、基本的にはいい人だったし、家族だった。虐待のある家庭で育つと、憎くても愛せる、あるいは愛していても憎める、という考えに苛まれる。それはなんとも奇妙な感情だ。いい人、悪い人、嫌いな人、好きな人、そうはっきりしていればいいけど、人間はそう簡単に割り切れるものじゃない。

底知れない恐怖が家の中に漂っていたけど、実際に暴力自体がそうしょっちゅうあったわけじゃなかった。もし頻繁だったら、こんな状況はもっと早くに終わっていたと思う。皮肉なことに、問題のない時期が合間合間にあったことで、この状況が長引き、行き着くところまで行ってしまったのだ。エイブルがかあさんをはじめて殴ってから、次に殴ったのがその3年後で、前より少しだけひどくなった。その次が2年後で、そのときも前回より少しだけひどくなった。その次が1年後で、また少しだけひどくなった。こんなふうに、もうないだろうと思えるくらい不定期だったとはいえ、また起きるかもしれないと覚えていられるくらいの頻度だったのだ。ある種のパターンがあった。ひどい暴力があり、それからは誰も話しかけない状態が1カ月以上つづく。ひと言も交わさない、目も合わさない、会話もない、一切関わらない。家の中でなるべくはち合わせしないようにし、他人みたいに過ごす。完全に無視だ。そうこうするうちに、朝、台所にいるときに目礼くらい交わすようになる。「おはよう」「おはよう」1週間後には「あのニュース見た?」「うん」くらいの言葉を交わし、その次の週にはもう冗談を言って笑ったりする。こうやって徐々にまた以前の暮らしに戻っていく。そして半年たち、1年たつ頃、また同じことが繰り返されるのだ。

ある夕方、僕がサンドリンガム校から帰ってくると、かあさんがすごく動揺し、感情を高ぶらせていた。

「あの人ったら信じられない」

「どうしたの?」

「銃を買ったのよ」

「えっ、銃を? どういうこと? 銃を買ったって」

銃ほどばかばかしいものはないし、銃を手にするのは警官と犯罪者くらいだと思っていた。エイブルは9ミリパラベラム弾を使用するスミス&ウェッソンの拳銃を買っていたのだ。光沢のある黒い凶器。映画で見るようなかっこよさは感じられなかった。人の命を奪うものだと思った。

「どうして銃なんか?」

「わからない」

かあさんによると、エイブルに問いただすと、怒りをあらわにし、世間はもっと自分に敬意を払うべきだとかなんとか、わけのわからないことをわめいたらしい。

「自分がみんなを監督しているつもりなのよ。まったくはた迷惑な話だわ。自分をちゃんと監督できない人は、まわりを監督したがるんだから」

それからまもなく僕は家を出た。家の雰囲気に耐えられなくなっていたのだ。もうエイブルと同じくらいの背丈で、殴り返せるくらい大きくなっていた。父親が息子の仕返しを恐れるなんてことは、普通はない。でも僕はエイブルの息子じゃなかったし、エイブルもそのことを自覚していた。いまやわが家にはオスの猛獣が2匹いるようなもの、とかあさんは言っていた。「エイブルはあんたを見るたびに、あんたの父親を重ね合わせているの。ほかの男の存在を絶えず思い知らされるのよ。エイブルに憎まれているから、出ていったほうがいい。いつまでも家にいたら、あんたまであんなふうになってしまう」

いずれにしても出ていく潮時だった。エイブルとは関係なく、僕とかあさんのあいだでは前々から、学校を卒業したら僕は引っ越すことになっていた。叔父さんのように、無職で、いまだに母親の家でいっしょに暮らしているような男になってほしくなかったのだ。そんなわけで、かあさんの援助で借りたアパートに引っ越した。といっても、家から10分ほどの距離だったから、しょっちゅう顔を出して、用事を手伝ったり、たまにはいっしょに食事をしたりしていた。それでも、エイブルのことでなにかあっても、もう巻き込まれずに済むのがなにより大きかった。

あるときから、かあさんはエイブルと寝室を別々にし、名目だけの夫婦関係になった。もう同棲ですらなく、単に同じ家にいるだけの関係だ。そんな状態が1、2年はつづいたと思う。アンドリューは9歳になっていた。僕は頭のなかで、アンドリューが18歳になるまであと何年、と数えていた。そこまで来れば、かあさんはこの虐待男からやっと解放される。そんなある日の午後、かあさんが電話してきて、ちょっと家に来てくれないかと言うので、2、3時間後に立ち寄った。

「妊娠しちゃった」

「え、いまなんて？」

「妊娠しちゃったのよ」

「ええっ!?」

なんてことだ。僕はかんかんだった。腹が立ってしかたなかった。かあさんはいつものように毅然として腹をくくっているようだったけど、それまでに見たことのない悲哀もどことなく感じられる。こうなってしまい、最初は打ちのめされたけど、もうこの現実に向き合うことにした、そんな感じだ。

「なんでまたそんなことに？」

「エイブルと仲直りして、寝室をともにしたの。ひと晩だけだったのに、そうしたら……妊娠してた。わけがわからない」

わからないのもムリはない。かあさんはこのとき44歳だった。アンドリューを産んだあとは、避妊のために卵管を縛ってあった。産婦人科の先生でさえ、「ありえない。どうしてこんなことになったのかわからない」と言っていたくらいだ。

僕ははらわたが煮えくり返っていた。あとはアンドリューが大きくなるのを待つばかりで、それまであともう少しの辛抱、という今になって、契約を更新したようなものだ。

「で、その子をまたあいつと育てる気？　さらに18年もいっしょに暮らすつもり？　どうかしてるんじゃない？」

「トレバー、神様がおっしゃったのよ。『パトリシア、わたしのすることに一切間違いはない。おまえの手に負えないものを与えるはずがない』って。なにか理由があって妊娠したのよ。自分がどんな子を産んで、どんな子に育てられるかはわかっているつもり。この子だってちゃんと育てられる。きっと育ててみせる」

こうして9カ月後に生まれたのがアイザックだ。旧約聖書に出てくるイサクの英語読みだ。イサクはサラが100歳近くなってからできた子で、しかもサラはもともと子供が産めない体のはずだった。だからそのサラの子の名をとったのだ。

アイザックが生まれると、僕はますます家から遠ざかるようになった。顔を出すことも少なくなっていった。そんなある日の午後、ふと立ち寄ってみると、家のあたりが騒然としている。家の前にパトカーが数台停まっている。事件の直後だった。

エイブルが自転車でかあさんを殴ったのだ。エイブルが裏庭でスタッフを叱り飛ばしていたのを見て、かあさんがあいだに入ろうとした。スタッフの前で反論されたことに激怒したエイブルは、アンドリューの自転車を持ち上げて、それでかあさんを何度も打ちつけた。今度もかあさんが警察を呼ぶと、やってきた警官たちはエイブルの顔見知りだった。エイブルが車を修理したことがあったのだ。訴えは受理されず、なにごともなかったかのように扱われた。

このとき僕はエイブルに立ち向かった。もうそのくらい大きくなっていたのだ。

「こんなことばっかりして。こんなの間違ってるよ」

　エイブルは申し訳なさそうにしていた。いつだってそうだ。思い知ったかと胸を張ったり、弁解がましくなったりすることは一切なかった。

「わかってる。すまない。俺だってこんなことはしたくない。でも、おまえの母親のことはおまえもよく知っているだろう。口達者だけど、人の話は聞かない。俺は軽く見られていると感じることがある。のこのこ出てきて、スタッフの前で俺をコケにして。女房も操縦できないやつ、なんてスタッフに思われるわけにはいかないんだ」

　この自転車の一件があってから、かあさんは勤めていた不動産会社を通じて建設業者に頼み、裏庭に離れを建てた。使用人が寝泊まりするようなごく小さな住まいで、そこへアイザックと移り住んだのだ。

「こんなばかげた話、聞いたことがない」僕はかあさんにそう言った。

「わたしにできるのはこれが精一杯。警察は助けてくれないし、行政も守ってくれない。守ってくれるのは神様だけ。でもね、エイブルが後生大事にしているものを逆手にとることはできる。エイブルのプライドよ。わたしが小屋みたいなところに住んでいたら、エイブルはみんなに訊かれるでしょうよ。『奥さんはなんだってまた、家の離れの小屋みたいなところに住んでいるのか』って。そうしたらなにか答えなきゃいけないでしょう？　でもどう答えたって、エイブルになにか問題があるんだ、ってみんな気づくはず。外づらはいいけど、本当はどんな人間かをみんなに知ってもらうの。外で聖人づらしていたって、うちでは悪魔同然なんだから。エイブルの正体に気づいてもらうのよ」

かあさんがアイザックを産む決心をしたとき、僕はもう少しでかあさんと縁を切るところまでいった。こんな苦痛にはもう耐えられなかった。そして、自転車で何度も殴られたあげく、自宅の裏庭で囚人みたいに暮らしているかあさんを見て、もう我慢の限界だと思った。精神的に参ってしまった。もうたくさんだ。

「こんな暮らしで？ こんなの家族でもなんでもないじゃないか。僕は関わりたくない。こんなのごめんだ。お断りだよ。かあさんが自分で決めたことだ。せいぜいがんばって。僕は僕の人生を行く」

かあさんはわかってくれた。僕に裏切られたとか見捨てられたとかは一切思わなかった。

「トレバー、あんたがどんな思いをしているかはよくわかっている。わたしにも、家族と縁を切り、自分の人生を生きるために出ていかなくちゃいけないときがあったから。あんたもそうしなくちゃいけない理由はよくわかるよ」

そんなわけで、僕は出ていった。電話もかけず、家に顔を出すこともなくなった。アイザックが登場し、僕が退場したわけだ。かあさんはなぜ僕と同じようにしないのか、どうしてもわからなかった。出ていけばいいのに。とにかく出ていけばいいのに。出ていけよ、ちくしょう。

かあさんがどんな思いだったか、僕はわかっていなかったのだ。家庭内暴力のこともよく理解していなかったし、大人の男女関係がどういうものかもわかっていなかった。そもそも、女の子と付き合ったことすらなかったのだから。憎んだり恐れたりしている相手とセックスできるなんてことが理解できなかった。セックスと憎しみと恐れが簡単に絡み合うことがあるなんて、知らなかったのだ。

僕はかあさんに腹を立てていた。エイブルのことは憎んでいたけど、僕が責めたのはかあさんだ。僕にしてみれば、エイブルを選んだのはかあさんで、しかも何度も繰り返し選んだのだ。かあさんはよく、ホームランドで暮らしていた頃の話や、両親に見放された話を、僕が幼いときから聞かせては、こう言っていた。「自分のすることをほかの人のせいにしたらダメ。いまの自分を過去のせいにしたらダメ。自分のことは自分の責任。自分で選んだことなんだから」

かあさんは僕に被害者意識を絶対に持たせなかった。でも本当はみんな被害者だった。僕もかあさんも、アンドリューもアイザックも。アパルトヘイトの被害者。虐待の被害者。だけど、そうは思わないようにさせられていたし、かあさんの人生もそんなふうには見えなかった。僕たちの人生からオヤジを切り離すことでエイブルをなだめようとしたのも、エイブルの修理工場を支援したのも、アイザックを産むことにしたのも、全部かあさん自身が選んだことだ。お金もかあさんが稼いでいた。エイブルじゃない。かあさんは養われていたわけでもなかったのだ。だから僕にしてみれば、こうなるのを選んだのは、ほかならぬかあさんだった。

部外者が、被害者の女性ばかりを責めて「出ていけばいいのに」と言うのは簡単だ。家庭内暴力はうちに限ったことじゃない。僕はそういうのを見て育った。ソウェトでも、テレビや映画の中でも目にした。それがよくあることとされる社会で、女性はいったいどこへ行けばいいのか。警察も助けてくれない、自分の家族も助けてくれないのに。暴力をふるう男のもとを去ったところで、結局また、暴力をふるうほかの男といっしょになる可能性が高いし、おまけに前のほうがまだましだったら、どこへ行けばいいのか。男のいない家庭が白い目で見られるような社会で、3人の子供を抱えたシングルマザーにいったいどんな行き場があるというのか。そういうことをふしだらと見なす社会で、どこへ行けるのか。なにができるのか。

当時の僕は、こういうことがなにもわかっていなかった。若造のものの見方しかできない若造だった。この件で最後に言い合ったときのことは、いまもはっきりと覚えている。例の自転車事件のあと、つまりかあさんが裏庭の小屋に移り住もうとしていたときだ。思っていることをぶちまけ、かあさんに懇願した。もう数え切れないほど同じことを訴えていた。

「どうして？　どうして出ていかないの？」

かあさんは首を振った。

「もう、わからない子ね。そんなの無理にきまってるでしょ。出ていくなんて」

「どうして無理なの？」

「わたしが出ていったら、みんな殺されちゃうからよ」

大げさに言っている感じじゃなかった。声を荒らげたりもしなかった。あくまでも落ち着いて、淡々とそう言ったのだ。僕は二度と同じことを尋ねなかった。

結局、かあさんは出ていった。なにがきっかけだったのか、堪忍袋の緒を切ったものはなんだったのか、一切知らない。近くにいなかったからだ。コメディアンになっていた僕は、国内巡業やイギリス公演、ラジオ番組やテレビ番組の司会者として、あちこちへ出かけていた。従兄のンルンギシのところに引っ越して、かあさんの人生から離れた、自分自身の人生を歩みはじめていた。かあさんの人生に、これ以上自分を注ぎ込むのは無理だった。そんなことをしたら、身も心もぼろぼろになってしまっていただろう。かあさんはハイランズノースにまた新しい家を買い、新しい男性に出会い、新しい人生を歩みだした。アンドリューとアイザックは、父親のエイブルとまだ会っていた。エイブルはその頃にはもう、ただこの世にいるだけの存在だった。酒を飲んではけんか、という同じパターンを相変わらず繰り返し、元妻が買った家で暮らしていた。

何年かたち、人生はつづいた。

ある日の午前10時頃、携帯電話が鳴った。僕はそのときまだベッドにいた。日曜日だった。なぜ日曜日だと覚えているかというと、ほかのみんなは教会へ出かけてしまって、僕は幸いにも行かなかったからだ。教会から教会へと果てしなく渡り歩く受難の日々は、もう僕には関係なかった。だからのんびり寝ていたのだ。皮肉なことに、僕の人生はいつも、教会絡みのときにかぎって、なにか面倒なことになる。ミニバスの荒っぽい運転手にさらわれそうになったときもそうだった。このことでかあさんをよくからかったものだ。「こんなに教会へ行って、イエス様にお祈りして、なにかいいことでもあったっけ？」

　電話を見ると、かあさんの番号が点滅していたけど、出てみるとアンドリューだった。落ち着いた普通の声だ。

「あ、トレバー？　アンドリューだけど」

「ああ」

「元気？」

「うん。どうした？」

「いま忙しい？」

「ちょっと眠いけど、なんで？」

「かあさんが撃たれた」

　さて、この通話にはおかしな点がふたつある。まず、いま忙しいかなんてわざわざ尋ねるか？　そこがまず変だ。母親が銃で撃たれたら、口から出るべきセリフはまず「かあさんが撃たれた」だろう。「元気？」でも「いま忙しい？」でもない。僕は面食らった。次におかしな点は、「かあさんが撃たれた」と聞かされて、「誰に？」とは訊かなかったことだ。訊くまでもない。「かあさんが撃たれた」と聞いた瞬間、次のセリフが頭の中に自然に浮かんでいた。「エイブルに撃たれた」と。

「いまどこにいる？」

「リンクスフィールド総合病院」

「わかった、すぐ行く」

ベッドから飛び起きて廊下を走り、ンルンギシの部屋のドアをばんばん叩く。「おい、かあさんが撃たれた！　いま病院にいるらしい」ンルンギシもベッドから飛び起き、ふたりで車に乗って病院へと飛ばした。ありがたいことに15分ほどの距離だ。

このとき僕は動揺はしていたけど、怯えてはいなかった。電話のアンドリューはとても落ち着いていて、泣いてもいなかったし、声におろおろした様子もなかった。だから――きっと大丈夫だ。たいしたことじゃないはずだ――と思っていた。もう少し詳しいことを尋ねようと、車からアンドリューに電話をかけなおす。

「アンドリュー、いったいなにがあったんだ」

「教会から帰ってくると」やっぱり落ち着き払っている。

「パパが家の前で待っていて、車から降りてきて撃ちはじめたんだ」

「どこを？　かあさんはどこを撃たれた？」

「脚を撃たれた」

「ああ、そうか」僕はほっとした声を出した。

「それから、頭を撃たれた」

そう聞いた瞬間、全身の力がふっと抜けた。そのとき赤信号だったのを覚えている。しばらくのあいだ、音が完全に消えたかと思うと、次の瞬間に涙がぼろぼろこぼれていた。それまで泣いたことがなかったかのような、大泣きだった。嗚咽とうめき声をあげて、泣き崩れた。それまでほかのことで泣いたのがすべてムダ泣きだったと感じるほどだった。いまこうやって泣いている自分が時をさかのぼり、泣いている過去の自分を見かけたら、ひっぱたいてから「そんなことくらいで泣くな」と言ってやるだろう。悲しくて泣いたんじゃない。カタルシスでも、自分を哀れんでいたわけでもない。強烈な痛みがむき出しになったものだった。その痛みを肉体は、泣く以外に表しようがなかったのだ。僕のかあさん、僕のチームメイト。僕とかあさんはいつだって一心同体で世間に立ち向かってきたのだ。「頭を撃たれた」と聞かされて、我が身を裂かれる思いだった。

信号が青に変わった。道路もまともに見えなかったけど、泣きながら車を走らせる。――とにかく病院へ、病院へ、病院へ――それしか頭になかった。病院に車を横付けし、車から飛び出す。出てすぐのところが休憩エリアになっているのが、救急外来への入口だ。アンドリューはその休憩エリアでひとりで僕を待っていた。服に血がついている。相変わらず落ち着き払っていた。顔色ひとつ変えていない。そのアンドリューが、ふと顔を上げて僕の姿を見た瞬間、取り乱して大泣きしはじめた。それまでなんとか持ちこたえていたのが、すべて一気に解き放たれて抑えられなくなったようだった。駆け寄って抱きしめると、泣きに泣いた。僕のとはまた違う涙だ。僕のが痛みと怒りからくる涙なら、アンドリューのは無力感からくる涙だった。

僕は救急処置室へ急いだ。かあさんはストレッチャーの上でトリアージを受けているところだった。医者数人がかりで応急処置をしている。全身血まみれだ。顔に穴が開いている。唇のすぐ上にぽっかりと穴が開き、鼻の一部がなくなっている。

それでもかあさんは、見たことがないほど穏やかで落ち着いていた。開けられる方の目で、こっちを向いて見上げたとき、僕は相当恐ろしい顔をしていたと思う。

「大丈夫よ」とささやいた。のどに血が溜まっているせいでしゃべりにくそうだ。

「大丈夫じゃないよ」

「いいえ、大丈夫、大丈夫よ。アンドリューは?」

「外にいる」

「アンドリューのところへ行ってやって」

「だって、かあさん――」

「しーっ。大丈夫。問題ないから」

「問題ないことないよ、かあさん――」

「し――――っ。大丈夫、大丈夫よ、本当に大丈夫。アンドリューのところへ行ってやりなさい。ついていてあげて」

このあいだずっと医者たちが手当てしていたし、僕にできることはなにもなかった。外へ行き、アンドリューといっしょにいることにした。ふたりで腰を下ろし、アンドリューから一部始終を聞いた。

教会から帰ってきたときのことだった。かあさん、アンドリュー、アイザック、それに、かあさんの新しい夫と、その連れ子やおじさんおばさん甥姪にいたるまで、一族勢揃いの大人数だった。乗り入れ道にちょうど車を停めたとき、エイブルが車を停めて出てきた。銃を持っている。かあさんをじっと見て言った。

「おまえのせいだ。俺の人生を奪って。なにもかも俺から取り上げて。こうなったらみんな殺してやる」

アンドリューがエイブルの前に進み出る。銃がすぐ目の前にある。

「やめて、パパ、お願いだから。酔っ払ってるよ。とにかく銃をしまって」

エイブルはアンドリューを見下ろして言った。

「いや、みんな殺してやる。どかないと、おまえから撃つぞ」

アンドリューが脇へよけた。

「目が本気だった」アンドリューはそう言った。

「悪魔の目だった。あの目を見た瞬間、こいつはもうパパじゃないって思った」

この日僕が抱えていた心の痛みがどんなに大きかったとしても、今思えば、アンドリューの痛みはそれよりはるかに大きかったはずだ。かあさんを撃ったのは僕が毛嫌いしていた男だ。だからどちらかといえば、自分が正しかったことが認められたような気分だった。エイブルに対する僕の考えははじめからずっと正しかったのだ。怒りや憎しみをエイブルに向けても、恥ずかしさや後ろめたさを感じることは一切ない。でもアンドリューにしてみれば、母親を撃ったのは父親だ。大好きな父親なのだ。その愛情とこの状況の折り合いをどうやってつけるのか。どうやってそれでも双方を愛しつづけるのか。どちらも自分の親なのだ。

アイザックはこのときまだ4歳だった。状況がよく飲み込めないまま、アンドリューが脇へよけた瞬間、泣き出したという。

「パパ、なにをするの？　パパ、なにをするつもり？」

「アイザック、兄さんのところへ行け」とエイブル。

走ってきたアイザックをアンドリューが抱きとめる。エイブルが銃を構える。かあさんがさっと銃の前に出てみんなを守ろうとした瞬間、一発めが当たった。脚じゃなくて、お尻の柔らかいところだ。かあさんは地面に崩れ落ちながら叫ぶ。

「逃げて！」

エイブルが撃ちつづけるあいだ、みんな散り散りに逃げていく。かあさんがなんとか立とうともがいていると、エイブルが近づいてきて目の前に立ちはだかる。処刑でもするかのように、かあさんの頭に至近距離で銃を構えて引き金を引いた。なにも起こらない。不発だった。

カチッ！　もう一度引いても同じだった。そのあとさらに2度同じことが起こる。カチッ！　カチッ！　カチッ！　全部で4回引き金を引いて、4回とも不発だった。弾が排莢口《はいきょうぐち》から飛び出してかあさんの上に落ち、カチャンカチャンと地面に落ちる。

エイブルが銃を調べようと手を止めると、かあさんはパニック状態ながらも立ち上がり、エイブルを押しのけ、急いで車に向かうと、運転席に飛び乗った。

あとを追ったアンドリューも助手席に飛び乗る。かあさんが車のキーを回した瞬間、また銃声がして、フロントガラスが赤く染まった。車の後ろから撃ったのだ。かあさんの後頭部から入った弾が顔面から抜けて、血がそこらじゅうに飛び散った。上半身がぐったりとハンドルにもたれかかる。アンドリューは考える間もなく、かあさんを助手席のほうへ引っ張って上向きにさせると、自分が運転席に飛び移って、ギアを入れ、リンクスフィールド総合病院へ急いだのだった。

エイブルがどうなったのか尋ねても、アンドリューにはわからなかった。僕は怒りでいっぱいだったけど、できることはなにもない。まったくの無力感にとらわれながらも、なにかしなければと感じていた。ふと携帯電話を取り出し、エイブルに電話をかけてみる。たったいまかあさんを撃った男に電話したのだ。ちゃんとエイブルが出た。

「トレバーか」

「かあさんを殺したな」

「ああ、そうだ」

「よくもかあさんを殺してくれたな！」

「ああ。おまえも見つけたら殺してやる」

エイブルはそう言って切ってしまった。心底ぞっとした。僕は恐怖のどん底に陥れられた。電話をかけるために奮い起こした勇気も、あっという間にどこかへ行ってしまった。あのとき自分がなにを考えていたのか、いまでもわからない。なにを期待して電話なんかしたんだろう。ただただすさまじい怒りを感じていた。

僕はアンドリューにいろいろ尋ねて、状況をさらに詳しく知ろうとした。そうやってふたりで話していると、看護師さんが僕を探しに出てきた。

「ご家族の方ですか？」

「はい」

「実は、ちょっと問題がありまして。おかあさんが最初にちらっとおっしゃっていたのですが。いまはお話しできない状態ですけど、推測するところ、どうも保険に入っていらっしゃらないようなのです」

「え？　いえいえ、そんなはずありません。入っていますよ」

ところが入っていなかった。あとでわかったことだけど、数カ月前にやめてしまっていたのだ。「こんな保険なんて、ペテンもいいところ。病気なんてしたことないんだから。もうやめる」

というわけで、保険には入っていなかった。

「ここで治療するわけにはいかないのです。保険がない場合、州立病院へ移っていただかないと」

「州立病院!? いったいなにを……ダメです、そんなの! 頭を撃たれたんですよ。なのにまた担架に乗せて動かすんですか? 救急車に乗せて? そんなことしたら死んじゃうじゃないですか。いますぐ治療が必要なのに」

「すみませんが、ここでは無理なんです。支払い保証人が必要ですから」

「僕が保証します。僕が払います」

「みなさんそうおっしゃいますが、保証がないと――」

僕はクレジットカードを取り出した。

「これでお願いします。僕が払います。全部払いますから」

「かなりかかるかもしれませんよ」

「構いません」

「ご存じないようですが、病院というところは本当に高くつくことがあるんですよ」

「看護師さん、お金ならあります。いくらでも払います。とにかく助けてください」

「おわかりじゃないようですが、検査だっていろいろ必要になります。ひとつの検査だけで2000ランドから3000ランドくらいかかるんですよ」

「3000……って、看護師さん、母の命がかかってるんですよ。払いますよ」

「まだおわかりじゃないようですね。おかあさんは銃で撃たれたんです。しかも脳です。集中治療室に入ることになるでしょう。ひと晩入っているだけで1万5000ランドから2万ランドはかかってくるんです」

「看護師さん、さっきから何度も言っているでしょう。ほかならぬ母の命なんです。人の命がかかっているんですよ。カードを持っていってください。いくらでも使ってください。構いませんから」

「いいですか！　まだわかりませんか。こういうことは何度も経験してきているんです。おかあさんは集中治療室に数週間はいることになるかもしれません。そうなったら50〜60万ランド、下手したら100万ランドはかかるかもしれません。あなたは一生その借金を背負っていくことになるんですよ」

正直に言おう。僕はためらった。かなりためらった。「あなたがどれほど稼ごうと、すべて消えていくんです」と言われた瞬間、別の思いが浮かびはじめた。——えっと……かあさんはいくつだっけ、50歳か。まあ、結構生きてきたんじゃないかな。悪くない人生だったよな——。

本当にどうしたらいいかわからなかった。たったいま聞かされた衝撃的な内容をちゃんと理解するあいだ、看護師さんの顔をじっと見ていた。いろんなシナリオが頭の中を駆け巡る。——治療費を払っても、結局死んでしまったら？　お金は返ってこないよな——。かあさんに叱られる場面もリアルに想像した。倹約家のかあさんのことだ。昏睡状態から目を覚ますなり、「そんなに払ったの？　バカだねぇ。なんでそれだけのお金を弟たちの面倒を見るためにとっておかなかったの」なんて言われかねない。それにふたりの弟はどうなる？　これからは僕が責任を負うことになる。弟たちを養うといったって、100万ランドも借金を抱えていたら、とうていムリだ。それに、弟たちの面倒を僕が見なくちゃいけなくなるようなことには絶対にさせない、とかあさんはいつもかたく誓っていた。仕事が急に増えるようになったから、僕が援助しようと言っても、一切断られていた。「あんたからお金を受け取るわけにはいかない。わたしの二の舞になってほしくないから」が口癖だった。「弟たちの面倒を見させるわけにはいかない。エイブルの二の舞になってほしくないから」

かあさんがなによりも心配していたのは、「黒人税」を結局は僕も背負うはめになることだ。前の世代の貧困と暴力の連鎖から僕が抜け出せなくなることを恐れていた。そうした負の連鎖を断ち切るのは僕だ、前へ進み、後戻りしない人間になれ、といつもかあさんに言い聞かされていた。救急処置室の外であの看護師さんの顔をじっと見ながら、クレジットカードを手渡した瞬間にその負の連鎖に否応なく飲み込まれてしまうのかと思うと、恐ろしくてかたまってしまった。

よく、愛する人のためならなんでもする、と言うけど、本当にそんなことあるのだろうか。なんだってするのだろうか。すべてをなげうつ覚悟なんてあるだろうか。そんな無私無欲の愛情が子供にあるだろうか。母親には、ある。母親なら、我が子をしっかり抱きかかえ、走っている車から飛び降りてでも、危険から守ろうとする。母親なら、考える前に行動に移す。でも、子供にはそのやり方がわからない、とっさにはわからない、と思う。子供には学ばなければできないことなのだ。

僕は、クレジットカードを看護師さんの手に押しつけた。

「必要なことはなんでもしてください。どうか母を助けてください」

その日はずっと宙ぶらりんだった。状況がわからないまま待ちつづけた。病院のまわりを歩いてみる。親戚が立ち寄っていく。何時間もたった頃、担当医がようやく救急処置室から出てきて説明してくれた。

「容態は?」

「安定しています。手当も済みました」

「大丈夫なんですね?」

医者はどう言おうかとしばらく考えているようだった。

「こんなふうに言いたくないんですが。わたしは科学の人間ですから、こういうことは信じていませんからね。でも、今日おかあさんに起きたことは、奇跡と言うしかありません。わたしはふだんそんなことは言いません。言われるとすごく嫌ですからね。でも今回ばかりは、そうとしか言いようがないのです」

医者の説明によると、お尻に当たった弾は見事に体を貫通していた。すっと入ってすっと出ていったから、実害はまったくなかった。後頭部を抜けた弾は、頭蓋骨の真下と首の一番上の骨のあいだから入っていた。間一髪で脊髄をはずれ、延髄もはずれ、脳のすぐ下を通り、主な血管も神経もすべてはずれていた。このときの弾道からいけば、左眼のくぼみを直撃して目玉が吹き飛ばされていてもおかしくないのに、弾は最後の瞬間に速度を落とし、目玉ではなくほほ骨にあたり、ほほ骨を砕いてはね返り、左小鼻を突き破って出てきた。救急処置室の前でストレッチャーに横たわっていたときは血だらけだったから、実際よりかなり重傷に見えていたのだ。弾は小鼻の皮膚をほんの少し剥がしただけできれいに抜けていて、破片も一切、中には残っていなかった。手術の必要さえなかった。止血をし、後頭部と顔を縫い、あとは傷がふさがるのを待つだけだ。

「できることはなにもありません。する必要がないからです」医者はそう言った。

かあさんは4日後に退院し、7日後には職場に戻った。

その日は鎮痛剤を打たれ、かあさんはずっと眠っていた。僕たちは全員、家に帰るように言われた。「容態は安定しています。ここにいてもできることはなにもありませんよ。帰ってお休みください」みんな言われたとおりにした。

次の日、朝一番で病院へ戻り、かあさんのそばにいて目を覚ますのを待った。僕が部屋に入ったときはまだ眠っていた。後頭部に包帯、顔に縫った跡、鼻と左目にガーゼ。こんなにきゃしゃで、弱々しく、やつれたかあさんの姿を見たことはほとんどない。

ベッド脇に座ってかあさんの手を握り、息をしているのを見守っているあいだに、いろんな思いが込み上げてくる。死んでしまったらどうしよう、とまだ不安だった。そばにいなかった自分に腹を立て、エイブルを一度も逮捕しなかった警察に腹を立てていた。とっくの昔に殺しておくべきだった。そんなふうに思うのはばかげていた。僕は人殺しなんてできるタイプじゃない。でも、とにかくそう思った。社会にも、神様にも、腹を立てた。かあさんはいつも祈っていたのに。イエス様のファンクラブがあったとしたら、かあさんがそのトップ100に入るのは間違いないのに。それなのにこんな目に遭うなんて。

1時間かそこらたった頃、ガーゼのないほうの目が開いた。その瞬間、僕はこらえ切れずに、声を上げて泣き出した。水を頼まれたので、コップに入れて手渡すと、かあさんは少しだけ前に乗り出してストローですすった。僕はずっと泣きつづけていた。どうしてもこらえられなかったのだ。

「しーっ。泣かないのよ。しーーーっ。泣かないで」

「泣かずになんていられるわけないだろ。かあさんは死にかけたんだよ」

「いいえ、死にかけたりなんかしなかったよ。大丈夫。そんなんじゃなかったんだから」

「だけど、死んじゃったと思って」まだ声をあげて泣いていた。

「かあさんに死なれちゃったと思って」

「泣かないで、泣くことなんかないのよ。トレバー、トレバー、いい？　よく聞いて。あのね」

「なに？」涙が止まらない。

「あのね、物事の明るい面を見なくちゃ」

「はぁ？　なにバカなこと言ってるんだよ、明るい面って。顔を撃たれておいて、明るい面もなにもあるもんか」

「ちゃんとあるわよ。これであんたが正真正銘の、家族でルックスナンバーワンじゃない」

かあさんはにっと顔をほころばせたかと思うと、笑い出した。泣いていた僕も、つられて笑い出す。大泣きしながら大笑いしていた。かあさんが僕の手をぎゅっと握る。いつものように大笑いさせ合う母と子。痛みをこらえながらゲラゲラ笑うふたりがいる病室は、うららかな陽の光に包まれていた。

かあさんが撃たれた日、いろんなことがわずかなあいだに起こった。なんとか事件の全容がわかったのは、あの場にいたみんなから、それぞれ話を聞いてからだ。あの日、病院で待っているあいだに、いろんな疑問が浮かんだ。たとえば、アイザックはどうなったのか、いまどこにいるのか。アイザックの居場所がわかり、本人から話を聞いてはじめてわかった。

アンドリューがかあさんを乗せて走り去ったとき、4歳のアイザックはひとり前庭に取り残されていた。エイブルが近づいてきて抱き上げ、車に乗せて走り去った。運転しているエイブルにアイザックが訊いた。

「パパ、どうしてママを殺しちゃったの？」

もちろん、死んだと思っていたのだ。あのときはみんながそう思っていた。

「パパがとてもつらいからだよ。とても悲しいからだ」

「そうなんだ。でも殺さなくてもいいのに。これからどこへ行くの？」

「おまえをおじさんの家に連れていく」

「パパはどこへ行くの？」

「パパは死ぬつもりだ」

「死なないで、パパ」

「いや、パパは死ぬんだ」

エイブルの言うおじさんとは、血の繋がったおじさんではなく、友人のことだ。その人にアイザックを預けると、エイブルは走り去った。その日1日、親戚や友人を訪れては別れを告げ、自分のしたことも話していた。「大変なことをしてしまった。あいつを殺してしまった。自分もいまから死ぬ。さようなら」そう言って別れを告げて回るなんてことを1日中していて、ついにいとこに止められた。

「男らしくしないか。そんなの臆病者のすることだ。ちゃんと自首しろ。死ぬ勇気があるなら、ちゃんと責任をとる勇気もあるはずだ」

エイブルは泣き崩れ、このいとこに銃を預けた。いとこの車で警察署へ連れていかれて自首した。

エイブルは留置場で2週間ほど、保釈聴聞会を待っていた。僕たちは保釈反対を申し立てた。エイブルが危険人物であることは前々から明らかだったからだ。アンドリューとアイザックが未成年だったため、ソーシャルワーカーも関わってきた。すぐに決着すると思っていたら、1カ月かそこらたったある日、エイブルが保釈されたという連絡があった。その理由が、監獄に入れられたら子供を養えなくなる、とエイブルが裁判官に泣きついたからだというのは、なんとも皮肉な話だった。養っていたのはエイブルじゃない。かあさんが養っていたのに。

そういうわけで、エイブルは釈放された。この事件は、この国の法律制度のせいでゆっくりと軋みはじめ、すべてが僕たちに不利に働いた。かあさんが奇跡的に回復したから、容疑は殺人未遂だった。あれほど警察に通報したにもかかわらず、家庭内暴力で告発されたことがなかったから、前科もなし。エイブルが雇ったやり手弁護士は、エイブルがいなくなったら困るのはふたりの子供である、と裁判官にひたすら訴えた。結局、起訴されなかった。エイブルは殺人未遂の容疑を認め、3年の執行猶予となった。監獄には1日も入っていない。ふたりの息子の共同親権も引きつづき認められた。いまもヨハネスブルグで大手を振って歩いている。最後に聞いた話によると、いまもハイランズノースのどこかに、かあさんの家からそう遠くないところに住んでいるようだ。

事件の全体像を最後に完成させたのは、ほかならぬ当事者のかあさんだった。目を覚ましたときに話してくれたのだ。かあさんが覚えているのは、エイブルが車を止めて、アンドリューに銃を向けていたこと。お尻を撃たれて倒れたこと。そのあとエイブルが近づいてきて目の前に立ちはだかり、頭に銃を突きつけられたこと。かあさんは銃身の真下からエイブルを見上げていた。それから祈りはじめたとたん、銃が不発し、そのあとも不発、またもや不発、さらにもう1回不発になった。急いで立ち上がってエイブルを押しのけると、車めがけて走った。アンドリューが隣に飛び乗り、キーを回したところで記憶が途切れた。

いまだに誰も説明できない。警察にもわからなかった。銃が故障したわけじゃない。一度発砲し、そのあと発砲しなくなり、それからまた最後に発砲したのだ。拳銃の知識がちょっとある人なら誰でも、9ミリ銃がそんな不発の仕方をするなんて考えられない、と言うはずだ。犯行現場である車の乗り入れ道のそこかしこで、エイブルが撃った数の薬莢《やっきょう》はすべて見つかり、警察がチョークで小さな円を描いて囲んでいた。一方、不発だった4つの銃弾はすべてそのままの状態で、エイブルが立ちはだかっていた場所に落ちていた。理由は誰にもわからない。

病院の費用は全部で5万ランドだった。退院の日に僕がすべて支払った。入院していた4日間は、家族や親戚の人たちが見舞いに訪れ、おしゃべりしたりいっしょにいたり、笑ったり泣いたりしていた。退院するときにふたりで身の回りの品をまとめながら、まったくとんでもない1週間だった、と僕はぼやいた。

「生きているなんて運がいいよ。それにいまだに信じられない。保険に入っていなかったなんて」

「あら、保険ならちゃんとあるわよ」

「あるの？」

「そう、イエス様」

「イエス様？」

「そうよ」

「イエス様が保険だって言うの？」

「神様がついていてくだされば、最強でしょ？」

「はいはい、かあさん」

「トレバー。わたしが祈ったからよ。祈ったって言ったでしょ？　わたしだってむやみやたらと祈ったりしないんだから」

「ねえ、かあさん。今回ばかりは僕も反論できない。銃といい、弾といい、説明のつかないことだらけ。だから、そういうことにしておくよ」

そうは言ってみたものの、最後にちょっと皮肉を言ってからかいたくなってしまった。

「だけどさ、病院の支払いのとき、イエス様はどこにいたんだろう、ね？　イエス様が払ったわけじゃないのはたしかだからさ」

かあさんはにんまりして言った。

「たしかに。イエス様は払ってない。でも、払ってくれた息子を授けてくださったのは、イエス様よ」

謝辞

これまで仕事でお世話になり、本を書くよう勧めてくれた、ノーム・アラジェム、デレク・ヴァン・ペルト、サナス・ヤミン、レイチェル・ラッシュ、マット・ブレイク、ジェフ・エンドリッヒ、ジル・フリッツォ。

この本の出版契約をまとめ、超多忙な中、軌道に乗せてくれた、ファウンドリー・リテラリー＋メディア社のピーター・マクギガンとそのチーム、特にキルステン・ノイハウス、サラ・デノブレガ、クレア・ハリス。それから、僕の体験を文字にするのを手伝ってくれたタナー・コルビー。

この本はいけると踏んで実現してくれた、ランダムハウス社とスピーゲル&グラウのみなさん、特に、編集者のクリス・ジャクソン、発行者のジュリー・グラウとシンディー・スピーゲル、それからトム・ペリー、グレグ・モリカ、スーザン・ターナー、アンドレア・デワード、リー・マーチャント、バーバラ・フィロン、ダーラ・パリク、レベッカ・バーラント、ケリー・チャン、ニコル・カウンツ、ジーナ・セントレロ。

母国南アフリカで出版してくれた、パン・マクミラン南アフリカ支社のみなさん、特に、ショーン・フレイザー、サンディル・クマロ、アンドレア・ナトラス、ルラニ・ネトシヴィーラ、サンディル・ンコシ、ンカテコ・トラオレ、カトレゴ・タパラ、ウェスリー・トンプソン、ミア・ファン・ハーデン。

早い段階からこの原稿を読み、意見交換やアドバイスをし、いまあなたが手にしているこの形にしてくれた、カヤ・ドランガ、デイビッド・キブーカ、アネレ・ムドダ、ライアン・ハードゥス、シズウェ・

ドゥロモ、コリサ・ダイシャナ。

最後に、僕を産み育ててくれたかあさん。いまの僕があるのも、ひとえにかあさんのおかげです。これほど大きな恩にお礼のしようもありません。

著者

トレバー・ノア

コメディアン。1984 年、南アフリカで黒人の母と白人の父の間に生まれる。アパルトヘイト体制だった当時「生まれたことが犯罪」だった。2015 年にアメリカを代表する政治風刺ニュース番組「ザ・デイリー・ショー」の司会に就任。2016 年の大統領選のときにはその切れ味鋭いユーモアで大きな注目を集める。2018 年にはグラミー賞のプレゼンターも務めた。アメリカに拠点を移してからも、世界各国で活躍中。

trevornoah.com
Facebook.com/OfficialTrevorNoah
Twitter:@Trevornoah
Instagram:@trevornoah

訳者

齋藤慎子

同志社大学文学部英文学科卒業。広告業界で主に海外向けの企画制作と他国語編集に従事。その後、オーストラリア、スペインで企業内翻訳などを経て、現在フリーランスの翻訳者。スペイン在住。『アランの幸福論』（ディスカヴァー・トゥエンティワン）ほか、訳書多数。

英治出版からのお知らせ
本書に関するご意見・ご感想をE-mail（editor@eijipress.co.jp）で受け付けています。また、英治出版ではメールマガジン、ブログ、ツイッターなどで新刊情報やイベント情報を配信しております。ぜひ一度、アクセスしてみてください。

メールマガジン：会員登録はホームページにて
ブログ：www.eijipress.co.jp/blog
ツイッターID：@eijipress
フェイスブック：www.facebook.com/eijipress

トレバー・ノア
生まれたことが犯罪!?

発行日　2018年　5月9日　第1版　第1刷

著　者　トレバー・ノア
訳　者　齋藤慎子（さいとう・のりこ）
発行人　原田英治
発　行　英治出版株式会社
〒150-0022
東京都渋谷区恵比寿南1-9-12 ピトレスクビル4F
電話：03-5773-0193／FAX：03-5773-0194
http://www.eijipress.co.jp/
プロデューサー　安村侑希子
スタッフ　原田涼子　高野達成　藤竹賢一郎　山下智也　鈴木美穂
下田理　田中三枝　平野貴裕　上村悠也　山本有子
渡邉吏佐子　中西さおり　関紀子　瀧口大河
印刷・製本　大日本印刷株式会社
校　正　小林伸子
ブックデザイン　英治出版デザイン室

ISBN978-4-86276-257-3 C0030 Printed in Japan